U0154069

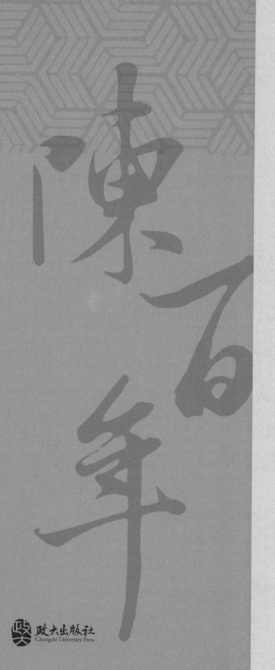

陳百年先生全集

心理學卷

陳大齊 著

政大出版社
Chengchi University Press

國家圖書館出版品預行編目（CIP）資料

陳百年先生全集‧心理學卷 / 陳大齊著. -- 初版. -- 臺
北市：國立政治大學政大出版社, 國立政治大學文學院,
2024.05
　　面；　公分

ISBN　978-626-98247-8-6（平裝）

1.CST: 心理學　2.CST: 文集

170　　　　　　　　　　　　　　　　113006796

陳百年先生全集

心理學卷

作　　者｜陳大齊

發 行 人　李蔡彥
發 行 所　國立政治大學政大出版社
出 版 者　國立政治大學政大出版社
合作出版　國立政治大學文學院
主　　編　周志煌
協助編輯　周玉芬
總 編 輯　廖棟樑
執行編輯　林淑禎
地　　址　11605臺北市文山區指南路二段64號
電　　話　886-2-82375669
傳　　真　886-2-82375663
網　　址　http://nccupress.nccu.edu.tw

經　　銷　元照出版公司
地　　址　10047臺北市中正區館前路28號7樓
網　　址　http://www.angle.com.tw
電　　話　886-2-23756688
傳　　真　886-2-23318496
郵撥帳號　19246890
戶　　名　元照出版有限公司

法律顧問　黃旭田律師
電　　話　886-2-23913808

初版一刷　2024年5月
定　　價　500元
I S B N　9786269824786
G P N　1011300600

政府出版品展售處
‧ 國家書店松江門市：104臺北市松江路209號1樓
　 電話：886-2-25180207
‧ 五南文化廣場臺中總店：400臺中市中山路6號
　 電話：886-4-22260330

目　次

《陳百年先生全集》出版緣起

　　1927 年，對中國社會而言，是一個動盪的年代，而國立政治大學的前身「中央黨務學校」，便在那烽火連天的年代，成立於南京紅紙廊。爾後，未止歇的兵燹，讓這所學校歷經了「中央政治學校」、「國立政治大學」等階段，甚至在 1949 年一度停頓了校務。1954 年，教育部決議國立政治大學在臺復校，而復校的首任校長即為陳大齊（字百年）先生。陳校長治理校務五年，奠立了本校發展的宏規。先生在承擔興學的繁重任務之餘，依舊勤耕於學術，他在〈八十二歲自述〉一文中，曾回顧自己的「研習」歷程說：「初為心理學與理則學時期，次為因明時期，再次為荀子時期，末為孔子時期」。我們若躡蹤陳校長一生的學術足跡，實易看見他親植的繁花與碩果。

　　陳校長在 1983 年辭世後，其哲嗣陳紹彭先生於 1987 年捐贈成立「陳百年先生學術基金會」，其後陳校長次子陳紹蕃先生，及孫女陳惟永女士、孫子陳惟寅先生等持續捐贈相關著作文物及善款。陳百年先生學術基金會乃由九至十一位委員組成，由本校校長擔任主任委員。在歷任主委、委員群策群力下，順利整理百年先生遺著、舉辦學生學術論文比賽、頒發清寒獎助學金等事務，且發揮了預期成效。

　　2023 年 2 月 14 日，由李蔡彥校長主持的「陳百年先生學術基金會第四十次委員會」中，委員認為無論就學術史、校史的發展角度，抑或是現今學術的影響力而言，我們應該重新出版陳百年校長學術著作全集。於是同年 7 月，學術基金會邀請本校哲學系名譽教授林鎮國先生、中國文學系特聘教授兼政大出版社總編輯廖棟樑先生、圖書資訊與檔案

學研究所所長兼圖書館副館長林巧敏先生、中國文學系教授周志煌先生組成「陳百年先生著作整理出版委員會」，並由致力近現代學術研究的周志煌教授擔任召集人。在出版過程中，結合本校圖書館及出版社，共同推動《陳百年先生全集》出版事宜。《陳百年先生全集》擬分七卷出版：第一卷「哲學、理則學卷」、第二卷「心理學卷」、第三卷「因明學卷」、第四卷「儒學卷」、第五卷「譯著卷」、第六卷「雜文卷」、第七卷「別卷」。

今年本校在臺復校七十年，我們決意出版第一卷「哲學、理則學卷」、第二卷「心理學卷」各一冊，以向五四時代的學人陳百年校長致敬，更願在百年政大的校史豐碑上，鐫銘可貴的德馨與慧業。

國立政治大學文學院長兼陳百年先生學術基金會祕書長

曾守正　謹識

《陳百年先生全集》序

　　民國四十三年，陳大齊（字百年）先生受聘為國立政治大學在臺復校後首任校長，開展五年之校務治理工作。風雨飄搖的年代中，陳校長蓽路藍縷開創建設，擘劃學校組織架構與典章、完成校園重要建設，為本校在指南山麓之發展奠下豐厚基礎。

　　陳校長一生學經歷豐富，畢業於日本東京帝國大學文科大學哲學門，專攻心理學，後赴德國柏林大學研究，於民國五十年獲得香港大學名譽文學博士學位，畢生致力於中外心理學、哲學研究。早年專注於心理學研究，為我國心理學科的開拓者；晚年轉治印度因明學及先秦諸子思想，擔當相關學術論域領航的角色，為後人開啟了諸多治學門徑。

　　陳校長學術成果斐然，作育菁莪亦不遺餘力。其一生以掄才育才為職志、奉獻杏壇，深具科學理性與人文關懷的學養，為本校辦學精神及學風注入跨域多元的基因，對校務發展與校務治理影響深遠。

　　為紀念陳校長對政治大學之貢獻，並表彰其學術成就，在陳百年先生學術基金會、政大文學院、出版社及圖書館共同推動合作下，出版本套《陳百年先生全集》，針對陳校長之尺書、文獻、創作及各種鴻篇巨帙進行編纂整理。適逢政大在臺復校七十年並將邁向建校百年之際，全集之出版，相信能將陳校長經師、人師的德澤繼續傳承，不僅為本校校史增添新頁，亦期能補充學術史遺缺並帶動後續研究。

　　出版工作千頭萬緒，尤需將大量且散見各處的文獻蒐羅整理並進行校勘排版，實屬不易，欣聞新書即將付梓，謹在此向所有勞心參與本書編輯工作的師生、同仁表達衷心謝忱。

國立政治大學校長
李蔡彥謹識

序
爺爺的一生：如何做一個更好的人

　　在過去 20 年，我們屢次聽到海峽兩岸有人想出版爺爺的著作全集的計畫。可是都沒有落實。政大計劃在慶祝 100 周年校慶的時刻接受這個挑戰，是一個地標性的出版項目。這是因為全集的編輯工作量和全集的影響都是非常的龐大。

　　爺爺從六歲起接受私塾教育，以儒家精神為學習中心。十四歲赴上海廣方言館學習英語。十七歲赴日留學。先學習日文，英文，德文，數理，法律和經濟。二十三歲入日本東京帝國大學，學習心理學和理則學。二十六歲取得學士學位後返國，隨即開始了他長達近七十年的學術生涯。即使在參與到繁重的行政工作期間，他從不間斷的終身學習，終身研究，終身寫作。他的研究和寫作的動力可以從以下的幾個方面來觀察。

　　在爺爺科研的初期，歐洲內的衝突引發了第一次世界大戰，中國有多種的內憂外患，俄國在進行推翻帝制的革命。同期在蔡元培的領導下，各家的理論能夠在北大的校園介紹給中國的學生。爺爺在三十二歲（1918 年）出版了兩本書：《心理學大綱》和《哲學概論》。在三十三歲出版了《迷信於心理》。這種程度的初期治學成果，古今中外都是很少見的。而這種研究的動力，如果沒有強烈的追求理想的目標是不可能成功的。這三本書，也呈現出爺爺對用科學客觀的辦法來分析與改善人的行為的動力。他以後的著作似乎也是由這個動力激發產生。這個爺爺獨立開創的一個治學和為人的途徑，幫助他在一個動亂的時代中和諧的處理事物－從日常家務事到一生中重大的決策。

　　爺爺授課一直都以心理學，理則學和《論語》為主題。研究和著作則隨時間的變遷有不同的重點。早期以介紹國外發展的心理學為主。也在北大創立了心理學的實驗室。後來因為雙重的因素而改變，將研究的方向放在理則學。一方面是他主觀的認為他的生理學知識不夠。客觀方面，學校缺少先進的科學設備。在他的《八十二歲自述》中，他提到選擇理則學的工作是因為「理則學教人如何培養正確的思考與如何躲避錯誤的推測。教人腳踏實地以從事學問，故有學問的學問之稱。我既有志於學問，適當對於此學多多留意。」這段話說明他研究和寫作的動力是在追求以科學為基礎的學問，來改善人們的思路和行為。

　　爺爺選擇對印度因明學的闡述作為研究理則學的開端。對艱澀的唐朝慈恩寺高僧窺基所著《因明入正理論疏》「紊者理之，似者正之，晦者顯之，缺者足之，散者備之，違者通之」。經過多年的研習過程，他終於在 1938 年出版《因明大疏蠡測》。爺爺在 1974 年臺灣重印版的《因明大疏蠡測》序中寫到這個這本書的寫作過程：「挫折頻仍，時時掩卷，餘勇復活，再啟塵封。屢讀屢挫，屢挫屢讀，志切徹悟，不悟不休。鍥而不捨，金石可縷，奮起追逐，漸見曙光。小有收穫，益勵耕耘。思有所得，不論精粗，筆之於冊，以待深言。歷時既久，積稿日增，排比取捨，以成本書。」為了介紹這個艱澀的因明學給一般讀者，他又寫了《印度理則學》一書。這段過程更加說明他嚴謹的研究和寫作的動力是在追求以科學為基礎的學問，並將他的耕耘收穫努力的介紹給一般的民眾來分析日常的事物。

　　在六十歲以後，爺爺將他的科研工作專注在中國的理則學。他從中國的名理學對代表荀子做了有系統的分析跟整理。這次過程中為了解析荀子的性惡論和孟子的性善論的異同，他的工作又延伸到孟子和孔子的儒家思想。儒家思想是他幼年所受的教育，可是他在晚年用理則學和心理學的分析方法有系統的解析和闡述。在他大量的儒學闡述著作中顯示，他最服膺的是孔子思想。因為孔子提示的道德修養是仁和義交織而成的。他廣泛的閱讀，深入的思考，客觀的分析，隨後發表了大量的介

紹儒家思想的著作。其中的闡述都是用尋常日用的事情，提示做人的道理。他的晚年諸病加劇，闡述孔子思想的精髓成為他日常生活的最大的動力。

　　爺爺的身教給了我潛移默化的效果。印象比較深刻的事是，他會藉著我們下圍棋的機會，循循善誘的指引我。我們遠在西安的叔叔在祝賀政大復校 60 週年慶典上的賀詞上也表示了同樣的看法（附上參考），他們父子都是從不間斷的終身學習，終身研究，終身寫作。爺爺在 1948 年遷臺以後，遠在西安的叔叔就因為這大環境造成的長期的分割，再也沒有機會見到他的父母。兩岸開放交流以後，叔叔專程趕到臺北，在俯瞰政大校園的富德公墓祭拜他的雙親，已是事隔近半世紀。

　　爺爺的一生研習寫作的最大的動力是他追求如何做一個更好的人的理想。《陳百年先生全集》的出版將產生一個的豐富的資源，指引讀者去追求一個更美好的人生，進而創造一個和諧的社會。

美國密西西比大學化學工程系榮譽退休教授
陳惟寅

祝賀政大，緬懷先人 *

欣逢政治大學復校六十周年盛典，謹從海峽對岸致以熱烈祝賀！

先父以七十高齡承擔政治大學復校任務，任重道遠，備嘗艱辛。不過這項任務使他全面回歸教育事業和學術研究，又是幸事。父親 1912 年從日本留學回國後，就從事教育事業。除在浙江高等學校和北京法政學校短期工作外，在北京大學先後擔任教授、掌管教務和主持校務，長達十六年。在此期間，曾被選派去德國進修一年有餘，使他的學術基礎更加深厚。1942 年我在重慶遇到中央大學哲學系一位教授，是北大的畢業生。他說「我現在給學生講授的內容，還不及當年陳先生教我們時講得深」。父親在授課的同時，除親自編寫講義外，積極從事學術研究。出版了三本著作和三本譯作。所著《迷信與心理》是一本論文集，對當時一部分人提倡的靈學給以嚴正的批判，取得很好的社會效益。

父親 1928 年離開北大從事行政工作，有一定緣由。當時奉系軍閥進入北京，對北大橫加摧殘，教授們十分不滿，人心思動。在這樣環境下，友人從南京發來電報邀他出山，才使他棄教從政。然而，父親本質上始終是一位學者，從政後利用公餘之暇繼續從事學術研究。他對因明學的研究就是這樣完成的。印度因明學的中文資料很少，而且都是晦澀難懂的古籍。他以愚公移山的精神下功夫鑽研，歷時八、九年終於融會貫通，並寫出專門著作。他在從政期間，教學工作也未完全中斷。政治大學前身中央政治學校成立公務員訓練部後，他每期都去講授理則學。抗日戰爭時期，重慶交通十分不便。父親的住處和政校相距至少十幾公里，並且需要乘輪渡過長江。他不辭勞苦，樂於承擔講課的任務。《實用理則學八講》這本著作，是當時講課的講義。然而這並不是一般的講

---

* 　引自「政大在臺復校六十周年暨陳大齊校長檔案特展」祝賀信。

義。書中主要引用中國古代的名學進行闡述，屬於他的研究成果。

　　父親正式出版的著作共 24 種。其中在政大任校長和教授期間出版 7 種，從政大退休後出版 8 種，二者合計 15 種，超過總數的一半。這一事實表明政大復校很快走上正軌，父親在處理校務之餘有充裕的時間從事學術研究；也表明建成後的政大已經是一所學術氣氛濃郁的高等學府。

　　我在父親身邊的時間不多。只有 1941-1943 年我在重慶中央大學攻讀碩士學位時相聚較多。父親很少進行耳提面命式的言教。但是他為人處世的態度和孜孜不倦的治學精神，對我是極好的身教。有一次他為一位青年朋友提詞，寫下「鍥而不捨」四個字。他為我解釋這四個字的含義，言辭中流露出十分欣賞的神態，給我以深刻的印象，並在無形中成為我日後研習工作的座右銘。

　　我於 1980 年在美國侄女家讀到父親關於孔子學說的著作。我發現書中對《論語》的語句用科學方法進行剖析，立論嚴密，不摻雜一點主觀臆斷，說服力很強，感到驚訝和敬佩。文科學者用用理科的方法研究古籍，父親是否第一人，我無從考察。不過我從中充分領會父親治學的嚴謹。

　　我讀研究生，是父親看到報紙上的招生廣告建議我報考的。兩年學習過程培養起我對科學研究的興趣。畢業後在工程單位工作幾年，就轉到高等學校從事教學和研究。從 1950 年至今，已經六十多年了。我現在已滿九十五周歲，還像父親當年一樣筆耕不輟。這些年來堅持在我的專業範圍不斷耕耘，注意嚴謹和執著，日積月累也算小有收穫。這在很大程度上得益于家風的薰陶。緬懷先人，難忘恩情。

　　再次祝賀政治大學六十年來的光輝成就，並感謝給我一次緬懷先父的機會。

前西安建築科技大學資深教授

陳紹蕃

2014.4.26

總論

周志煌[*]

一

　　政大在臺復校首任校長陳大齊先生（字百年，1887-1983），[1]其學術領域在 1949 年以前，融通哲學、心理學、西方理則學、印度因明學於一爐，1949 年以後在孔、孟、荀等儒學專研闡述上，亦成果斐然。在近代中國學術光譜中，陳大齊可說是一位深具科學理性與人文關懷的標誌人物，然其學術成就卻被低估。國際知名哲學家沈清松（1949-2018）過去曾在〈由名學走向儒學之路——陳大齊對臺灣儒學的貢獻〉一文中言及：

> 在臺灣當代名儒當中，陳大齊的學術思想，是在他本人過世之後，較少受到討論的一位。比較起來，像方東美、唐君毅、牟宗三、徐復觀……等在過世之後，都不斷有研究他們的專文與專書出版，甚至舉辦學術會議加以討論。陳大齊同為一代儒宗，卻未見受到同樣的重視。對於一位勤學有成的大儒而言，其實是有些不公平的。而且，如此的忽略，也將造成學界在援引前人學術資源、累積學術研究成果上的缺失。[2]

---

[*]　國立政治大學中國文學系教授。
[1]　以下為行文簡潔，省略「先生」之尊稱，然無損於編者對於百年先生一生人格、事業崇高之敬意。
[2]　沈清松：〈由名學走向儒學之路——陳大齊對臺灣儒學的貢獻〉，《漢學研究》第

陳大齊早期與五四新文化運動人士交誼甚深，學術專著（含譯作）亦
多，《北大日刊》、《新青年》等重要學術報刊亦常可見其執筆撰文，或
引介新知、或闡述學術見解，甚或評論學術文化思潮等。1949 年以後
陳大齊擔任孔孟學會首屆理事長，在專著及報刊文章中，亦由闡釋發明
儒學要旨藉以接櫫中華文化復興。其學思歷程、轉折及相關著述，在民
國學術史上，絕對有其重要地位及價值。陳大齊著述逾一甲子，曾出版
三十餘冊專書，然而散見在報刊尚未集結整理成冊之文章仍有上百篇，
若加上未曾蒐羅過之書信、創作詩文、演講紀錄……，以及從民國學人
著述中摘選出與陳大齊相關之交誼活動、學術辯難等史料，凡此都需廣
泛蒐羅、整理、重新排版、校勘，使其著述能完整面世，提供後人研究
作為第一手參考資料之根據。

　　陳大齊在〈八十二歲自述〉當中，曾提及自身的學術研讀歷程說
道：

　　我的研習可分為若干時期。以研習的對象為分期標準，可分四
　　期：初為心理學與理則學時期，次為因明時期，再次為荀子
　　時期，末為孔子時期。以研習的效用為分期標準，可分二期：
　　初為稗販時期，後為加工時期。在前一時期內，有如零售的商
　　店，只致力於介紹些國外現成的學說，至多亦不過略加品評
　　而已。在後一時期，有如加工的工廠，取國內古代傳下來的寶
　　貴資料，致力整理，比諸稗販，多費了一點心力，亦稍稍表現
　　了自己的辛勞。後一時期始於因明大疏的研讀，繼續至論語
　　的研讀。我的研習以加工為最高峰，至於自製新品，則力有未
　　逮。3

　　16 卷 2 期（1998 年 12 月），頁 2。
3　陳大齊：〈八十二歲自述〉，收錄於《陳百年先生文集（第一輯）‧孔孟荀學說》
　　（臺北：臺灣商務印書館，1987 年），頁 465。

陳大齊所言「稗販、加工」二期之研習效用，實屬自謙。「稗販事業」源自於胡適（1891-1962）在〈新思潮的意義〉一文中，對於有些人翻譯現成的學說，自己卻不能做具體研究的批評。[4] 然而實際上，胡適1958 年 4 月出任中央研究院院長，陳大齊旋即於 1958 年 11 月被提名為中央研究院院士候選人，陳、胡兩人一生為摯交，胡適對陳大齊學問及人格亦相當敬重。

　　如果以陳大齊所述治學的歷程來說，從 1949 年以前在大陸發表有關西方心理學、理則學（哲學），以及佛教因明時期等專書論文、譯述，再到 1949 年來臺以後，在孔孟荀等儒學所做的大量闡釋及出版相關著述，陳大齊總是「但開風氣不為師」，擔當相關學術論域領航的角色，為後人開啟了諸多治學門徑。以《心理學大綱》出版後所帶來的影響來說，我們若查閱 1920-1940 年代民國的報刊，對此書籍的介紹及廣告屢有可見。另在學術圈內的同好，引用此書以為參考者，亦不乏其人。例如民國教育學者傅紹曾所著《教育心理學》（河北時中學社出版，1934 年 6 月），書末所列「重要參考書目」，第一本就是陳大齊的《心理學大綱》。另外，民國哲學家潘梓年（1893-1972）專研西方邏輯學，其曾譯述美國知名邏輯學者瓊斯（A. L. Jones）的《邏輯歸納法和演繹法》，由上海商務印書館 1927 年出版，負責校訂者即為陳大齊。

　　1914 年陳大齊在北大授課，主講哲學概論、理則學、認識論等，早年馮友蘭（1895-1990）、吳康（1897-1976）均曾受業於他。1923 年陳大齊亦分別擔任北京大學哲學系與心理學系主任，且於 1925 年與胡適等人發起成立「哲學研究會」。此外，以「心理學」研究來說，陳大齊在日本東京帝國大學文科哲學門留學，即專攻心理學，回國後 1913 年春任教於北京法政專門學校預科時，就開始講授心理學課程。他在北京大學創建了中國第一個心理學實驗室，是中國現代心理學的先驅。1918

4　胡適：〈新思潮的意義〉，《新青年》第 7 卷第 1 號（1919 年 12 月）。

年出版了中國第一本大學心理學教科書《心理學大綱》。中國第一次現代意義上的大規模兒童心理學調查研究，即陳大齊所做〈北京高小女生道德意識之調查〉。即使 1949 年來臺，陳大齊也協助創建國立臺灣大學心理學系。他對於心理學除知識引介外，更強化了心理學在社會各領域當中的運用。

　　例如《審判心理學》，可用來作為法庭審判時，對於原告／被告，或是犯人、證人等所陳述內容及心理狀態一一檢核，以明是否屬實。另在社會迷信充斥，鬼神無稽之談當道之際，其〈關靈學〉、〈心靈現象論〉等，又期待運用科學心理之分析，將社會風氣導向理性的氛圍。同樣的，對於婦女、兒童心理，乃至於民族心理學，陳大齊都有專文或譯述加以剖析，並結合中國當時各種社會階層或性別身分以為例證加以說明。

　　比較特別的是，現今中文橫式書寫，以及書籍橫式編排，都已是生活日常隨處可見，這其中或有受電腦文書處理習慣的影響。然而若從視覺生理以及閱讀心理的角度，如何能夠給予中文橫書一個有力的說明？民初新文化運動人士，亦是陳大齊好友的錢玄同（1887-1939），倡導漢字改革，甚至提議盡廢漢字，改用西方的「蟹行文字」。因茲事體大，意見分歧，因此錢玄同擬從中文橫式書寫先入手。1917 年 5 月，錢玄同在《新青年》第 3 卷第 3 號「通信」上，先發表〈致陳獨秀〉，提出刊物版式上的文字排列，改「右行直下」為「左行橫迆」的想法。陳獨秀、胡適等人表面認同卻不甚積極回應，錢玄同不放棄「橫排─左行橫迆」這一個構想，於是 1919 年邀請陳大齊在《新青年‧通信》，以唱雙簧方式，先由錢玄同在〈致陳大齊〉信的前段，陳述中文宜改為橫寫的理由，大意是：其一，方便嵌進西文；其二，用橫行可免墨水汙袖；其三，排橫行加標點符號比較便利。以上這些理由純粹是從應用方便性來說。因方便性仍屬主觀認知，各人感覺不同，故錢玄同在通信欄邀陳大

齊，以「生理學」方面知識，予以強化該倡議之可行。[5] 陳大齊於是從
視覺的移動作用及原理指出：

> 照生理學上說起來，那眼球的各部分並不是有同樣的視力。網
> 膜的正中點看東西最明白，周圍的部分都不及它；這一點叫做
> 中央小窩（Fovca）。因為中央小窩看東西最明白，所以我們看
> 東西的時候，總要把它的像映到中央小窩上去……我們既注意
> 了一件東西，要去看他，總想把他的全體看明白，而中央小窩
> 又小，容不下很大的物象。這個時候，我們必運移眼球，次第
> 的看過去，纔能把這東西全體看見。……身體上無論那一部分
> 的運動，都靠著筋肉的伸縮；眼球也是如此。眼球所靠的有六
> 條筋肉——內直筋，外直筋，上直筋，下直筋，上斜筋，下斜
> 筋。眼球往左或往右的時候，只要有一條筋肉作用，便能發生
> 運動的現象。至於往上或往下的時候，單有一條筋肉作用，不
> 能發生作用……單有一條筋肉作用，用力較小；用力小，自然
> 是較為安逸，較為容易。要兩條筋肉共同作用，用力便大；用
> 力大了，自然是較為勞苦，較為困難。[6]

以眼球與筋肉之交互作用運移，來比較說明直排閱讀的費力以及橫排閱
讀的輕鬆省力。然而或有人問：「為什麼讀書人會覺得直讀並不覺得比
橫讀困難呢？」陳大齊回答是因為舊讀書人「直讀已經成了習慣」，因
此久慣不覺累，然而終究橫排還是比較符合生理的經濟效益。

　　除治學研究外，陳大齊本身就是一位著眼於「事實」實證而非停
留在「空疏」玄談的篤行實踐者，換句話說，他關懷現實的歷史世界，
他對思維邏輯的著重，是要在真實的人／我、物／我之間建立名分秩序

5　錢玄同：〈中文改用橫行的討論〉，《新青年・通訊》第 6 卷第 6 號（1919 年 11
　　月），頁 108-110。
6　陳大齊：〈中文改用橫行的討論〉，頁 111。

及相應的關係處理。也因為其重視人在歷史世界的活動參與，清代中葉以降的「經世致用」之風亦可從其治學及作為當中看出。他並非知識象牙塔裡的學者，我們可以看到他的許多著述，原先的「發聲」現場，是在許多的學會、研習營之講義、講綱，或是講後紀錄，經修訂後成為專書。如《迷信與心理》一書當中所收錄的〈現代心理學〉長文，即是 1918 年多次在學術講演會的演講內容。這種由「言」及「文」的路徑，相應於晚清民初世變之下中國的歷史現場，「啟蒙」之價值不言可喻。又如 1927 年 4 月 30 日北京大學舉辦「辯論競賽大會」，分東城、西城兩組舉行，東城組在北大三院大禮堂、西城組則在女師大大禮堂，蔚為當時學生課餘之盛事。當時辯論題目為「現任中國教育應當黨化」，然而在宣傳中特別強調「所謂黨者，即團體之謂，並不指任何政黨」並指明兩會此次辯論，「全為學術之討論、求真理之發現」，所聘請的評判員之一，即為以邏輯思辨享譽學界的陳大齊。[7]換言之，他的「思維術」不僅運用在學理，且從學理走向應用實踐。如目前可以發現陳大齊最早的著述，為《審判心理學》講義，這是 1915 年供「司法講習所」作為教材使用之講義，只有部分內容刊載於《司法講習所講義錄》第 1 卷第 2 期（1915 年），餘則從未出版。在司法從業人員面對犯人，證人等審問的實務經驗當中，陳大齊總是提醒某些假設、推理，在平時狀態「也許不可能」，但如果在某些特殊情況之下「則為可能」。陳大齊說道：

> 是故薄暮之際，極目遠眺，紅者已昏不可見，而青色者猶歷歷可辨。今假有陳述者，言於薄暮之際遇見某人，但見其青色之袍子未見其紅褐色之馬掛，則其言可信；若反其言，則其言必偽。至於日暮時各顏色消滅之順序，實用上甚為重要，惜尚未有精確可信之研究耳。……

7　〈北大之辯論競賽大會〉，《大公報天津版》，第 2 版，1927 年 4 月 14 日。

關於聲音之傳導，有不可不注意之事實。當聲音傳播之時，若有固體之物為之傳導之媒介，則聲音可達之距離較平時遠甚。故吾人若藉固體之物以聽，則雖遠方之音，平時所不能感覺者，亦能感覺之。例如馬之馳驅聲或大砲之轟聲，雖在遠處，非吾人所能聞。吾人若側臥於地，以耳屬地，則聞之較易。是故若有證人自稱嘗聞遠處之聲，而當聞之之時嘗屬耳於地，或嘗屬耳於垣，則聲音雖遠，其所言有足信也。[8]

換言之，陳大齊反對預設一套放諸四海皆準的普遍公式或定律，來作為衡量千變萬化的現象世界。推理本身來自於現實世界的觀察，根據經驗事實以做衡斷，不能以恆常之理就遽以否定、輕忽萬變之事端，需佐以科學實證以為參考。如果說，傳統士人受「經也者，恒久之至道，不刊之鴻教也」之影響，常執泥於常理而不知依於事實做判斷，陳大齊顯然在傳統接榫現代社會的經驗世界中，找到了因應各種不同生活情狀而存在著各種「可能」、「變通」的思維及理解，從某種意義來說，這正是史家探索歷史世界之「變」而求取貫通的鮮活思維型態。

除了心理學及邏輯學，另外因明學研究也是陳大齊一項極為亮眼的成績。因明是古印度的邏輯學說，「因」是指推理的根據、理由，「明」是知識、智慧，所以因明是通過宗、因、喻等所組成的論式，進行推理、證明的學問。從思想上說，因明包括邏輯學和認識論。因明的邏輯學部分是為了研究邏輯規則和邏輯錯誤；認識論（又稱「量論」）部分則是研究現量和比量，即直覺知識和推理知識。[9]

陳大齊是現代邏輯研究的巨擘，是民國因明研究中邏輯學派的代表人物，其著述從抗戰的 1930 年代又延續至 1949 年來臺以後，其主要因

---

8 陳大齊：《陳百年先生全集·心理學卷》（臺北：政大出版社，2024 年），頁 32、35。
9 釋妙靈：〈真如·因明學叢書總序〉，釋妙靈主編：《真如·因明學叢書》（北京：中華書局，2006 年），頁 1。

明著作有三部：第一部是《因明大疏蠡測》，《因明大疏》是佛教因明名著《因明入正理論疏》的簡稱，唐代玄奘弟子窺基（632-682）所撰，陳大齊對此書做了梳理，於 1938 年在重慶出版；另一部是《印度理則學》，1952 年出版，用通俗語言對因明義理進行系統介紹，並與邏輯進行比較；第三部是《因明人正理論悟他門淺釋》，該書原為陳大齊 1960年代在國立政治大學的講稿，後由臺灣中華書局出版。這三部書奠立了陳大齊在印度因明學梳理及闡釋方面重要的學術地位。大陸近二十年來編了多套民國學人的因明學著述，都不約而同正視陳大齊是如何以其擅長的西洋邏輯學知識背景，會通鎔鑄中國、西方、印度三個古老文明及近代邏輯學的相關內容。北京中華書局由釋妙靈主編的《真如‧因明學叢書》，其中就收錄《因明大疏蠡測》（2006）、《因明入正理論悟他門淺釋》（2007）二書，歸於「因明學經典研究類」。而後 2015 年由沈劍英總主編的《民國因明文獻研究叢刊（全 24 輯）》，其中第 13 輯以《陳大齊的因明著作（一）》為書名，收錄《因明大疏蠡測》；第 14 輯《陳大齊的因明著作（二）》，則收錄《因明入正理論悟他門淺釋》、《印度理則學》，由北京知識產權出版社於 2015 年完整出版陳大齊三本因明學著作。此外，上海復旦大學宗教系湯銘鈞教授主編，2024 年 4 月由上海中西書局出版之《漢傳因明文獻集成初編》，因一些特殊原故未能收入陳大齊這三本因明著述。在〈緒論〉中，湯教授特別加註指出：「未能將陳大齊先生的三種因明著作⋯⋯收錄進來，是本叢書的一大遺憾。筆者期待將來能有機會集中呈現陳先生的這三種著作。」[10] 由大陸近二十年三大套有關因明叢書的編纂來看，此領域專家一致都正視了陳大齊在印度因明學的高度成就。以大陸研究因明的重要學者鄭偉宏為例，他曾指出：

10　湯銘鈞主編：《漢傳因明文獻集成初編‧緒論》（上海：中西書局，2024 年），頁34。

漢傳因明有過兩次高潮。第一次發生在唐代……第二次高潮
發生在五四以後三十年。這一時期，按照中國邏輯史的發展特
點，可以稱為現代時期。現代因明研究的代表人物為呂澂和陳
大齊。……呂澂的因明研究是得力深通佛典、廣研諸論，充分
利用梵、漢、藏文資料，從而使漢傳因明別開新生面的話，那
麼可以說陳大齊的因明研究是以邏輯為指南，在因明與邏輯的
比較研究上作出了超越前人的突出貢獻。他們揚己之長，各領
風騷，……呂澂的不足又恰恰為陳大齊所彌補。[11]

此外，對於抗戰時期艱困環境下，陳大齊猶能完成《因明大疏蠡測》一
書，鄭偉宏也讚譽說道：「本書作者嫻熟地運用傳統邏輯的工具，研究
了因明的體系，探幽發微，闡發宏富，內容博大精深，處處顯示出作者
的創見，具有重要的學術價值。可以說，在邏輯與因明的比較研究方
面，至今沒有一本著作可以與之媲美。」[12]誠哉斯言，陳大齊因明著述的
學術貢獻是不可磨滅的。

　　陳大齊的身體力行，親躬實踐，除演講授課外，還包括在行政工
作上操持系務、校務，1930 年代以降，更在考試院為國家行政體系管
理，訂下完善的制度及運作規範，育賢掄才無數。即使 1949 年來臺以
後發揚儒學，出任孔孟學會理事長，他也在大陸彼岸「反右」、「文革」
等摧殘傳統文化之際，為維護中華文化及倫常秩序而努力。其一生辦
學、從政、講學、著述等，可以說是「高明博厚」。[13]陳大齊就讀於日本
東京帝國文科哲學門時，受到心理學家元良勇次郎（1858—1912）的
影響，即選心理學為主科。元良勇次郎 1903 年在日本建立第一個心理

11　鄭偉宏：〈陳大齊對漢傳因明的卓越貢獻──《因明大疏蠡測》評介〉，《法音》第
　　2 期（1988 年 2 月），頁 17。
12　鄭偉宏：〈陳大齊對漢傳因明的卓越貢獻──《因明大疏蠡測》評介〉，頁 17。
13　陳治世：《陳百年先生文集（第一輯）‧序》（臺北：臺灣商務印書館，1987 年），
　　頁 1。

學實驗室；陳大齊 1914 年於北大任教後，亦草創了中國第一個心理學實驗室。比陳大齊稍晚，於 1916 年進入北大擔任校長的蔡元培（1868-1940），曾在德國萊比錫親聆威廉・馮特（Wilhelm Wundt，1832-1920）的哲學和心理學講課，學習過實驗心理。事實上，陳大齊的老師元良勇次郎曾努力將馮特及詹姆士（William James，1842-1910）的理論引進日本。1879 年馮特在萊比錫大學創立世界上第一個專門研究心理學的實驗室，此成為心理學被視為是一門獨立學科的標誌，馮特也被視之為實驗心理學之父。因此蔡元培擔任北大校長期間，對陳大齊所經營的心理學實驗室亦相當重視。北大心理實驗室能逐步壯大規模，蔡元培功不可沒。在《北京大學日刊》1921 年 12 月 7 日第一版，曾刊載陳大齊給校長蔡元培的信，當時陳大齊人在歐洲德國柏林大學進行研究，信中特別提到：

> 現時研究心理學，無論是論理方面或是實用方面，都不能不借助於實驗。北大所有儀器實在太少，要想藉此作實驗研究實在是不可能的。現在馬克匯價大落，乘此機會，能匯款出來購儀器，所費不巨，而所得一定很多。心理儀器中，如實驗感覺的儀器不但研究心理學所必不可缺。就是研究生理學，恐怕也少不了此項儀器。則此儀器將來生理學系成立後可與心理實驗室公用。[14]

陳大齊即使個人在德國進行參訪研究，然亦心念北大設備之闕漏不足，提出「一石二鳥」共用之議，祈請校長蔡元培覆函決定。除關切心理實驗儀器不足外，另在德國知悉官（公）費學生並未如期接獲「監督處」匯款，積欠學費，生活陷入窘境。且在柏林之留德學會對中國出版書刊亦無多餘經費購買獲取，只得募捐，陳大齊期盼蔡元培「務懇先生本

14　〈本校教授陳大齊致校長函〉，《北京大學日刊》第 911 號，第 1 版，1921 年 12 月 7 日。

提倡學術之熱忱，囑校中檢已出版者，即日寄下，未出版者，亦於出版後，陸續寄下。」其想方設法為學生謀取福利，俾便專心向學，關懷學生之情，實溢於言表。

陳大齊為浙江海鹽人，無獨有偶的，海鹽地區在近現代中國文化界也出現了另一位重要名人，即上海商務印書館重要的掌舵者張元濟（1867-1959）。張元濟在清末民初可以說是教育文化界的意見領袖，光緒二十七年（1901），張元濟投資上海商務印書館並主持編譯工作，另倡議設立編譯所，聘蔡元培為所長，主持編定教科書，張元濟與蔡元培俱為前清翰林，兩人一生交誼深厚、互為支援，而陳大齊支持年紀稍長的鄉賢張元濟也不遺餘力，陳大齊的《心理學大綱》為中國第一本大學心理學教材，當時即由上海商務印書館於 1918 年 10 月出版。其後陳大齊陸續翻譯（德）馬勃（K. Marbe）所著《審判心理學大意》，以及（德）高伍柏（R. Gaupp）所著《兒童心理學大意》，亦分別於 1922 年及 1925 年交由商務印書館出版。

1928、1929 年左右，北京大學因軍閥干預學務，以及改制、改名等引發學潮，陳大齊臨危受命主持校務，於 1929 秋任北大學院院長，1930 年任北大代理校長，在北大風波之中的蔡元培與陳大齊，同心協力平息了諸多紛擾，為當時中國最高學府奠立了後續發展茁壯的基礎。蔡元培擔任北大校長第一次任期為 1916 年 12 月開始，這是大家所熟知蔡元培如何含納新舊派學者，開啟北大自由學風的貢獻；第二次任期為 1929 年 9 月開始，但蔡元培因接掌中央研究院並未實際到任，而由陳大齊代理校長。我們若查考當時的電報，就可以看出蔡元培對於陳大齊的高度信任及充分授權。例如北大評議會致電南京教育部：「北平大學校長辭職，現制勢難維持，北大亟應恢復獨立，直隸鈞部。北京大學名稱係有歷史關係國際信用，昨日陳百年先生等應蔣主席之召，因陳述恢復

北京大學原名，已蒙贊許。敬請鈞部主持，迅予公布。」[15]；另，1929 年
8 月 8 日國立北京大學學生會致陳大齊函中也說道：「北大過去學年雖
告結束，而在新舊交替之間，種種事宜，實須待人負責辦理。先生在校
多年，愛校之誠，素為本會所深悉，年來努力復校，更為同學所欽仰，
敢請先生暫行繼續維持校務，以免校基發生動搖，不勝銘感之至。」[16] 事
實上，當時學生原屬意蔡元培回任北大校長，但蔡元培已於 1928 年 4
月接任南京中央研究院院長，無法北上。在教職員人心浮動，局勢動盪
之際，蔡元培最能信任者即為陳大齊。期間我們可以看到陳大齊亦企盼
蔡元培接掌北大，懇辭代理，[17] 維持其一貫謙沖淡泊之胸懷。然蔡元培
以公開信表達對於陳大齊的支持及肯定，在 9 月 2 日〈致教職員函〉中
蔡元培說道：「元培謹與諸先生約九個月以後、若非有特殊阻力，元培
決當回校，隨諸先生之後，努力於北大之發展，不敢自棄。最近九個月
敬請陳百年先生負責進行，尤望諸先生共同致力，元培亦當知無不言，
以備諸先生之採擇。」[18]

　　陳大齊除了 1930 年前後於北大校園動盪之際，代理校務安定人
心，五四前後任教於北大，亦培養出一批卓越的學生，例如 1930 年
代中國著名心理學家，任職於中央大學擔任心理系主任的潘菽（1897-
1988），即為陳大齊弟子。另外日治時代臺籍知識菁英蘇薌雨（1902-
1986），曾至北大哲學系就讀，亦為陳大齊課堂學生。蘇薌雨戰後臺灣
光復隨國府接收返臺，任教於臺大哲學系，並於 1949 年在老師陳大齊
的協助下，創立了臺灣大學心理學系並擔任系主任二十年。其實，陳大
齊對於戰後臺灣高等教育的發展及貢獻，還不僅此一椿，最為人所熟知

15　〈恢復北京大學問題〉，《大公報天津版》，第 5 版，1929 年 7 月 11 日。

16　〈北京大學獨立發表後〉，《大公報天津版》，第 5 版，1929 年 8 月 9 日。

17　南京教育部 8 月 14 日致電陳大齊函：「北京大學陳百年先生鑒：來電悉，北大恢
　　復伊始，諸賴毅力維持，切盼繼續擔任，毋再固辭。」〈教部挽留陳大齊〉，《大公
　　報天津版》，第 5 版，1929 年 8 月 15 日。

18　〈蔡元培對北大師生表示〉，《大公報天津版》，第 5 版，1929 年 9 月 13 日。

的應該是 1954 年出任政治大學首任校長。或有人會認為陳大齊與政大的結緣，是源於此一校長職務，其實不然，早在 1932 年，陳大齊就在政治大學的前身「中央政治學校」協助授課。《理則學大意》作為當時「中央政治學校公務員訓練部高等科講義」，雖未正式出版，但也收入此次《全集》當中。到了抗戰時期的 1942 年，陳大齊繼續為中央政治學校公務員訓練部授課，《實用理則學八講》在《理則學大意》的基礎上做了相當程度的修訂，於 1943 年由上海中國文化服務社出版。

　　陳大齊早年在科玄論戰方興未艾之際，曾在哲學系演講，提出「道德判斷的遍效性」，指出研究學問的審思視點，應依對象劃分成「事實」與「價值」兩個層面，分別採「認識」或「衡量」的思維方法做區分。「事實認識」是科學方法的；「價值衡量」是人生哲學（玄學）的，二者性質分殊。且「所謂遍效性不是事實上的統一，是一個判斷所要求的遍效性，凡一切判斷都有遍效性。」[19] 如此對各學理進行考察，才有助於學思性質的釐清與歸類。陳大齊九十歲時所親撰之〈耕耘小穫〉，自述為學的兩項基本觀點說：「所持基本觀點，可以約為二事：一為思惟對象有事實與價值之分，其性質不同；二為真與善不定一致，但欲致善，必先致真。」[20] 他認為科學雖以經驗事實為依據，但是仍要確實分辨真妄，避免誤以妄相為事實，作出錯誤判斷。還提出「求真」與「求善」這兩項命題，屬於不同類的概念，因為事實判斷有真偽之分，價值判斷則有善惡之分，若不同層面的判斷規律相互混同，則真與善、偽與惡，就可能不一致，故思維問題應避免混同真偽與善惡的概念，這可以說是他治學的基本準則。

　　「求真」與「求善」雖屬不同類的概念，但並不妨礙陳大齊一生在

19　陳大齊：〈略評人生觀和科學的論爭：兼論道德判斷的遍效性〉，《東方雜誌》第20 卷 24 期（1923 年 12 月），頁 25。

20　陳大齊：〈耕耘小穫〉，《陳百年先生文集（第三輯）‧理則與倫理講話》（臺北：臺灣商務印書館，1994 年），頁 301。

學問上「求真」，在行為上「求善」的圓滿體現。就如同現實生活當中，許多思想鮮活，行為保守之人，其並非身心不能協調，而是心中並非以「自我利益」為核心，處處能為他人設想，顯現其包容的倫理關懷。思想鮮活正顯其開明接納他者；行為保守即不以我者（個人）私欲傷及他人。民國初年新思潮帶來的諸多「解放」運動，包括挑戰批判傳統「貞操」概念，以及對於一夫一妻展開質疑。1925 年 1 月《婦女雜誌》刊登「新性道德專號」，包括章錫琛（1889-1969）的〈新性道德是什麼〉、周建人（1888-1984）的〈性道德之科學的標準〉都挑戰了中華文化傳統的價值觀。[21] 章錫琛認為：「性的道德，完全該以有益於社會及個人為絕對的標準；……因此甚至如果經過兩配偶者的許可，有了一種帶著一夫二妻或二夫一妻性質的不貞操形式，只要不損害於社會及其他個人，也不能認為不道德的。」[22] 對於思想解放的前衛者而言，宣傳「新性道德」某方面即在於促進婦女運動的發展。然而 1925 年這個專號及相關論點，卻也迎來諸多正、反面意見、掀起論戰。尤其陳大齊與章錫琛、周建人之爭辯最為激烈。[23] 章錫琛也因社會輿論壓力從商務印書館去職，另創「開明書店」。在陳大齊看來，「新性道德」是一夫多妻制的新護符，是一種縱欲。多妻多夫必然與縱欲有關，即使不是縱欲的結果，也可以是縱欲的原因。縱欲與禁欲一樣都是不道德，破壞了戀愛的

21　章錫琛：〈新性道德是什麼〉，《婦女雜誌》第 11 卷 1 號（1925 年 1 月）；周建人：〈性道德之科學的標準〉，《婦女雜誌》第 11 卷 1 號（1925 年 1 月）。

22　章錫琛：〈新性道德是什麼〉，頁 6。

23　相關文章包括陳大齊：〈一夫多妻的新護符〉，《現代評論》第 1 卷 14 期（1925 年 3 月 14 日）。章錫琛：〈新性道德與多妻：答陳百年〉，《現代評論》第 1 卷 22 期（1925 年 5 月 9 日）。周建人：〈戀愛自由與一夫多妻：答陳百年先生〉，《現代評論》第 1 卷 22 期（1925 年 5 月 9 日）。陳大齊：〈答章周二先生論一夫多妻〉，《現代評論》第 1 卷 22 期（1925 年 5 月 9 日）。章錫琛：〈駁陳百年教授「一夫多妻的新護符」〉，《莽原》第 4 期（1925 年 5 月 15 日）。周建人：〈答「一夫多妻的新護符」〉，《莽原》第 4 期（1925 年 5 月 15 日）。章錫琛：〈陳百年教授談夢〉，《莽原》第 7 期（1925 年 6 月 5 日）。周建人：〈再答陳百年先生論一夫多妻〉，《莽原》第 7 期（1925 年 6 月 5 日）。

專一性並導致社會危害。他說道:「因為有了多妻,即容易有縱慾的機會,假如多妻以後,仍要保持適當的性欲,則不能不求為妻的有過度的禁慾,以資調劑。縱慾是不道德的,禁慾也不是理想的。所以我的偏見以為要保持適當的性欲,最好還是一夫一妻。……中國現在的家庭大有改革的必要,而我的偏見以為嚴格的一夫一妻制的小家庭最合理想。」[24]陳大齊還採取心理學的情緒知覺理論來作進一步解釋,他將愛情解釋為一種「佔有的」且「專有的」欲望:「既然愛了,總想據為己有;寬宏大度願與他人分愛的,世上恐未必真有其人。愛而未能據為己有,或既據為己有而有他人起來攘奪的危險的時候,便不免起嫉妒的念頭,生爭鬥之行為。……其影響所及,足以擾亂社會的安寧秩序。」[25]

在陳大齊所著重的邏輯思維之中,「名分」與「秩序」是非常重要的概念,且推理之於社會,經驗事實中的秩序安頓,即是名理得以協調而非處於失序的狀態。觀察陳大齊早年作為五四新文化浪潮的舵手之一,從批判傳統、帶動新觀念,到 1949 年以後回歸孔孟儒學的價值倫理維護及闡釋,或有人認為其從文化激進的改革者變成保守的文化擁護者,其實不然。若從其面對的歷史世界及思潮變遷來說,民國肇建到1920 年初,需要的是對於傳統迷信的駁斥,建立科學信仰的理性思辨時期,因此〈關靈學〉、〈心靈現象論〉……等文章,在他看來是讓社會能從「非理性」的盲從走向理性化「除魅」(disenchantment)的現代化進程。然而所謂「自由」的爭取,並非以自我欲望的恣肆放縱而導致他者的傷害。進步及理性的社會,應該是以能帶動彼此雙方和諧關係的秩序運作為根本。到了 1930 年代中期,經過五四的反禮教,男女關係及欲望更形開放自由,社會秩序及倫常關係若無適當的「名分」維繫予以安頓,則「失序」可能換來的是欲望的失當及理性的湮滅,這也包括為何在 1949 年以降,面對中國大陸泯除人性之階級鬥爭,社會動盪、倫

24　陳大齊:〈一夫多妻的新護符〉,頁 8。
25　陳大齊:〈一夫多妻的新護符〉,頁 7。

常失序之際，陳大齊會以傳統儒家所強調的「名分」與「秩序」來作為群倫關係各種「類」屬的安頓。陳大齊在《荀子學說》中對於「類」字有許多精闢的闡釋：「同實即是同類的事物，異實即是異類的事物。同類的事物必須呼以同一名稱，異類的事物必須呼以另一個名稱。」[26] 其認為各種名、實關係的組成，無不是為了走向一大清明的思維及有秩序的關係對待而存在。

　　陳大齊對於「一夫一妻」的捍衛，不僅是學理的命題，且是一生躬親奉行的倫理價值。胡適之過世時，蔣中正曾親撰「新文化中舊道德的楷模，舊倫理中新思想的師表」之輓聯，用以概括胡適一生行誼。若以作為適之先生好友的陳大齊來說，此兩句話亦完全可以套用在其身上。然而若再細較兩人差異，所謂「舊道德的楷模」可能在陳大齊身上更能貼合。比起胡適近年「情史」史料的不斷發掘及熱議，或是相較於政大百年樓前後兩棟大樓的主人（戴季陶、張道藩），甚或衡諸民國同時期的社群友朋，以上諸多名人學者之風流韻事，在陳大齊一生當中從未出現。陳大齊的感情世界始終專一並以之經營家庭，對其相守一生的夫人查漪雲女士用情甚深，1976 年夫人過世，陳大齊時年已高齡九十，魂縈夢牽之際，在兩三年間寫下諸多手稿，以詩、文表達思念之情。如1976 年 11 月 4 日寫下：

> 我本不信鬼，氣絕魂亦滅；今者思念你，不忍言無鬼。
> 但願真有鬼，人死何足悲；好比移家客，去舊換新居。
> 死別非永別，只是暫相違；幽明雖異域，一葦可通行。
> 我亦風中燭，不耐久吹拂；我視日益晦，我步日益危。
> 我思日益鈍，我體日益頹；相見不在遠，何事盈眶淚。
> 聞道有輪迴，鬼復轉人世；新鬼方報到，未必遽遣走。

26　陳大齊，《荀子學說》（臺北：中華文化出版事業社，1954 年），頁 124。

倘奉投生令，亦望遲遲行；交臂若相失，何以慰我情。27

如前所述，陳大齊治學強調「科學事實」，科學理性反對鬼神，民國初年西洋靈學會的譯介充斥，另有上海靈學會結合傳統扶乩信仰、催眠術等，透過發行《靈學叢誌》，鼓吹靈魂的顯影及鬼神世界的存在，將西洋靈學視之為「新穎科學」。為此，陳大齊的〈闢靈學〉、〈心靈現象論〉吹起批判靈學信仰的號角，可以說是當時駁斥「偽科學」最有力的專文。28 陳大齊的批駁並非情緒性的訴諸個人感受及宗教信仰差異，而完全是從心理學之知識及諸多科學實驗的成果，一一點出其中盲點及可能「造偽」之跡。如「乩何以能動，扶者動之也。……誠實之扶者固未嘗自覺其動，然而動之者仍是扶者，不過是扶者之無意識的筋肉動作耳。」29 當時有自稱研究心理學、哲學的讀者署名「莫等」，投書《新青年》強調認可「攝鬼相」、「扶乩念寫」等為事實，陳大齊則反駁指出：「鬼照、念寫等是事實上沒有證明的現象，我們豈能用那事實上沒有證明的假定做一個前提，依照演繹推理法去證明他們的確實嗎？」30 然而青年時期反駁鬼神之說的陳大齊，到了晚年為追悼相守一生、相互扶持的摯愛亡妻，冀望能再相會，反倒是「今者思念你，不忍言無鬼」；「但

27　陳大齊：〈念漪雲〉，1976 年 11 月 4 日補錄，政治大學圖書館校史與檔案組珍藏手稿。

28　陳大齊：〈闢靈學〉，《新青年》第 4 卷 5 號（1918 年 5 月）。文中說道：「近日上海有人設壇扶乩，取乩書所得，彙刊成冊，名曰靈學業誌。並設靈學會，以從事靈學之普及。吾所及見者，乃該業誌第一卷第一期，其內容之荒妄離奇，真足令人捧腹絕倒，據該誌所載，所設之乩壇曰盛德壇，由孟軻主壇，莊周墨翟二人為之輔，下置『四秉十六司』，此種說話已屬滑稽之極，而某日『聖賢仙佛』臨壇時，各有題詩，周末諸子居然能作七絕詩，孟軻且能作大草，又李登講音韻，能知 Esperanto（世界語）之發音，此真荒謬，離奇之尤者也。」（頁 370）。另，陳大齊：〈心靈現象論〉，收入《迷信與心理》（北京：北京大學出版部，1922 年），頁 31-122。

29　陳大齊：〈闢靈學〉，頁 372。

30　陳大齊等：〈鬼相之研究〉，《新青年・通訊》第 5 卷第 6 號（1918 年 12 月），頁 622。

願真有鬼，人死何足悲」，甚至相信佛教輪迴之說：「倘奉投生令，亦望遲遲行；交臂若相失，何以慰我情。」希望將來不要因亡妻投胎而自己甫亡，錯過相會再見時刻。陳大齊的至情至性令人動容，正所謂「情之一字，所以維持世界」。陳大齊的實存生命經驗，家庭關係是一「事實」的存在，而其對此事實的思維及處理，即是在既有的名分之下維繫倫常和諧，安頓生活秩序。家庭角色如此，公職、教育等各領域的名分執掌，其皆能恪盡職守，深獲長官、同仁，乃至於後輩的信任與敬仰，實無愧於「經師人師」之典範及讚譽。

二

　　陳大齊的著作（含印刷出版及手稿）皆已捐贈政治大學圖書館進行數位典藏。其 1949 年以前許多著作幾已絕版難尋。現因大陸北京、上海等民國圖書資料庫的建置，讓些許著作或可以透過資料庫查詢閱覽，但也僅限於學界圖書館有購買者方能取得檢索門徑。此外，大陸有些出版社，將民國圖書予以翻印，或以簡體字重新繕打排版印行。若按出版時間排序，舉例如下：

《因明大疏蠡測》，北京：中華書局，2006 年。

《因明入正理論悟他門淺釋》，北京：中華書局，2007 年。

《論語輯釋》，北京：華夏出版社，2010 年；《論語輯釋（修訂版）》，
　2016 年。

《孟子待解錄》，上海：華東師範大學出版社，2012 年。

《陳大齊的因明著作（一）：因明大疏蠡測》，北京：知識產權出版社，
　2015 年。

《陳大齊的因明著作（二）：因明入正理論悟他門淺釋、印度理則學》，
　北京：知識產權出版社，2015 年。

《心理學大綱》，福州：福建教育出版社，2023 年

　　1983 年陳大齊先生仙逝後，其子嗣陳紹鵬先生於 2003 年授權「陳

百年先生學術基金會」全權處理著作財產權事宜。2012 年陳紹彭先生過世，其繼承人及陳紹蕃先生（陳大齊先生次子），於 2014 年與政治大學簽訂贈與契約書，無條件將陳大齊著作文物，併同相關著作財產權等讓與政治大學，相關著作文物現由政治大學圖書館校史與檔案組典藏。因此，上述大陸出版社在未徵得政治大學應允之下，翻印或以簡體字排版了上述書籍。相對的，大陸亦有學者重視版權且熟知陳大齊先生在民國學術史上的重要地位，主動傳來電郵詢問政大文學院是否可以同意收入陳大齊著作。例如早先上海復旦大學宗教系學者曾來訊，希望得到政大授權影印出版陳大齊先生之因明著作，後來因各種「非學術」之因素未能如願，引以為憾，特來函致意。以上可以說明大陸學界近二十年來，開始注意陳大齊的學術成就，並能給高度肯定。目前大陸年輕學子以陳大齊為題，撰寫學位論文者不多，從資料庫檢索僅見兩本碩士論文：冀倩茹《陳大齊的孔孟荀哲學思想研究》（武漢大學哲學學院碩士論文，2007 年）、劉世通《儒家思想的義理詮釋與現代闡揚：陳大齊儒學思想研究》（中國礦業大學馬克思主義學院哲學系碩士論文，2017 年），以上兩本論文都是以 1949 年以後陳大齊對於儒學的闡釋為核心。此外，香港大學亦有一本以英文撰寫的碩士論文，黃展曦（Wong Chin Hei），"Chen Daqi and the foundation of the 'new' psychology in Republican China"（Hong Kong: the Degree of Master of Philosophy at the University of Hong Kong，2011），是著眼於陳大齊與民國心理學的相關探討。在臺灣，亦有兩本碩論：宋育錚：《《孟子待解錄》試解》（高雄師範大學經學研究所碩士論文，2009 年），此是以陳大齊的一本儒學著作進行探討，學術視野稍顯狹隘不足。由於兩岸學子對陳大齊幾乎陌生，或查找資料不易，未能全面閱讀其著作進行探討，因此由本人指導政大國文教學碩士在職專班廖金燕同學，特以《科學與哲學──陳大齊的學思歷程與近代中國學術》為題，於 2023 年 6 月通過論文口試取得學位，這是兩岸第一本以陳大齊一生學術歷程及治學特色為核心，全面性的研討陳大齊之學位論文。金燕同學以六十耳順之年入碩班研

讀,「上窮碧落下黃泉,動手動腳找東西」,廣為蒐羅文獻且整理陳大齊先生的著述,將專著及報刊文章依時代排序作為論文附錄,提供學界參考,同時也為後續《陳百年先生全集》的文獻蒐羅,奠立了初步的基礎。金燕辛苦撰述有成,堪為陳校長知音,也深獲陳校長家族後人的讚許。

陳大齊著述逾一甲子,曾出版三十餘冊專書,然而散見在報刊尚未集結整理成冊之文章仍有上百篇,若加上未曾蒐羅過之書信、創作詩文等手稿,以及演講紀錄、訪談……,加上從民國學人著述中摘選出與陳大齊相關之交誼活動、學術辯難等史料,凡此都需廣泛蒐羅、整理、重新排版、校勘,使其著述能完整面世。2023 年 8 月在獲得政大文學院曾守正院長、政大出版社廖棟樑總編輯的支持,以及陳百年先生學術基金會、政大圖書館等各單位同仁之協助,《陳百年先生全集》的編纂工作正式啟動。除了將已出版之著作重新打字排版,並加以校訂;另,其遺稿及相關文物也予以整理、拍照建檔。對於陳大齊 1949 年以前於大陸之著作或史料,設法收集完整,臺灣部分除政大外,孔孟學會或其它學術機構、團體若有相關文獻,亦廣為蒐羅。全集的整理編輯,以「求全存真」的原則進行,分批整理。2024 年為慶祝政大在臺復校 70 週年校慶,先開始編纂出版《全集》中的兩冊,而完整的全集內容則在 2027 年政大百年校慶問世。一方面藉以紀念陳大齊之學術成就,並為政大校史及民國學術史增添光采;另一方面相信《陳百年先生全集》的出版,亦可以帶動學界(包括政大師生)後續研究,提供海內外學人作為參考依據,發揮其學術價值。

《陳百年先生全集》共分七卷,規劃說明如下:

第一卷「哲學、理則學卷」:包括其 1949 年以前授課講義編纂而成的《哲學概論》(1918),以及在其它學校、社團講授邏輯思維之《理則學大意》(1932)、《理則學(思維術)》(1939)、《實用理則學八講》(1943)。另外,來臺後之《實用理則學》(1953)、《名理論叢》(1957)、《是非與勝負》(1970)、《大眾理則學》(1978)、《陳百年

先生文集（第三輯）・理則與倫理講話》（此書第一編「理則部分」，
1994），乃至於其它散見之報刊專文，或收入一般文集有關哲學、理則
學者，皆編入此卷。

第二卷「心理學卷」：包括目前可見陳大齊最早講義著述《審判心
理學》（1915）；中國第一本大學心理學教科書《心理學大綱》（1918）；
還有針對社會宗教心理研究及介紹現代心理學的《迷信與心理》（1920）
等。

第三卷「因明學卷」：包括抗戰期間對於漢傳因明學經典梳理所完
成的《因明大疏蠡測》（1938），以及1949年來臺後所完成之《印度理
則學》（1952年）、《因明入正理論悟他門淺釋》（1970）。其中《因明入
正理論悟他門淺釋》一書，是在政大研究所授課，作為學生研究方法訓
練之用。陳大齊1970年在該書〈序〉中自述：「本書原屬一部講義，約
莫寫於九年或十年以前。當時在國立政治大學研究所任課，與同學們研
究孔子思想與孟子思想。同學們對於研究方法，極為注意。有人且於既
經習得的理則學知識以外，希望知道些因明的義理，以供參考。為了滿
足此一部分同學的希望，乃開設因明一課。」[31]

第四卷「儒學卷」：此部分主要以陳大齊1949年來臺後的大量
儒學著述為核心，包括出版專書，期刊論文、報刊專文、講義等。舉
其大者，依序包括《孟子性善說與荀子性惡說的比較研究》（1953）、
《荀子學說》（1954）、《孔子學說論集》（1958）、《孔子學說》（1964）、
《與青年朋友們談孔子思想》（1967）、《孟子的名理思想及其辯說實
況》（1968）、《論語臆解》（1968）、《淺見續集》（1973）、《孟子待解錄》
（1980）、《論語選粹今譯》（1981）、《孔子言論貫通集》（1982）、《陳百
年先生文集（第一輯）・孔孟荀學說》（1987）、《陳百年先生文集（第
二輯）・論語輯釋》（1990）等。

31　沈劍英主編：《陳大齊的因明著作（二）：因明入正理論悟他門淺釋、印度理則學》
　　（北京：知識產權出版社，2015年），頁15。

　　第五卷「譯著卷」：在民初新文化、新思潮的學術背景下，陳大齊透過譯述，直接引進介紹了西方邏輯學、心理學方面的重要著作，另也擔任其後輩學生翻譯西方著作的審訂工作。以陳大齊的譯著來說，主要有三本：（德）馬勃（K. Marbe）著《審判心理學大意》（1922）、（德）高伍柏（R. Gaupp）著《兒童心理學》（1925）、（德）格拉烏（Kurt Joachim Grau）著《邏輯大意》（1927）等。

　　第六卷「雜文卷」：此卷以陳大齊已出版專書文章，或繼續廣搜所得一些散見於報刊之專文為主，其中或討論學術；或分析時事；或對社會風氣、公務人員操守之勉勵期許，更有家國民族情懷的顯露。包括《平凡的道德觀》（1971）、《立身之道》（1972）、《淺見集》（1968）、《陳百年先生文集（第三輯）・理則與倫理講話》（此書第二編「倫理講話部分」，1994）等。

　　第七卷「別卷」：此卷以陳大齊家屬捐贈給政大典藏之文物，包括未曾出版的手稿為主，其中有集外集（詩、散文、序跋、題詞、演講記錄、書信、日記）；附冊（生平大事、學術年表、史料、索引、照片；友朋及學生回憶文章等）等。書信部分如《胡適遺稿及秘藏書信》當中，就發現陳大齊寄予胡適十通信札。另，史料部分包含《劉半農書簡彙編》、《錢玄同日記》等，都有發現陳大齊與新文化運動人士交往活動的身影。又，民國報刊有諸多陳大齊在考試院任職時所發公牘、頒佈法令等，都是重要文獻史料，散見於各處，也都收錄於此卷。

　　以上各卷安排統一體例，在內文開始前，先置有「編校說明」，以說明繕打版本及校訂情形。再有專家學者針對該卷所撰寫之〈導讀〉，以引導讀者對該卷內容有所掌握、明瞭陳大齊著述的特色，以及在學術史上之承繼、影響，及其帶來的學術價值與貢獻等。

　　《陳百年先生全集》遵循『求全存真』的宗旨，大致具有以下特點：

一、收錄務求完整：《全集》中除了收錄陳大齊已出版之專書，進行重新編排，校訂勘誤以外，還增補載於報刊的文字，以及許多未曾刊

印的手稿及講義、序跋等。陳大齊早年留學日本，是否有海外之著述，也需留意考察。另外，陳大齊寄予友人之書信，基本上並無抄本留下，因此必須列出其不同時期之工作及交遊社群，從他人留存書信中找到陳大齊的書信原件。又，日記的整理也是一項重點，可以勾勒其學術著述背後的思路進程，或生活日常之見聞、交遊活動等。

二、內容務求可靠：收錄著述均經嚴格甄別，釐清各版差異，擇其較優者繕打排版刊印。另，陳大齊不少著述曾多次刊印，其中部分內容或有重疊、拆分而改名另刊，此皆需要詳細比對校訂。又，許多報刊文字或有模糊不清，或是陳大齊手稿原件之「行草」字跡，皆需請專人辨識，務求精確。

三、點校務求準確：目前可見陳大齊最早的著述為《審判心理學》，該書為 1915 年之講義，當時未有新式標點，因此需重新加入標點斷句。另，若手稿繕打也需特別仔細分行、分段，並予以標點符號及文字的校對，若有訂正手稿訛誤，也需加註說明。

四、編排務求合理：各卷設定主題明確，因此原刊書籍或有主題多種合為一冊者，於全集中重新打散，依主題歸類整併，性質相近者合刊，並於「編校說明」中載明合刊理由以及標示原刊出處。「別卷」收陳大齊演講記錄，多係由他人筆錄，另或有友朋、學生之回憶文章，以「別卷」處理以示與陳大齊本人文字之區別。

五、閱讀務求便利：陳大齊早年著作，迄今多已近百年，字跡或有模糊、排版字體極小、標點句讀不甚清晰之處。另，早年用字遣詞距今有些亦有差異，以上都可能導致閱讀不便。今《全集》出版重新編排點校，輔以美觀設計，務求能讓讀者閱讀便利，另，每一卷之前有〈編校說明〉及〈導讀〉，敘述該卷內容特色，以便讀者參考。若有原文用字遣詞改成現今慣用詞彙，亦會在〈編校說明〉中指出。

出版《陳百年先生全集》的意義在於有系統的收錄其研究及著作，

彰顯陳大齊的學術地位及貢獻。由於其散見著作被兩岸不同出版單位印行發售，字體編排不一且無系統分類，因此整理學術著作年表，並將其研究著述編纂成《全集》印行，有助於為其留下的著作梳理脈絡、統整各版本，並進一步成為研究陳大齊學思及民國學術史、思想史，乃至於掌握相關文化思潮背景之主要參考資料。此外，收集陳大齊於北京大學及考試院工作的相關資料，以及跟當時著名之五四文人學群的書信往來，亦能彰顯其於民國學術界的重要地位。本《全集》除就本校圖書館藏書及典藏文物進行整理，亦設法利用不同管道收集大陸及海外之著作，冀能讓《全集》之出版愈趨完備。

　　《陳百年先生全集》得以出版問世，係由眾人之力協助而成，其中政大文學院曾守正院長及出版社廖棟樑總編輯的鼎力支持，是此《全集》出版得無後顧之憂的最堅實後盾。其次，文學院趙瑞芬秘書、出版社林淑禎助教、圖書館校史與檔案組榮予恩組員，都提供了許多庶務或編排方面的協助。另外，《全集》的資料蒐羅整理及校對等，難度頗大，幸得政大中文研究所博士生周玉芬、葉霶的襄助，謹此深表謝忱。

凡例

周志煌

一、《陳百年先生全集》依「求全存真」的原則進行整理，廣搜手稿、
　　書籍、報刊、圖像等，若確有證據為百年先生文稿而原刊未署名，
　　則收錄並於該冊首〈編校說明〉或篇首加註腳說明。

二、全書按主題分卷編排，每卷首冊都有〈導讀〉對該卷主題及收錄文
　　章做總體介紹；每一冊皆有〈編校說明〉，就該冊內文（含圖像）
　　出處、版本、時間，以及校對原則等加以敘明。

三、陳百年先生著作之繕打編排，一般原則以已出版之圖書，較為清晰
　　且版本較後已經勘誤者為底本；但若印刷文本與手稿文字有所出
　　入，經核對確屬原來刊印訛誤者，則逕改並加註說明。

四、著作、詩文、書信、日記等，若原有括號內之夾注文字，改排小字
　　或以註腳方式行之。譯文部分，專有名詞、人名、書名等，若有學
　　界習慣常用之譯名，則亦加註說明現今常見譯詞，以利對照。

五、「已」／「己」；「象」／「像」之類常見錯字，或常用之人名、書
　　名若有錯字，則逕改之。詞彙若有現今通俗用詞亦逕改，如「刺
　　戟」改成「刺激」、「發見」改成「發現」、「雜志」改成「雜誌」、
　　「原素」改成「元素」。另，涉及新舊字形或異體字等，除因特殊需
　　要需保留舊字外，均改成現代常用字。如「盖」改成「蓋」、「潜」
　　改成「潛」、「溼」改成「濕」等。

六、手稿或報刊底本文字，若有無法辨識或殘缺者，用空缺號「○」表
　　示，每格一字。若有疑為某字，則在註中說明。底本中原有空缺號
　　及缺損符號照排，不加說明。

七、繕打所根據的底本，若原有附列勘誤表，則逕行於內文改之。

八、底本原有圖、表，若無疑慮處，則重新繪製圖、表編排，以求版面
　　和諧美觀。若原底本圖、表不清無法判別，則以原圖表照錄，以求
　　存真。新式排版若原圖、表位置更動，則上行文字亦逕行調整，如
　　「今揭其結果如『左』表」改成「今揭其結果如『下』表」。

九、書名、篇名一律加上新式標點符號《》、〈〉，以利於閱讀。所依底
　　本若出現百分比、物理化學單位數字等，一律改成阿拉伯數字；若
　　歲數或傳統文獻引用出現數字，則保留原來中文數字書寫。

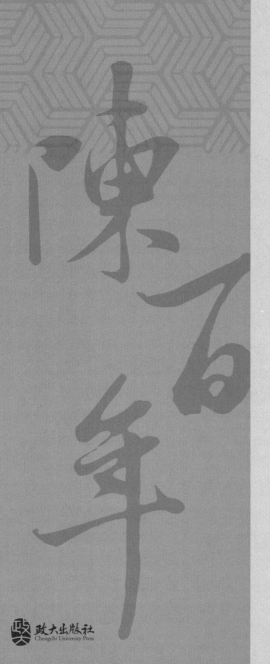

陳百年先生全集

心理學卷

陳大齊 著

政大出版社
Chengchi University Press

編校說明

周志煌

　　《陳百年先生全集・心理學卷》，共收錄陳大齊先生早期三本心理學
著作，分別是《審判心理學》（司法講習所，1915 年）、《心理學大綱》
（上海商務印書館，1918 年）、《迷信與心理》（北京大學出版部，1920
年）。各書來源及使用版本簡述如下：

1. 《審判心理學》為「司法講習所」講義，係供「司法講習所」作為教
   材使用。冀望從事司法實務之相關人員，能瞭解犯人、證人等陳述者
   之心理狀態，而讓審理過程能有符合科學實證之判斷。《審判心理學》
   教材並未正式出版，此次編排所據為 1915 年原教材。惟 1915 年尚
   無新式標點，因此本次收錄重新予以標注新式符號並檢覈校訂，以便
   於閱讀。該書共分兩篇：「認識事實時所宜注意之各種條件」、「審問
   判決時所宜注意之各種條件」。第一篇包括「感覺、知覺、聯想、記
   憶、感情及意志⋯⋯」等章節。部分內容曾刊載於 1915《司法講習
   所講義錄》第 1 卷第 2 期（1915 年）；第二篇包含「推理與論證、推
   理之誤謬⋯⋯」等章節。講義原本最末附有「勘誤表」，此次編排亦
   據以更正原文。此書原圖、表若清晰者，則重新繪製以利美觀；若模
   糊不清難辨，則依原圖、表照錄，以求徵實。

2. 《心理學大綱》一書，為陳大齊在北大開授心理學課程的教材編纂而
   成，是中國第一本大學心理學教科書。全書共十五章，包括：「心理
   學之意義及研究法、精神作用之生理的基礎、感覺總說、情緒及情操
   ⋯⋯」等內容。此書概括介紹當時西方科學心理學的豐富內容和最新
   成就，包括各著名實驗的資料、圖表，以及假說、學說、原理和定律

等。1918 年 10 月第 1 版最末頁有「正誤表」，爾後各版（十年間共出 12 版）接續有正誤勘訂，此次編排所據為 1926 年 5 月第 11 版，除原第 1 版「正誤」處皆已修訂外，第 11 版版面字跡亦較清楚，利於辨識繕打。

3. 《迷信與心理》一書是新潮社收錄〈闢靈學〉、〈心靈現象論〉和〈現代心理學〉三篇長文，列入「新潮叢書第二種」，北京大學出版部 1920 年初版、1922 年 8 月再版。〈闢靈學〉原先刊載於《新青年》第 4 卷 5 號（1918 年 5 月），該文以心理學之科學精神，駁斥傳統迷信及當時流行的「靈學」信仰（扶乩占卜、靈魂照相等）。另外，〈心靈現象論〉、〈現代心理學〉二文，原先是北京學術講演會之講演錄，皆是京師學務局印行，但印量甚少。1918 年蔡元培等人開啟「學術演講會」活動，邀請國立高等學校教員，以其專門研究之學術分期講演，希望能喚起國人研究學術之興趣而力求進步。陳大齊分別於該年 2 月底到 3 月中旬，分數次演講。此外，〈現代心理學〉從 1918 年 4 月 15 日《北京大學日刊》第 111 期開始，就分多期連載以饗讀者。〈心靈現象論〉則從 1919 年 5 月 15 日《北京大學日刊》第 378 期開始，亦分多期連載吸引同好。〈闢靈學〉與〈心靈現象論〉皆為破除鬼神迷信之說而作；〈現代心理學〉則是介紹西方心理學思潮，包括「普通心理學、生理的心理學、實驗心理學……」等。三篇長文集結而成的《迷信與心理》，1920 年 5 月初版最末有「正誤表」，於再版時原「正誤」處皆已修訂，且版面字跡清楚利於繕打，故此次編排採用 1922 年 8 月再版為底本。

　　本冊執行編輯之工作，包括校勘本文、核對引文、統一體例等。所據底本原刊若有中、英文錯字（中文如「己」、「已」混淆；英文如拼寫排印錯誤），經繁校後逕行改之。詞彙若有現今習慣用詞亦逕改，如「刺戟」改成「刺激」、「原素」改成「元素」、「雜志」改成「雜誌」等。另，涉及新舊字形或異體字等，除因特殊需要需保留舊字外，均改

現代常用字。如「盖」改成「蓋」、「潜」改成「潛」等。另，屬於數學
概念之符號，如百分比……，原用中文數字者，皆改為阿拉伯數字。

心理學萌芽時期的風景：
陳大齊先生心理學著作導讀

李維倫 *

　　在陳大齊先生（1887-1983）眾多的成就中，可能少為人知的是他在華語世界中對心理學發展的貢獻。1917 年，他在北京大學創建了中華民國第一個心理學實驗室，而 1918 年出版的《心理學大綱》是中華民國最早的心理學教材之一。本文集收錄的陳大齊先生心理學著作，依年份分別為 1915 年的《審判心理學：司法講習所講義》、1918 年的《心理學大綱》以及 1919 年的《迷信與心理》。

　　陳大齊先生的心理學著作距今已超過一百年，其間心理學的發展不可謂不鉅。那麼，於今重讀的價值何在？就我閱讀所得認為，正是由於是學門發展初期的著作，因此可以展現出心理學萌芽時期的核心思維。而這如同心理學之 DNA 的思維內涵其實貫穿了整個心理學的歷史，但卻是今人難以從龐雜的心理學知識中窺見的。因此陳大齊先生的心理學著作實有著鑑往知今的作用，對於當前有心進行學門反思的心理學人而言，具有相當的價值與助益。

　　為了讓讀者瞭解陳大齊先生心理學著作中的思想內涵，本文接續將先說明他在心理學上的師承脈絡，接著呈現其著作中的心理學萌芽時期風景，最後則是從《迷信與心理》及《審判心理學》兩著作中的應用來看心理學在當時社會中的去弊與求真的作用。

*　國立政治大學哲學系教授、美國杜肯大學（Duquesne University）臨床心理學博士。

心理學師承脈絡

　　陳大齊先生於 1903 年負笈日本，時年 16。三年後考取日本仙台第二高等學校，再三年後的 1909 年升入東京帝國大學文科哲學門，1912 年獲文學士學位畢業。當時仍是現代心理學發展的初期，世界上多數的心理學課程與研究尚未與哲學部門分離。陳大齊先生在東京大學的哲學學習，受到當時知名的心理學教授元良勇次郎（1858-1912）影響，以心理學為主科。[1] 元良勇次郎教授是在 1888 年從美國約翰・霍普金斯大學（Johns Hopkins University）取得哲學博士學位。回到日本後，1889 年進東京帝國大學任教，1890 出版了日本最早的心理學教科書，1903 年建立了日本第一個心理學實驗室。他的心理學涵養來自於他留學美國期間於跟隨史丹利・霍爾教授（G. Stanley Hall，1844-1924）的學習。[2]

　　史丹利・霍爾教授在 1878 年於哈佛大學（Harvard University）獲得哲學與心理學博士。他是第一位在美國本土獲頒以心理學為名之學位的博士，受業於現代心理學的創建者之一，美國心理學之父威廉・詹姆斯教授（William James，1842-1910）。他在 1882 年至 1888 年期間任教於約翰・霍普金斯大學哲學系，並於 1883 年創立美國第一個心理學實驗室；他也是美國心理學會（American Psychological Association）的第一任主席。霍爾教授另一項為人所知的事蹟是，他於擔任克拉克大學（Clark University）校長期間的 1909 年，邀請佛洛伊德（Sigmund Freud，1856-1939）與榮格（Carl Jung，1875-1961）到校演講，對精神分析在新大陸的傳播有重要的影響。[3]

　　從威廉・詹姆斯、史丹利・霍爾到元良勇次郎，陳大齊先生的心理學傳承可說是系出名門，他對於當時的心理學發展必有切身的體驗。

1　陳大齊校長數位展覽 https://archives.lib.nccu.edu.tw/s/chenbainian/page/Introduction
2　https://en.wikipedia.org/wiki/Y%C5%ABjir%C5%8D_Motora
3　https://en.wikipedia.org/wiki/G._Stanley_Hall

威廉・詹姆斯之心理學主張，在當時是以機能學派（functionalism）為名，有別於德國心理學家威廉・馮特（Wilhelm Wundt，1832-1920）所主張的構造學派（structuralism）（詳述於後），而在陳大齊先生的《心理學大綱》中可說是以機能學派為主要視野，但也包括了構造學派的論點與成果。在心理學發展初期的另一支派，由美國學者約翰・華生（John B. Watson，1878-1958）倡議，發揚俄國學者伊凡・巴夫洛夫（Ivan Pavlov，1849-1936）制約學習（conditioning learning）的行為學派（behaviorism），或因其流行稍晚，未見納於陳大齊先生的著作中。

萌芽時期的心理學

上面已經提到的構造學派與機能學派，代表著心理學發展初期的兩條不同的研究路徑。構造學派認為應當把心理內容分析至最小構成原素，以明人類心理的結構。這樣的看法如同生理的解剖學一般。機能學派則是持整體的觀點，關注於人類在順應外界時心理層面上所展現的過程與作用。機能學派批評構造學派無法把握到人類心智的真正面貌，如由磚塊來理解一棟建築的作用。構造學派則是批評機能學派無法滿足科學方法的訴求。

我們接下來將會看到，見於《心理學大綱》以及收錄於《迷信與心理》中之〈現代心理學〉篇的心理學視野，將構造學派與機能學派都包含進去。不過，即便在這種兼容並蓄的情況下，仍有一些尚未解決的根本問題被遺留下來。有趣的是，這些遺留下來的問題卻又映照出同一時代德國哲學家艾德蒙・胡塞爾（Edmund Husserl，1859-1938）所提出的現象學（phenomenology）主張。也就是說，陳大齊先生的心理學著作保留了心理學萌發時期的基礎問題與根本思考，而這些思想路線乃可見於當前的心理學與哲學領域之中。

接下來我將依陳大齊先生著作中的主題來陳述當時的心理學風景，分別為：心理學的原名與定義、心理學的基本假定、心理學的科學方

法、心理學與物質科學之關係以及心理學與論理學之關係。最後我將綜論其中隱含的問題與現象學的回應。

1、心理學的原名與定義

「心理學乃研究心作用之科學，既研究精神作用之科學也。」[4]這是陳大齊先生對心理學的定義。這個定義，即心理學是關於「心」或說「精神」之「作用」的「科學研究」，有三個重點。第一，英文 Psychology 一詞中的 psyche，其拉丁字源本義呼吸，衍義靈魂、精神。這是因為在古人眼中，生死之間的差別就在於呼吸。但這並不是說 psyche 是來自肉體運作，而是讓肉體得以有生命的「精神」。華文以「心」為「精神」之所在，可說因脈息相通於心臟。因此不論是 Psychology 或心理學，都指向生命之為生命的精神作用。

陳大齊先生認為精神作用不宜以靈魂（soul）、意識（consciousness）與行為（behavior）等詞名之。靈魂一詞多有宗教意涵，意識一詞涵蓋有限，而行為一詞易與生理學相混。這個分辨跟陳大齊先生當時的心理學視野一致，即心理學是基於「經驗」的學科。經驗不是形上的，而是具體可知的；經驗也不是形下的物質現象，而是流變不居的。如此對「精神作用」與「經驗」的把握非常重要，因為這是心理學之所以為心理學的首要定義。

第二，心理學的對象是「作用」而非「實體」或「實體現象」。在這一點的論述上，陳大齊先生認為，「用」一詞相對於「體」，我們雖可知心之作用，但卻無法知有無心之體。不過，是否真的有體，是哲學問題。「科學的心理學以經驗為主，哲學問題所非宜問，故但當研究心作用之如何，不必討論心體之有無。」[5]這樣的主張並非否定身體生理現

---

4 《心理學大綱》，頁 118。
5 《心理學大綱》，頁 118。

象與精神作用的關係。精神作用與生理現象關係密切自不待言，然而是
否要虛設一個形上的心體，或形下地以某一器官為心體，陳大齊先生在
這裡採取了一個加以擱置的態度。從今天的眼光來看，心理學從哲學而
出，自會避免走形上化的路線，但當前以大腦神經科學為宗的心理學，
則顯現科學物質主質（scientific materialism）的形下化路線，也讓精神
作用生理學化。對照之下，不問心體但問心作用的態度的確是讓心理學
維持其獨立學科的重要態度。

　　第三，心理學是以科學為方法的研究。陳大齊先生認識，當代心理
學的獨立、成立，端賴其以採用科學的研究方法，這讓心理學有別於哲
學，也有別於作為哲學之一部的舊心理學。「古之心理學者視心理學為
哲學之一部，其研究方法專尚內省，而輔以思辨；蟄居一室之中，自省
自思，不與外界相接觸，本一己之作用，造一家之學說。」[6] 而以科學方
法為依歸的心理學「以經驗為主，而不徒思辨；於是心理學亦脫哲學
之羈絆，立於經驗之基礎上，造成一科獨立之學。」[7] 而此科學方法之利
用，其中一特點在於注重精神作用與身體作用的關係，因此心身關係的
研究為其重要事項。「凡說明心作用時，必推究及於與此心作用相關聯
之身體作用。詮釋心作用時，加以生理學的說明。」[8] 不過在陳大齊先生
的論述中，這不能被視為將心理學生理學化，因為關聯性並非因果性，
並非將精神作用視為生理作用的產物。

　　此外，由於常識也是立基於經驗，因此科學方法也是讓心理學有別
於常識。「科學與常識，其為事物之智識則同，其有系統與否則異。」[9]
這裡所謂的知識系統，指的就是理論性的說明。我們因此可以看到，在
《心理學大綱》一書中，首重當時各心理學家所提出的種種理論。

6　《迷信與心理》，頁 312。
7　《心理學大綱》，頁 120。
8　《迷信與心理》，頁 313。
9　《心理學大綱》，頁 119。

綜合來說，「心理學即就此精神作用，研究其結構之狀況，活動之功用，發達之程序，而為之立普遍法則者也。」[10] 從這個綜合性定義來看，陳大齊先生的心理學視野是綜合構造學派及機能學派兩家之言。

2、心理學的基本假定

在上述定義中，心理學有其獨特的研究對象，即精神作用。陳大齊先生論述這也是讓心理學有別於哲學的特點之一：「哲學是全般的綜合智識，以宇宙全體為研究對象，科學是一部的綜合智識，但研究宇宙間某一種之事實而已；哲學不設假定，務窮本體之究竟，科學姑假定某種現象為實有，而研究其作用之法則。」[11] 心理學作為科學，其「一部」之研究指的就是以精神作用為對象。心理學對於精神作用的假定有三：[12]

（1）「精神作用為真實常駐之事實。」這是確立心理學的對象的真實性與普遍性。若否定了這個假定，心理學將無以成立。

（2）「是等精神作用更可以吾之精神作用觀察而研究之。」陳大齊先生認為這是科學研究得以進行的基礎。若精神作用無從觀察，那就無法進行任何的研究。值得注意的是，這個假定的內涵實有著一種以精神作用認識精神作用的自我循環現象：精神作用既是認識的主體又是認識的對象。然而心理學既然是以精神作用之全部為認識的對象，而認識本身不可能不是精神作用，因此這個循環是無法擺脫的。

這就顯現了心理學在諸種學科之中的特殊地位，因為諸種學科的「研究」皆為精神作用。陳大齊先生在論述「內省法」與心理學與物質科學之間關係時有觸及這個議題，但沒有展開。我們在此也無法詳細展開。我在此只想指出，這個議題正是同樣在當時世紀之交所發展出來的

10　《心理學大綱》，頁 118。
11　《心理學大綱》，頁 119。
12　《心理學大綱》，頁 120。

現象學所關注的題目。稍後我們會有簡要說明。

（3）「精神作用皆遵循一定之法則。」陳大齊先生論述：「通諸不同之現象，以求其概括共通之法則，正科學之天職也。」[13] 因此，即便精神作用流變不居，但必有其可被歸納概括的法則，這是心理學得以為科學的基礎。這假定也讓心理學的內容以解釋經驗現象的理論為主要項目。

從當前的心理學來看，這三個假定仍是心理學的重要基石。雖然腦神經科學以其目前長足的發展為恃，意圖以生理作用解釋精神作用，但只要承認了精神作用的存在，就會遭遇如同第（2）假定所內含之主張：生理作用之認識依賴於精神作用，形成複雜的認識論問題（epistemology），而這並非腦神經科學可以說明的。

這也是說，這三個構成心理學成立的基本假定實蘊含著有待解決的認識論哲學問題，這就讓這些問題打從心理學一出現就固有於其中。《心理學大綱》一書中擱置哲學問題的主張是當時多數心理學家的共識，但這些心理學成立之初所遭遇到的哲學問題也就被遺留下來，有待今人加以解決。於今重讀陳大齊先生心理學著作的價值之一就是從當前的立足點去面對心理學發展所必要面對的根本問題。

3、心理學的科學方法

既然應用科學方法是當代心理學的主要特徵之一，要瞭解心理學必然要瞭解當時心理學所應用的科學方法。陳大齊先生提出的科學方法有內省法、外觀法與實驗法，簡述如下：

（1）內省法（introspection）：由於他人的精神作用無從觀察，而能直接觀察的唯研究者自己的精神作用，因此內省法一直都是心理學的根本方法之一。不過，內省法是難以把握的，因為精神作用流變不居，「吾方欲觀察吾現在之精神作用，不一剎那而此精神作用已成往跡，新

---

13 《心理學大綱》，頁 120。

作用又代之起矣。」[14] 此外，我們的直接觀察，也是一種精神作用，會加入被觀察的精神作用中，例如：「當喜怒極盛之時，試略加注意而觀察之，則喜怒之情即時消滅，一變而為智的作用」。[15] 因此，內省法雖可直接觸及精神作用，但素樸地使用之卻難以成為科學方法。

（2）外觀法（observation）：「觀察他人之運動，藉以覘其內界精神作用之謂也。」[16] 與內省法相反，外觀法不限於研究者自身的經驗，普採眾人之精神作用，從而獲得眾人皆可觀察到的普同性。不過，觀察法所得是外顯的行為，要瞭解其精神作用則必須輔以內省法，由觀察者本身之精神作用而類推之。陳大齊先生進一步評論，觀察法雖然去除了內省法之病，「然其法間接，則又不若內省法之深切也。」[17]

（3）實驗法（experiment）：實驗是將不存在或不顯明的經驗現象，以人工設計的方式，造作條件使其興起，從而得以觀察之。陳大齊指出，實驗法綜合了內省法與觀察法，是最能獲得科學成果的方法。實驗法進一步可結合測量，能夠進行精確的量化數字化描述，讓心理學越來越接近自然科學的研究範式。陳大齊先生最推崇的是實驗法，而這也是後來心理學發展的主要方法。

值得注意的是，陳大齊先生在上面對內省法的討論時提出了一個很重要的理解：進行觀察的精神作用會改變被觀察的精神作用。這是說，精神作用無法將精神作用持為客觀對象。能被精神作用持為客觀對象的是物質現象，而精神作用在這一點上與物質現象完全不同。如果說，即便是實驗法都會涉及內省法，那麼，研究精神作用的心理學就不能直接套用研究物質現象的科學方法，必須另闢蹊徑。因此，不論是觀察法或實驗法，都不能是研究自然物質現象的觀察法與實驗法。先前討論過的

14　《心理學大綱》，頁 121。
15　《心理學大綱》，頁 121。
16　《心理學大綱》，頁 121。
17　《心理學大綱》，頁 121。

心理學的第（2）假定可說是含藏了一個方法論的規定。

4、心理學與物質科學之關係

　　陳大齊先生在論述心理學與物質科學之間的不同時，採用威廉・馮特的觀點，[18] 主張物質現象與精神作用為一物之表裏，而物質科學與心理學之差別在於偏重的取捨。怎麼說呢？就經驗上來說，研究物質的諸科學莫不倚賴人的精神作用來研究物質的諸現象。但人的精神作用也須倚賴外界之森羅萬象，否則無作用之起。陳大齊先生說明：

> 例如，有金石草木於此，專就金石草木己身之性質而研究之，則對礦物學與植物學；置金石草木之性質於不問，而專研究吾儕知覺金石草木時吾儕內界所起之精神作用，則成心理學。是故心理學之對象雖不能與物質的諸科學之對象絕對分離，然其取舍之道既有不同，自不得不分道而馳，別成一科之學。[19]

　　這樣的觀點注意到，精神作用無法獨立於外界的種種物質現象，而種種物質現象也無法獨立於精神作用。那麼依陳大齊先生對心理學的根本假定來看，心理學與物質科學的不同就在於「以精神作用研究經驗中的精神作用」與「以精神作用研究經驗中的物質現象」的側重差別。

　　這樣的心理學視野就與造成心物二元對立的笛卡兒主義（Cartesianism）完全不同。後者視心理為一封裝於個體內部的領域，無法觸及外界，而外界的物質現象只能以「刺激」的形式抵達感官，造成感官的興奮。相反地，陳大齊先生所論述的精神作用與物質現象的關係則是如同現象學所主張的，「意識總是關於某事某物的意識」或說「經

18　見 Wundt, W. (1897). *Outline of psychology*. (C. H. Judd, Trans.). Wilhelm Engelmann. 第 1 章。

19　《心理學大綱》，頁 119。

驗總是關於某事某物的經驗」。精神作用與其持為對象的物質現象兩者是不可分離而語的。這樣的主張也可見於威廉‧詹姆斯的著作中。[20]

　　誠然，這並不是說陳大齊先生主張現象學的觀點，因為我們也會在《心理學大綱》中看到基於心物二元論的心理學研究。但我們可以說，從陳大齊先生的著作中呈現出來的，萌芽時期的心理學確實對於精神作用的認識有著多元的嘗試。這些多元的嘗試是後來眾多心理學派的源頭。

5、心理學與論理學之關係

　　陳大齊先生並沒有直接討論心理學與論理學（logics，或譯理則學、邏輯學），但其心理學內容已經指向了心理學作為論理學之基礎的主張。不過，這個當時流行的見解，卻是同一時代論理學家所反對的「心理主義」（psychologism），因為這樣的主張讓心理學一躍成為所有知識的基礎。然而精神作用流變不居又有個人差異，那麼客觀知識就無以成立。

　　《心理學大綱》一書就展示了心理學在這方面的論述：由於心理學的關於精神作用，而思惟屬精神作用，那麼思惟的內涵與形式幾乎就必然是由心理學的知識來說明。

　　首先，精神作用的最基本原素有二，一為感覺（sensation），一為感情（feeling）。感官感受刺激，於精神中則有感覺發生。感覺發生時有機體會有主動之快樂（pleasantness）與不快樂（Unpleasantness）形式，即為感情。其次，知覺（perception）為感覺之複合作用（compound process）；情緒（emotion）為感情之複合作用。在心理學上，知覺與觀念（idea）並無實質上的區別：

　　凡複合作用之原素，起於感官之受刺激者，曰知覺；複合作用

20　見 James, W. (1983). *The principles of psychology*. Harvard University Press. (originallly published in 1890) 第 7 章。

之原素，起於大腦中樞之受刺激者，曰觀念。例如有花於此，
張目視之，則為花之知覺。閉目而思所見之花，則為花之觀
念。然因感官受刺激起之感覺，與因記憶想像而於大腦中樞喚
起者，在性質上初未有異；故知覺與觀念，在心理學視之，名
異而實同者也。[21]

第三，思惟作用（Thinking）則是涉及了諸觀念及其他精神現象的
進一步運作：

> 有觀念於此，其意味漠然不甚明確，使人於意識中起疑惑不安
> 之情，於是乃取聯合作用所喚起之種種觀念，同化之或異化
> 之，漸以確定其意味，卒以某觀念之出現，同化告成，意味確
> 定，於是疑惑不安之情乃變而為滿足之情。[22]

在這個定義中，思惟作用在於觀念的聯合作用（association）。當
一個觀念興起，通常會牽引其他觀念，此為觀念之聯合（association of
ideas）。不過，獨有觀念是無法發動思惟作用的。思惟作用的發動必有
「意味」不明的不安之情，思惟的目的就在於抵達意味的確定而讓人獲
得滿意的情緒。在以上簡要的摘述中我們可以看到心理學說明思惟作用
如何從個人的感官經驗中建立起來，這也正是心理學提供的精神作用從
最小原素到思惟作用的結構。

思惟作用之一為論理學的判斷（judgement）。「判斷者，發展觀念
不明確之意味以底於明確之境之作用」[23]，而以語言文字表達之判斷就是
命題（proposition）。此外，概念（concept）是將種種具體觀念中之共
同性抽象而出者；推理（reasoning）則是從已知的判斷構成未知之判斷

---

21 《心理學大綱》，頁 167。
22 《心理學大綱》，頁 221。
23 《心理學大綱》，頁 222。

的思惟作用。如此看來，論理學中的要件，如判斷、命題、概念、推理等，皆立基於觀念與思惟作用，那麼心理學作為論理學之基礎的意涵就很清楚了。

　　不過，論理學家對心理主義的批評也是言之成理，而這個爭論是無法以心理學的科學研究來解決的，因為它的根源就在於前述的，心理學之為心理學的假定裡。就算在陳大齊先生著作之後一百多年的今天，心理學家仍然無法有效地解決這個問題。

6、心理學萌芽期展現的問題及可能的回應

　　從陳大齊先生的心理學著作中我們看到了心理學這門學問從其設立之初就出現的幾個問題，而且在後來的發展中都沒有出現滿意的答覆。這些問題包括，其一，如果不談心體，那麼心作用這種事實與生理作用這種事實的關係是什麼？其二，任何認識都是精神作用，那麼精神作用認識精神作用的自我循環與交互摻錯如何解？其三，心理主義的陷阱如何避免？這三個問題與《心理學大綱》中列出來的心理學的假定息息相關。也就正是因為問題出在假定上，因此很難由接受了假定的心理學人來找到答案。

　　問題出在假定上並不是說這些假定是錯的或不適宜的，而是需要對它們進行深入的思考。德國哲學家胡塞爾正是為了回答「當任何知識都涉及人的主觀意識作用，那麼客觀知識如何可能？」這個問題而展開他的現象學探究，因此我們借用現象學的思路來再次面對上述三個假定。

　　首先，假定（1）「精神作用為真實常駐之事實」，其中的「事實性」必需與物質現象的事實性區分開來。先前提到的「不問心體但問心作用」的態度其實就是如同現象學的「存而不論」，把精神作用的事實性擱置。我們隨時可以覺察到自己的精神作用，它是常駐的，但這「被覺察到的」之「事實性」卻不能等同於物質的事實性，否則就是把精神作用物質事實化，導致「心體」實存與否的問題如影隨形。現象學的解決

方法是指出，「被覺察到的」是「顯現」（presence）。假定（1）就可改寫為「精神作用為真實常駐之顯現」，如此就把精神作用與物質事實區別出來。

　　其次，假定（2）「是等精神作用更可以吾之精神作用觀察而研究之」，但此中「進行研究的精神作用」與「被研究的精神作用」需要被區分開來。如同先前提到的，這兩種精神作用可能會相互交錯影響，但我們也有對自己的精神作用進行考查而沒有相混的經驗。因此，兩種性質不同、不相涉入的精神作用是存在的。

　　進一步來看，心理學是「以精神作用研究經驗中的精神作用」而物質科學是「以精神作用研究經驗中的物質現象」。後者中的精神作用我們可稱之為精神作用 A 形式，那麼前者中被研究的精神作用就是這 A 形式，進行研究的則可稱之為精神作用 B 形式。A 形式是一般生活中的精神作用，B 形式是只針對 A 形式的精神作用。以現象學來看，研究物質現象的 A 形式精神作用是為自然態度（natural attitude）下的表現，B 形式的精神作用則為轉換到現象學態度（phenomenological attitude）下的表現。以現象學態度執行的觀察是一種特別的、不涉入被觀察對象的「觀照」。如此，假定（2）就可改寫為「是等精神作用為『一般日常中進行的形式』更可以吾之『不與其相混的另一種精神作用形式』觀察而研究之」。

　　最後，假定（3）「精神作用皆遵循一定之法則」，而法則的獲得不能簡單地認定只有通過歸納（induction）；還原（reduction）也是獲得法則的方法之一。歸納由許多個觀察中概括而得出其共通性，還原則是從一個精神作用中獲得其運作的最簡形式。兩者所得皆具備「法則」之意涵。歸納法獲得的法則是精神作用運作的法則，當被用來解釋論理學的形式時，就產生了心理主義的現象。還原獲得的法則是一個精神作用之所以得以運作的根本，它是精神作用的基礎而非性質。在現象學，它指的是意識作用的根本結構，即意向性（intentionality）。意向性不是意識的產物而是意識得以為意識的根本。也就是說，歸納獲得的是意識作

用的法則,還原獲得的是意識成立的法則。

　　如果將精神作用視為所有認識的源頭,那麼精神作用的運作法則就會是所有知識的奠基法則,這就形成了心理主義,是歸納法所得心理學法則的潛在問題。如果說即便精神作用是所有認識的源頭,但心理學除了獲得其運作法則外,也能夠以還原方法獲得其成立的法則。這樣的法則是先於精神作用,是精神作用的基礎;它的存在就拒絕了把精神作用當成是所有知識之源頭的心理主義。這種法則的普遍性在於其本質性而不是經驗層次裡概括來的共通性。

　　要提醒的是,胡塞爾的現象學雖然處理了心理學之根本假定中的大部分問題,但它卻進入了超越論(transcendental)層次,成為超越論現象學。胡塞爾是有提出了一種現象學架構下的心理學,現象學心理學,但超越論現象學與現象學心理學之間的關係仍是當今學界討論的焦點之一。[24] 不過,在心理學領域中也確有發展了超百年的現象學心理學。這就顯示,保存在陳大齊先生著作中的心理學萌芽時期風景的確仍是當前心理學發展的底景。

心理學之去弊與求真的功能

　　《迷信與心理》與《審判心理學》兩部著作是陳大齊先生應用心理學於回應當時社會文化環境的需求,前者可謂去蔽,後者可謂求真。1919 年出版的《迷信與心理》包括了三部分,一是 1918 年刊載於《新青年》第四卷第五號的〈闢靈學〉,內容是針對 1917 年成立的上海靈學會及其會刊《靈學叢誌》所倡議與散播的觀點與事件,以穿鑿附會之迷信批判之,並以心理學知識解釋心靈現象。二是〈心靈現象論〉,內容是介紹 1882 年於英國成立的心理研究會(The society for psychical

---

24　見游淙祺(2021),《世界與人:胡塞爾的現象學心理學》,臺北:國立臺灣大學出版中心。

research）的特異心靈現象研究。這個研究會關注一般難以理解的心靈現象，希望能夠獲得可能的科學解釋。威廉・詹姆斯曾於 1894 年至 1895 年擔任該會的會長。[25] 陳大齊在此介紹這個研究會的研究內容，可看出其用意並非否定異於常態的心靈現象，而是反對沒有根據的鬼怪之說，並用實例顯示之。有趣的是，上海靈學會也是間接地受到心理研究會所帶起之風潮的影響。[26] 三是〈現代心理學〉一文。這篇文章收錄於此的用意在於介紹科學的心靈研究，算是具有科普教育的意圖，以整個心理學的知識來支持前兩篇文章的論點。

《迷信與心理》成書之際適逢五四新文化運動之時，其中〈關靈學〉與〈現代心理學〉以文言文寫成，〈心靈現象論〉以白話文寫成。這多少顯示了陳大齊先生在當時文化氛圍中的位置。上海靈學會於此際成立，參與者不乏知識份子，其意涵或許就不只是鄉野迷信之談，有興趣的讀者可以參照當代台灣學者黃克武所寫的〈民國初年上海的靈學研究：以「上海靈學會」為例〉一文。[27]

《審判心理學》是為了司法審判人員的進修講習所作。將心理學帶入司法人員的訓練之中，這在當時應該也是開風氣之先。這部著作的思路是這樣：審判者、被審判者及證人都是人，他們的審判與證詞陳述都是精神作用的產物。如此，真相的呈現就依賴於人的精神作用，對人精神作用的認識就成了判斷審判時各項陳述是否為真的必要面向。瞭解人的知覺、記憶與推理等諸作用及其錯覺、錯誤的可能樣態，就會是審判人員必要的素養。唯有立足於真相之上，司法的標準才得以發揮，判決才得以公允。

《審判心理學》分上下兩篇，上篇關於被審判者與證人的心理狀態

25　https://en.wikipedia.org/wiki/Society_for_Psychical_Research
26　黃克武（2007），〈民國初年上海的靈學研究：以「上海靈學會」為例〉，近代史研究所集刊，(55)，99-136。https://doi.org/10.6353/BIMHAS.200703.0099
27　同上。

與其陳述之可信程度的關係。例如,法庭上的陳述者不一定有意說謊,而是不知精神作用之理,以為自己所知為真。審判者自然需要詳查其精神作用之過程。下篇關於審判人員在審判時的應注意事項,包括了自己的精神作用狀態以及可能的推理謬誤所在。此外,陳大齊先生認為,審判者最好以和善詢問的態度來對待證人,因為證人對審問者的嫌惡之情會影響其證詞。

　　綜觀來看,相對於當時的社會習常而言,《審判心理學》有著相當新穎的倡議。第一,審判者除了對陳述內容的追究外,也要對一般人的精神作用有所理解。這一主張的重要意涵是對於陳述者的同理。書中甚至提及婦女與孩童在心理過程上與成年男性的差異,需要審判者關注與考量。這種對於證人乃甚被審判者之心理過程與個別差異的同理,應是拜心理學關注個體經驗之賜,但也主張了司法過程中對人之尊重的必要。第二,審判者要對自己的精神作用有所覺察。這一主張讓審判者瞭解自己可能的犯錯而不自覺狀態,從而避免之。這是說,審判者不僅在事理推斷上要詳察,也要能夠自省,明白自己也是人,也會受限於人之精神作用狀態的影響。這以心理學來反躬自省的主張,意含著科學與修養的可能關係。第三是注意到「審判關係」的作用。這是說,審判者要知道自己與法庭上陳述者的關係會影響陳述內容,因此在求真的目標下,需要審判者與陳述者建立和善的關係。這可稱之為「專業關係」的關注,在當前的心理治療上是十分重要的基礎,而能夠見之於 1915 年出版的《審判心理學》一書,我個人覺得相當難能可貴。

結語

　　我希望上述的說明能讓讀者同意我先前說的,陳大齊先生的心理學著作現在讀來有著鑑往知今的作用。這些著作不但體系清楚,更承載了心理學萌芽時期以及民國初年的學術與社會文化脈絡。其中蘊含的開創性仍可窺見。當然,陳大齊先生心理學著作中展現的議題與主張在文化的長河中不會是結論,但在繼往與開來之間有其位置。

《審判心理學》

目　次

緒論

昔人有言：「廷尉，天下之平也。」聽訟、折獄，無古今中外，殆莫不以平為目的。雖然欲得其平，不可不先得其真，使事之真相不明，則律雖嚴謹，判者雖公正，而判之平與否，猶在不可知之數。必先明事之真相，而後衡之以理、繩之以律、謹慎將事，庶幾其平可期。是故真者，平之基；致真之道，亦即致平之道，豈可不察哉。

審判之時，判者與被判者，以及陳述證言之證人，皆人也，皆富於精神作用之生物也。判者之判決、被判者及證人之陳述，皆其精神作用之產物也。今以處理精神作用之產物為職，而不知精神作用之性質如何，欲其觀聽無誤、判斷不謬難已。浸假而人之知覺、記憶、推理諸作用正確明晰，絕無流入誤謬之慮，則心理之學可不復設，如柏拉圖所謂「人盡是神，哲學可不存」也。然而人既非神，其聰明有時而蔽；其智慮有時而窮。使任其自然而無術以範圍之，則所見既未能真，所判又焉能平。是故職司審判者，不可不詳知精神作用之性質，而思所以範圍之、防閑之。知覺、記憶、推理等諸作用，果以何道而進行；果以何道而入於誤謬；男女年齡、教育、職業等之不同，果足以引起精神作用上之差異與否。凡此種種，皆審判者所當知。審判者能熟知其理，則當事者與夫證人之所陳述者，有若何可信之程度，陳述者所自稱為親見、親聞者，是否有背於事實，審判者便能一一辨別之而不為所蒙蔽。蓋陳述者非必有意虛語，以欺折獄之人，而其陳述實與事實相背者，往往有之。不明精神作用之理，烏足以發現其謬？赫克爾以今之法學家不留心於心理學、進化論、人類學等，遂譏今之法律教育為形式的而非實在

的，夫豈過當之論哉？葛洛史亦曰：「刑事審判官於法律知識之外，其所最必要者，厥惟心理學所得之知識。」誠以心理學上知識足以使審判者防意外之誤，得事理之真，而導其入於判斷之平故也。

近時有所謂刑事心理學者，以研究犯罪之動機為務，或借用李斯脫之言，謂為以研究犯罪人之心身狀態為目的，則尤為適切。審判心理學與此有異，非犯罪人之精神病理學，乃欲包括審判時之一切精神作用而考究之者也。夫法律上事實，乃客觀的事實，審判者、當事者、證人、鑑定家等之知覺以識其存在，而此等認識不可不以心理學的方法證其確實。審判心理學即研究取供時及判斷時之一切精神狀態，而闡明其應用方面者也。審判者必知彼知己、不受蒙蔽、不迷歧路，而後事之真相可得，所判亦能平允。

審判之程序，始自事實之認識而終於判決，故審判心理學略可分為上、下二篇。上篇論認識事實時所宜注意之各種條件，兼取陳述者與審判者之精神作用而研究之。所以防意外之誤，而求事理之真者也。下篇論審問時、判決時所宜注意之各種條件，以審判者之精神作用為主，所以防審判者惑於歧路，而導其由真以入平者也。

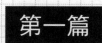

第一篇

第一章
感覺

第一節　總說

　　吾人一切斷案，均以自己及他人之知覺為始基。是故知覺正確者，其判斷亦確；知覺不正確者，其判斷亦隨以不確。然則研究人類之知覺作用，豈非施行法律之根本條件乎？而知覺又以感覺為元素，合若干感覺始成一知覺。是故欲研究知覺，又不可不先研究感覺。近時感覺之研究至深極微，議論之精確；學說之豐富，誠學問上一大觀也。然吾人現在之目的，非欲窮研深究，不過取審判上所視為重要者而一研究之耳。申言之，即吾人今之研究感覺與知覺，不過欲明其性質；欲明其對於觀念及概念之影響；欲明其可信之程度；欲明其對於外物之關係。庶臨事知所警戒，不致受欺不誤而已。而此種研究可以適用於當事者及證人，亦可適用於審判者自身。

　　感覺之客觀性與可信性，自古以來，雖有許多學者證其不謬，然由今觀之，不能無疑。近時苗勒爾倡特別勢力之說以解釋感覺之性質，其意以為各種感覺機關皆有一種特別之勢力，此勢力偶為外物所刺激，則發而成某種之感覺。視官能見而不能聞；聽官能聞而不能見。此緣視官所具之特別勢力，其本性上但能發為視之感覺；聽官所具之特別勢力，其本性上但能發為聽之感覺。是故所見之光與所聞之音，非緣於外物之性質，實起於感覺機關內之特別勢力。夫惟感覺之性質定於感覺機關內之特別勢力，故刺激之性質，無論屬於何種，苟與視覺神經相接觸而能解發其勢力者，未有不發為光之感覺。亦有同一刺激其所刺激之機關不

同，而吾人之所感，遂因以異者。凡此種種，皆足以證感覺之生與刺激之性質無關係，而各種感覺機關本有一定之感覺，不可移易也。苗勒爾據此事例，更進一步以為感覺者非所以傳外物之性質於意識，不過傳知覺神經之性質於意識耳。由此言之，感覺作用絕無客觀性，而亦無充分可信之理矣。

　　苗勒爾之說固多可議之點，不足盡信，然謂感覺確能與客觀適相符合，無絲毫差異，則亦未嘗深思之說也。植杖水中，視之若屈，不知光線屈折之理者，當感覺之時，必信以為真屈。此吾人日常所能經驗之事實，而決不容輕易看過者也。應用數學之理以研究心理學海爾巴爾脫已開其端，及浮勃爾出其研究益精。浮勃爾研究感覺與刺激之關係乃發現一原則：「感覺以同等之量增加時，刺激必以相對的同等之量增加。」是曰「浮勃爾法則」。「浮勃爾法則」為研究陳述者知覺之審判者所不可不知，今略述其意如下：

　　感覺生於刺激，則感覺之強弱似宜與刺激之強弱俱增損。然徵諸吾人日常之經驗，殊不爾爾。昏夜囊螢，足以照書；置之白晝，或且熟視無睹。同一螢光，而晝夜有明暗之辨。手持一斤重，復益以一斤，則驟覺增重；試潛以一斤加諸肩，荷之百斤，則荷者不能知焉。入製造之廠機聲隆隆，不辨人語；中夜人靜，則雖至微之聲亦入吾耳。由是觀之，刺激之強度雖增益，而感受之之感覺，其強度增益與否，當視感覺機關當時所感受刺激之強弱如何而定。當時所感受之刺激弱，則所加之刺激雖微，感覺亦能辨其異；倘當時所感受之刺激甚強，則非加以強刺激不能生增益之感。故感覺強度之增加與刺激強度之增加，不能相並以進，前者實較後者為遲緩也。據實驗之結果，其在聽覺非加舊刺激三分之一，則感覺不能辨其異。是故刺激之量雖增加，使所增不及舊刺激三分之一，則前後兩刺激雖異其強弱，而前後兩感覺強弱相等，不能有異。各種感覺，其比例雖不相同，要皆有一定之數。今將實驗所得各感覺之比例揭之如下：

音覺	三分之一
觸覺	三分之一
溫覺	三分之一
筋肉感覺	十七分之一
光覺	百分之一

浮勃爾之後，有費西納爾者根據浮勃爾之法則，更應用數學的公式以示感覺與刺激之關係，是曰「費西納爾法則」。其法則曰：「刺激以幾何的級數（等比級數）增加時，感覺以算術的級數（等差級數）增加。申言之，即感覺與刺激之對數相為比例也。

對於費西納爾之法則，心理學者間頗多攻擊駁斥之論，以其根本之假定與事實相違也。顧費西納爾之法則雖有不可盡信之點，然感覺不能與刺激相並而進，感覺之增加遲於刺激之增加，則事實之不可誣者也。是故審判之時，陳述者所稱為相等者，其果相等與否，不無可疑之餘地。或少有差異，陳述者不能辨，遂以為等耳。

第二節　視覺

視覺為吾人感覺中最重要之感覺，亦為吾人所最信用之感覺，故審判之時，對於有關視覺之陳述，尤不可以不注意。視覺之確實可信遠出諸感覺之上，雖聽覺無以及之，「百聞不如一見」，殆各國通行之諺語也。假使證人於陳述之時，自稱嘗聞槍聲；嘗聞行走之聲；或嘗聞爆烈之聲，則審判者必迎以警戒的判斷，但取之以供參考而已。若證人自謂目睹此事，則審判者必不疑其妄，而不暇計及視覺之亦有時誤也。

眼有盲點，心理學、生理學皆詳言之。吾人日常雖不自覺，試略加實驗，即可以識其存在。實驗之法極為簡單，試於紙上書一「十」字，更於「十」字之右相距約二三寸處畫一圓形，約黃豆大小。於是置圖於眼前，閉左眼而以右眼凝視「十」字，將圖逐漸移遠，則必有圓形不見之一境，蓋是時圓形適投影於盲點上也。盲點之存在，普通之心理學、

生理學皆言之。盲點影響之大，則言者極少。盲點所攝之範圍，隨距離而漸增，此最宜注意之事實也。赫爾母霍而芝曰：「盲點之影響甚為重大，使吾人遠望天際，盲點之大足以覆一圓形，其直徑十二倍於月球。視角六分之距離處，其大亦足以覆一人面。而吾人之所以不自覺者，以吾人常補充其空缺也。吾人觀一長線而不見其斷者，以吾人知其不斷而補其缺處也。」

　　吾人自明處入暗處，初入之時，但覺眼前暗黑，不見一物，視覺機關已喪其感受之能力。及若干分鐘後，網膜既順應於周圍之狀態，於是眼前漸明，乃能辨別一切，與明處無異。網膜順應於暗黑而增其感受之力，是曰「暗順應」。自暗處入明處，初時亦昏眩不能見物，蓋兩眼既順應於暗，其感受刺激之力既增，則刺激雖不甚大，而其所感受者甚強，於是收縮瞳孔以保護眼球，遂至不能辨別外物。然暫時之後，兩眼亦能順應於明，而恢復其常態，是曰「明順應」。「暗順應」之強弱因人而異，有於薄暮之時已不能見物者，有雖在暗夜之中猶能約略見物者。普通之人，年愈老則「暗順應」漸難，故燈光之下，老年人之辨物必不若年輕者之便利。

　　目所可見之距離，又因人而大異。未開化之民族，如亞美利加之土人，如哀斯基木人，其視力之強，有足令人驚絕者。文明社會中，山居而以獵為業，或以樵為業者，其所能見之距離亦甚遠。往往有常人雖藉望遠鏡猶不能明見者，彼獵者能以肉眼見之。關於遠視之程度，吾人今日猶未能下斷語，關於近視之程度亦然。近視者於不能明見之時，往往以舊有智識補充之，故彼輩所見之形狀、動作，亦甚正確，非必劣於常人。是故對於近視者之供述而有所疑，當以實驗之法決定之，或別就可以信用之近視者而叩其意見。

　　據赫爾母霍而芝等所研究，吾人欲於視野之中保持一小點至十分鐘或二十分鐘之久，異常困難。蓋凝視稍久，則小點便隱匿而不可復見

矣。當吾人凝視一點之時，其點必時現時隱，故知覺不易正確。若所視者非小點而為細長之線，如電線等，物因無凝視一點之必要，得以動搖之眼觀之，故知覺亦較為正確。

熱心觀察他人之運動，往往足以引起己身筋肉之亢奮。例如見有負重之人，則己之筋肉亦覺緊張；或觀軍隊之操練，則己身亦欲與之作同樣之運動。筋肉亢奮隨視覺的刺激而起，此殆人人所不能免，不過有程度之差耳，此種事實於審判時極宜注意。例如鬥毆之際以共犯嫌疑而被捕者，證人並未見其實行鬥毆，但見其握拳奮臂，有襲擊之狀。若此者，或其人本非共謀之犯人，不過一無罪之旁觀者，徒以目睹鬥毆之活劇，熱心之餘，遂引起其筋肉之亢奮耳。

吾人於明暗感覺之外，兼有顏色之感覺。然顏色豈真有客觀上之存在乎？自物理學言之，客觀上僅有光波之振動及光波刺激網膜，始有顏色之存在。故赫爾母霍而芝有言，若有人問朱砂之色，果如吾儕所見乎？抑僅屬視覺上之幻象乎？此直無意義之語也。朱砂之赤，乃普通視覺機關對於朱砂反射光線之普通感覺，此種感覺者佔世人之最大多數，故謂朱砂為赤。若遇色盲之人，則朱砂不必赤矣。

色盲者，言雖能辨別暗而不能別辨顏色也。色盲之中，有全色盲與部分色盲之別。患全色盲者，一切顏色皆不能見，若以有彩色之畫置之眼前，但見濃淡異度之灰色而已。部分色盲中，有紅綠盲，能見青黃而不能見紅綠；有青黃盲，能見紅綠而不能見青黃。若以所不能見之色置之眼前，則但見灰色而已。若為二色以上所混合之色，則見其所能見者而遺其所不能見者。患全色盲者雖不常有，患部分色盲者似頗不少。亦有雖非色盲，而對於顏色種類之區別、顏色濃淡之區別，其辨別力甚弱者。是故審判上遇有顏色上之問題，不可不考究其人是否有普通之色覺。若發現其與常人有異，更宜考究其變態性之性質如何、程度如何。

距吾目甚遠之顏色小點，吾人果能見其顏色乎？此亦一重要之問題

也。關於此事，有種種實驗。奧勃爾脫嘗製 10 密理邁當平方之色紙各兩種，置於黑白之大紙上，以測定吾人能明辨其顏色之視角。今揭其結果如右表：

色紙之色	置白紙上	置黑紙上
白		39˝
紅	1˙43˝	59˝
淡綠	1˙54˝	1˙49˝
深紅	3˙27˝	1˙23˝
青	5˙43˝	4˙17˝
褐	4˙55˝	1˙23˝
淡青	2˙17˝	1˙23˝
橙色	1˙ 8˝	0˙39˝
灰	4˙17˝	1˙23˝
玫瑰紅	2˙18˝	3˙49˝
黃	3˙27˝	0˙39˝

試觀右表，對於白地上青色之視角約等於黑地上白、橙、黃等色視角之九倍。是故苟有關於顏色之陳述，審判者欲考其言之正確與否，不可不先考求其背景之性質。

顏色與明度極有關係。明度者，光線強弱之謂也。一切顏色必處於相當明度之下，始能顯其顏色。明度過當，則顏色變易。若明度減而又減以至於絕無，則一切顏色莫不純黑；反之明度增而又增以至於極強，則一切顏色莫不純白。是故吾人於極明極暗之地，不能見一切顏色，惟於明暗相當之地，始能見之耳。黑夜無燈不能見顏色者，職是故也常。明度減少之時，顏色之消滅，其度頗不齊一。若就紅色與青色言之，紅色之消滅較早，青色之消滅較遲。是故薄暮之際，極目遠眺，紅者已昏不可見，而青色者猶歷歷可辨。今假有陳述者，言於薄暮之際遇見某人，但見其青色之袍子未見其紅褐色之馬掛，則其言可信；若反其言，則其言必偽。至於日暮時各顏色消滅之順序，實用上甚為重要，惜尚未有精確可信之研究耳。

顏色與網膜之構造又有極密切之關係。常人不察，以為在適當明度之下，紅者終紅，綠者終綠，必不致別有變易，其實不然。顏色所照之網膜位置不同，則顏色亦不得不隨以異。蓋網膜中之細胞約略分內、中、外三層，而其職掌各異。外層細胞但司光覺，故一切物體映於此層者，不論有無色彩，皆作灰色；中層細胞於光覺之外，兼司青、黃二色之感覺；內層細胞最完備，能司一切光覺及色覺。試略加實驗，此理即可明瞭。吾人凝視一點，目不少動而手持紅紙小片，由目所不能見之處

緩緩移下，初時離眼之中心尚遠，吾眼不能見之。略移近則紅紙小片映於網膜之外層，吾人但見有近於灰色之物而不辨其顏色。更向下移映入網膜之中層，則現黃色及離眼之中心甚近。映入網膜內層，吾人始能辨其為紅色。由是觀之，顏色之能見與不能見，因網膜之位置而有異。今假有證人自稱斜睨某物未見其色，此蓋真不見也。

視覺上又有對比現象，亦大有影響於顏色。今試取黑、白二紙相並而視，則黑者益黑，白者益白；或取紅、綠二紙相並而視，則紅者益紅，綠者益綠。此以鄰色對比之故而益顯其色之特質者，不足怪也。審判上特宜注意者，則以與周圍色彩對比之結果取得他種色調之事是也。試取灰色小紙片置諸有色彩之大紙上，而上復蔽以無色透明之薄紙，則灰色小紙片現其背景之色之補色。例如灰色小紙片置於紅色之大紙上，則灰色之紙作青綠色；若置之黃色之紙上，則小紙片作藍色。是故遇有顏色之問題，不可不並研究其背景之顏色。

第三節　聽覺

關於聲音之感覺有兩個重要問題：即證人等之所聞是否正確，與審判者之聽供是否無誤是也。證人等與審判者之間，固尚有種種應注意之事，如理解之正確與否、記憶之信實與否等事實，皆在應注意之列。然此種事實大抵以所聞正確與否為基礎，故所聞正確與否之問題，實最重要問題之一也。陳述所聞於人之談話，而求與所聞於人者無絲毫之異，此必不可得之數也。蓋吾人之所聞者，乃言語之意義，非言語自身；吾人之所憶者，乃他人談話之意義，非談話之語句。是故當追憶他人之談話而敘述之之時，但能作間接的敘述而不能作直接的敘述。浸假而間接的所敘述者，果能表現所聞之真意義，則亦無大害。然人之所敘述者往往加之推測，而自信以為所聞之真義，此則不免為誤謬之源泉耳。

欲檢查人之聽力，或檢查某特別狀態時之聽力，斷不可徒恃談話時之觀察以下斷定，宜請專門家細細檢查之。如遇異常重要之事件，而欲

檢定某特別狀態時之聽力，尤宜居同一之地方，造同一之條件，發同樣之聲音，與曩日無絲毫差異而後檢之，非然者必不能有所得也。蓋人之聽力不特因人而異，即同在一人亦因時而異、因地而異。是故欲嚴密知某狀態時之聽力者，非有精確之實驗不為功。

　　聲音有高音與低音之區別，高者尖銳，低者宏亮。自外界之刺激言之，高低均無限制；自內界之感覺言之，則有一定界限。過低與過高者，均非耳所能聞。大抵最低之界限在每秒二十四乃至三十振動之間，最高之界限在每秒二萬五千振動左右，然此特就大體言耳，各人所能聞之高低至不齊一。天才的音樂家，其聽覺必銳敏甚高之音，如每秒三萬振動以上者，在常人必不能聞，而彼亦能聞之。亦有普通之音覺本銳敏，而對於高音之感覺異常遲鈍者。如史克立伯區安書中所引，美國某雜誌記者不能聞小鳥之聲，以為鳥啼云云，不過詩人之形容，猶花笑之類也。丁達爾亦言人之不能聞高音如蟋蟀之鳴者，為數頗不少。是故審判者所能聞者，非必陳述者所能聞；審判者所不能聞者，亦非必陳述者所不能聞。若強以己之聽力為標準，用以推測他人誤謬之見，恐不免隨之起也。

　　聽一聲音而欲辨別其所從來之方向，頗不易易。試於聞聲之時略加注意，即可以知辨別方向之不易正確。然方向不同，則辨別之難易亦略有不同。馮德有言，左右之辨別較易，前後之辨別更難，此種事實於審判上極為重要。曾經學者種種之實驗，足以證馮德所說之不誣。如伯拉安，如亞爾哈母，如克利史，如苗斯脫爾、勃爾嬉皆嘗研究此事者也。聽覺之辨別方向，左右較易而前後較難，此與兩耳同聽之事實極有關係。假使僅有一耳，則左右辨別之難，恐將與前後相等。當發音體處於吾人右側之時，吾右耳之感覺較強，而左耳較弱；若發音體處於吾人之左側，則吾左耳之感覺較強，而右耳較弱。因此左右兩耳感覺強弱之不同，吾人乃得辨別左右。若發音之體處於吾前或處吾後，則左右兩耳之感覺強弱相等，故吾人莫從辨別之矣。又若物處過遠，兩耳感覺之差異不著，則方向之辨別亦因以不確。是故欲知陳述者關於聲音方向之辨別

正確與否，不可不由醫生檢其兩耳，果皆健全否？果同時作用否？

　　關於聲音之傳導，有不可不注意之事實。當聲音傳播之時，若有固體之物為之傳導之媒介，則聲音可達之距離較平時遠甚。故吾人若藉固體之物以聽，則雖遠方之音，平時所不能感覺者，亦能感覺之。例如馬之馳驅聲或大砲之轟聲，雖在遠處，非吾人所能聞。吾人若側臥於地，以耳屬地，則聞之較易。是故若有證人自稱嘗聞遠處之聲，而當聞之之時嘗屬耳於地，或嘗屬耳於垣，則聲音雖遠，其所言有足信也。

　　人之年齡對於聽力有極大影響。勃早爾特嘗研究多數年齡不同之人，而發現種種結果。人至五十歲以上，不但其聽力日減，即其可聞之界限亦日縮。此其結果實出常人想像以外。五十歲以上之人，一百人中殆無一人能理解距離 16 邁當以上之普通談話，其能理解距離自 8 邁當至 16 邁當間之普通談話者，亦僅 10.5%。自七歲至十八歲之學生，一千九百十八人中，46.5% 能理解距離 20 邁當以上之普通談話；32.7% 僅能於距離自 8 邁當至 16 邁當處理解之。由是觀之，對於距離自 8 邁當至 16 邁當間之談話，五十歲以上老年人之能聞之者為 10.5%，自七歲至十八歲間之兒童之能聞之者為 79.2%。老年婦女之聽力較勝於老年之男子，對於距離 4 邁當至 16 邁當間之聲音，前者之能聞者為 34%，後者之能聞者為 17%。而幼女與幼童相比，適與此相反。對於距離 20 邁當以上之音，幼童之能聞者為 49.9%，幼女之能聞者為 34.2%。老幼之間何故相反？其理由尚未大明，或以男子職業勞苦且多嘈雜之所致歟？此種比較的研究，於審判上亦甚重要，蓋證人等年齡不同，則其所聞不能無異。

　　關於聾者亦有應注意之點。據費西納爾言，凡人初聾之時，最初不能聞高音，繼乃不能聞低音，非同時喪失也。老年人對於高音，大抵感覺遲鈍，不及少年人之銳敏，即是故也。是故審判之時，若以陳述者能聞低音為理由，而斥其不能聞高音為妄，絕非正當之論也。聾者又往往觀察談話者口之運動，以推測談話之意義，此亦足以引起種種誤謬。

第四節　嗅覺

　　嗅覺之為用，雖遠不及視覺、聽覺之用廣而利宏，然於審判上亦頗有不可不重視之價值。嗅覺之功效易為常人所忽，例如觀念之聯合往往借助於嗅覺，而人但能意識所喚起之觀念，不復意識與之有關係之嗅覺，故往往以所喚起之觀念為偶然出現，不知歸功於嗅覺之媒介。葛洛史嘗舉一例，以證嗅覺之聯想極堅固且極精確。葛氏當未滿八歲之時，嘗與其父游於某牧師之家。因當時並無可以特別注意之事實，故事後即便遺忘，數十年來未嘗憶及此事。乃數十年後，此舊游之事，忽於某日一一出現於記憶之中，印象甚為鮮明。葛氏以舊經驗無端復現，遂細求其故，而卒不可得。數日之後，復記憶此事，而當時所居之地方與前次記憶時正同。於是遂因此發現此記憶之原因，蓋葛氏游某牧師家時，其家人嘗導之游藏果子之窖，窖中有蘋果堆積於稻草之上，壁間懸牧師打獵用長靴一雙。蘋果、稻草、長靴三者之氣味合成一種特別之感覺。葛氏後此記憶舊游時，適所處之室中亦有此三物，遂因此以聯想其幼年之經歷耳。

　　此種經驗殆為人所恆有，然若不努力以從事檢查，必且以觀念之再生為偶然，遇有關於嗅覺之質問，往往得否定之回答者，職是故也。雖然若設問得當，亦未嘗不可喚起其嗅覺之記憶，即本不在識域內者，亦可促注意趨向之，而使之自行意識。例如關於燃火之嗅覺，為證人者或本未嘗注意，或雖注意而已遺忘，或解釋為廚房之嗅味、下等紙煙之嗅味。當此之時，若能予以適當之質問，不難使其記憶完全恢復。

　　嗅覺銳敏之度，固可藉練習之功而使之進步，然其中亦有區別，不可作一概之論。使人日日嗅同一之臭味，久而不改，不特不足以改良嗅覺，轉足以使嗅覺退步。所謂入鮑魚之肆久而忘其臭，入芝蘭之室久而忘其香是也。如屠者、如製煙之工匠、如製香水之工匠，不僅對於習聞之香臭嗅覺退步而已，對於其他之香臭亦較常人遲鈍。反之，若其職業與辨別物之臭味有關係者，如藥劑師，如茶葉鋪之夥計，日日藉物之臭

味以辨別物之品質，其嗅覺之敏銳而精確，殆有非常人所能想像者。

關於嗅覺上之嗜好，人各不一。儘有一人所掉頭不欲嗅者，而他人嗜之甚篤。即同在一人，亦因時而略有變異。飢餓之時，隔室聞人烹調而饞涎欲滴者，使於頭痛腹脹時嗅之，必且心中作惡而欲嘔矣。是故遇有香臭及可樂不可樂之陳述，宜細察陳述者感覺當時之情形，庶幾可以得正當之理解而不致誤會。

據朗勃洛騷研究之結果，男子之嗅覺勝於女子。葛爾登亦贊成是說。然觀日常之生活，似未必爾爾。孰優孰劣，尚待詳細綿密之統計，現在尚未有一致之說也。

第五節　味覺

味覺一項於審判上關係較輕，然如遇有毒殺等事件，則味覺又成為極重要之事項，不容輕易看過。欲檢查個人味覺之精粗，絕非易事，非如檢查視覺、聽覺之易於從事也。又味之佳否，與人之年齡、習慣、健康等均有關係，故檢查之時，亦不可不注意及之。

味覺之性質，自心理學、生理學言之，僅有四類：即甘、苦、鹽、酸是也，一切物味皆混合此四味而成。至於通常之所謂物味，並非純粹之味覺，乃味覺之外混有嗅覺、觸覺、溫度、感覺等他種感覺者也。是故物味之美，不僅在甘、苦、鹽、酸之得當，兼求香氣之馥郁與溫冷之適宜。人患風邪，鼻孔閉塞，則一切食物皆覺無味，正以嗅官不能感受香氣以補助味覺，故本屬美味之物，至是亦遂無味。又如平時風味大不相同之二物，今試掩鼻而食之，使各物所發之香氣不得左右其風味，則二物之味甚相接近，不易復辨其異。

舌之各部，對於四種味覺之感受力各有所偏，不能平等。且亦有同此一物與舌接觸之部分不同，則感覺即隨以異者。今取朗葛脫所搜集之結果，列表如下：

物名	葛拉勃鹽	含碘之鉀	明礬	洋蜜	純冰糖	馬餞子綠	炭酸曹達
在舌端	鹽	鹽	酸	無味	無味	無味	無味
在舌根	苦	苦	甘	甘	甘	甘	嘛叮

觀於上表，可知同此一物或與舌端相接，或與舌根相接，而其味有異。故遇有檢查味覺必要之時，不可不考求其味覺起於舌之何部。

味覺之精粗與男女之別、教育之淺深，似頗有關係。據騰納研究之結果，女子之味覺精於男子。而在男子之中，有教育之男子精於無教育之男子。惟女子之間，則教育之有無影響極微，似不足以引起味覺精粗之差異。

第六節　皮膚感覺

人之皮膚與物相接，則感而知之，物之有溫度者，亦能識其寒暖。故皮膚感覺中，有接觸感覺與溫度感覺二種。昔之心理學者混二者為一，不知分別。及十九世紀末葉，郭爾特沙特始於觸點之外發現溫點與冷點，於是乃知溫度感覺與接觸感覺，其機關不同，其性質亦異。自是厥後，始析溫度感覺與觸覺為二類。

觸覺之為用，頗為重要。吾人於暗黑之中，或於不能見之處，大抵藉觸覺以知外物，不待論矣。即於目所能見之處，觸覺亦為視覺之極大補助。如物之距離等，本非視覺單獨所能知，必藉觸覺之補助而後知覺始全。此事之理徵於天生盲者，愈後之報告益信其真確無妄。亦有某種知覺藉觸覺所知者，精於視覺之所知，試舉一事為例。如物之平滑、粗糙是也，吾人欲驗一物之平滑與否，不徒恃兩眼，而必以手撫之者，即屬此故。是故遇有物性平滑與否之陳述，宜質問陳述者果以手知之，抑僅以目知之？如陳述者果以手知之，則其陳述較為可恃。

盲者不能見物，而以觸覺補其缺，故其觸覺異常發達，有斷非常人所能想像者。今之盲人教育，以點代字，盲者手摸而讀之，與常人之以目讀書者無異。其觸覺之銳敏，已非常人所能及。葛洛史且謂衣服之顏

色，盲者亦能以觸覺知之。是故盲者關於觸覺上之陳述，在常人所視為不足信者，非必不足信也。

觸覺愈用則愈發達，此固當然之事。而盲者觸覺之銳敏，又其明證也。不寧維是，雖不常用觸覺，但藉筋肉之練習，亦足以致觸覺於銳敏之域。史脫立堪有言，常用筋肉之人與有久坐習慣之人相比，前者之觸覺較為銳敏。

有教育之人與無教育之人相比，有教育者較為發達；女子與男子相比，女子較為發達。至於空間感覺與壓迫感覺，則男女之間似無高下之區別。各種毒物對於觸覺均有極大影響，例如嗎啡之注射足使皮膚上之空間感覺減退。而個人之中亦有觸覺異常銳敏者，拉亨排哈曰：「極端神經質之人，不特能於暗室之中知他人之居處及其行動，即如空氣之壓力及極微之震動，亦能藉觸覺以知之。」

皮膚上之空間知覺，其銳鈍各處不一。大抵常與外物接觸之處，其知覺較銳；不常與外物接觸之處，其知覺較鈍。其銳鈍之狀，可用觸覺器檢查得之。經學者種種實驗之結果，舌端之知覺最精。觸覺器之兩端，雖相距僅 1.1 密里邁當，舌端猶能辨其為兩點；指尖、鼻尖、唇等次之；背之中央最劣，非距 66 密里邁當以上，不能辨別。

觸覺之反復與綜合，足以使觸覺加強，亦足以使觸覺加明。吾人手持一物而欲詳察其性質，往往以手撫摩之者，職是故也。若欲知物之平滑與否，更非繼續其觸覺不可。蓋平滑與否之感覺，本生於觸覺之連續。吾人以手撫摩物體時，倘該物體所生之感覺，其強弱常相等，則吾人覺其平滑；若不能相等而忽強忽弱，則吾人覺其粗糙。觸覺之精粗，既與反復有關係，故遇有觸覺上之問題，宜質問感覺者，究以一次知之？抑以反復知之？

皮膚上重量之感覺，亦各處不一。據各家實驗之結果，額部、顳顬部、眼瞼、臂之內側等處最銳敏。雖以 2 密里格蘭姆之微，亦能感覺之。感覺遲鈍之部，如唇、如腹，非在 50 密里格蘭姆以上不能知之。最鈍者如指爪、如踵，其所能感覺最低之重量為 1 格蘭姆。

　　人之溫度感覺頗稱發達，而女子之感覺更勝於男子。唇與指尖對於溫度相差一度五分之一之物，已能辨其異。然此不過差異之辨別，非絕對之評價也。溫度感覺對比之現象極為顯著，是故身體上某部之溫度，若因故而昇，則雖有極溫之物體，平時覺其溫者，至是亦覺其冷。例如浸手於攝氏四十二度之熱水中，若干分後，復入於三十八度之水，則已覺其冷矣。反之，若身體上某部之溫度，因故而降，則雖不甚溫之物體，至是亦覺其溫。例如浸手於攝氏三十度之水中，若干分後，更浸入三十五度之水，則已覺其溫矣。由是觀之，溫度感覺是相對的，而非絕對的。然溫度感覺之相對性亦有一定之界限，據實驗研究之結果，攝氏十二度以下，則無論如何必覺其冷；四十五度以上，無論如何必覺其溫。溫度感覺既於一定界限內是相對的，而非絕對的，故遇有溫冷之問題，宜考究有無對比之影響。

　　濕之感覺，成自冷覺與平滑感覺之結合，是故於不能見或不留意之時，偶觸金屬之小片，冷而又滑，或不免誤認為與濕物相接觸。此種誤謬關於受傷後出血，問題往往有之。受傷者自身及其同伴之人，有時不過偶觸一平滑之金屬片而誤為流血，或真係流血而誤認為冷而且滑之他物。是故遇有出血與否之問題，宜兼考察視覺之有無，不可徒恃皮膚感覺以下斷定。

第二章
知覺

第一節　總說

　　知覺者，感覺之複合作用也。蓋單一之感覺，實際上絕不能存在。外界之刺激雖純一，其所引起之感覺亦往往複而不純，而況純一之刺激，實際上又極少乎！吾人日常所見所聞之事物，非成自一聲或一色，實成自聲色諸相之集合。山寺古鐘，聽覺機關聞其聲，觸覺機關覺其剛，視覺機關睹其形且見其色。由茲諸機關所得之聲色、形質，彙集於吾腦，吾乃始知有鐘焉。故知覺必彙合數種感覺而後起，必待數種大腦作用而後成。雖然各感覺機關所貢者，絕非平等。例如飲茶時，茶之知覺雖含有色、形、觸、溫諸感覺，而以香味為主要之成分。又如椅之知覺，雖含有觸覺、筋肉感覺等，而以視覺上所得之形體為主要之成分。至於各知覺究以何種感覺為主要成分，又無一定，因人、因時、因地而有變易。同此茶也，大多數之人固以茶之香味為其知覺之主要成分，然以色、以溫為主要成分者，亦未嘗無之。同此椅也，大多數之人雖以椅形為其知覺之主要成分，然以椅之軟而適意為主要成分者，亦未嘗無之。

　　知覺作用之中有統一之性。故方人之知覺一事物也，雖成自種種感覺之複合，然不自覺其為若干種感覺之集合，而但覺其為一體。例如飲茶之時，茶之色與形來自視覺之機關；酌茶時及飲茶時之聲，來自聽覺之機關；茶之香來自嗅覺之機關；茶之味來自味覺之機關；茶之溫冷來自溫度感覺之機關；茶之接觸來自觸覺之機關。而吾人方知覺時，未嘗

一一辨別其所自來，亦未嘗自覺該感覺之集合，但識為茶之一體而已。在事實上言之，感覺與知覺同時並起，非先有感覺，漸次結合，然後乃生知覺。感覺起時，同時即有知覺，故理論上雖以知覺為成自感覺之集合，而事實上不能知焉。

　　知覺與觀念二名，在普通用語截然分為二事，一若其作用甚不相同。然在心理學視之，知覺與觀念實無根本上之區別。複合作用之成分僅生於感覺機關之受刺激者，普通謂之「知覺」；複合作用之成分僅生於大腦中樞之受刺激者，普通謂之「觀念」。例如有花於此，張目見之，則為花之知覺；閉目而思所見之花，則為花之觀念。然因感覺機關受刺激而起之感覺，與因記憶想像而於大腦中樞所喚起者，在性質上初未有異，故知覺與觀念在心理學視之名異而實同，非可截然分為二事者也。

　　知覺（或觀念）之種類，大別有三：一曰「性質的知覺（或觀念）」；二曰「空間的知覺（或觀念）」；三曰「時間的知覺（或觀念）」。「性質的知覺」者，知事物之性質者也。例如物有顏色，目能知之色有深淺，目亦能辨之。又如管絃雜奏，耳能聞之音有高低，耳亦能辨之。他若鼻之知香臭、舌之知味，皆性質的知覺也。「空間的知覺」者，知事物之空間上屬性者也。例如物必有形而形有大小，目固視而知之，手亦能捉而知之。又如物之遠近、物之方向及物之動靜等，諸種空間上屬性，皆可藉視覺、觸覺及運動感覺以知之。「時間的知覺」者，知事物之時間上屬性者也。一事物之存在，不論其久與暫，必繼續一定之時間。知事物繼續之久暫，即為時間的知覺。此項知覺大抵以聽覺及運動感覺為主要之成分，而以他種精神作用副之。

　　知覺雖可分為三類，然三者大抵同時並作，合為一體。事實上，非可分離者也。試就外的知覺而言，有形之物必佔據空間上一定之位置。既有位置，必有大小、必有遠近。故吾人知覺外物之性質時，同時必有空間的知覺。又物之存在，必有時間上之繼續。既有繼續，必有久暫。故吾人知覺外物之性質時，同時又必有時間的知覺。若就內的知覺而

言，思想、感情、意志等作用，固無空間上之位置，然亦不能無時間上之繼續。故吾人當內省吾之思想、感情、意志等諸作用時，同時亦不能不有時間的知覺。反之，空間、時間為形式，性質為內容，吾人方知覺時，斷不能僅有形式之知覺，而無內容之知覺。是故知性質之時，同時必知空間與時間；知空間時間之時，同時亦必知性質。三者並作，事實上不能分離。

關於知覺作用之構成，現時心理學上有極詳細極精確之研究，以審判實用上無重大關係，姑略而不論。茲但取審判上所不可輕視者，分述如下。

<h2 style="text-align:center">第二節　知覺之不全性</h2>

知覺之為用，頗不完全。吾人對於無論何種物體，斷不能盡其所有之性質而一一知覺之，往往所知者少，而所遺者多。此種事實，吾人試略加內省，即可知之。例如途遇某友，略道寒暄而別，試於別後即刻自問，所遇之友服中國服式乎？抑服西洋服式乎？此等問題尚能自答。至於所著之衣顏色如何？式樣如何？長短大小如何？所著之鞋新舊如何？假無特別奇異足引注意之處，必不能一一自答。蓋方知覺之時，只知對象之大體，不能知對象之全體，常見之物尤易為吾人所遺漏。例如日常出入之教室，教室之牌掛在門右抑在門左、出入之門向內開抑向外開，吾人往往未及注意而知覺之。試自詢問，往往茫然不能作答。

克拉排蘭特常用質問法、實驗法研究此事，以證知覺作用之不全。氏常對於五十四人一班之學生，關於日日出入之學校設若干極簡單之問題，以求其回答。例如「大門之柱圓乎方乎？」、「號房內有窗否？」、「大客廳之天花板有裝飾否？」。而五十四人之中，四十三人以無窗對；八人雖答有窗，然其數與實際不符；其他數人則自答不知。關於柱之方圓能正答而無誤者，五十四人之中亦僅有六人云。

克拉排蘭特更繼續其研究，於某日使某甲者服奇異而惹人注意之

衣服，於氏授課之時突然闖入其教室，作種種可笑之舉動、發種種可笑之言語。氏乃故意怪其狂妄，呼校役驅出之。此奇突之光景刺激學生之興趣，而引起其注意。氏乃於事後命學生關於該狂妄者之言語、舉動，盡自己知覺所得者，一一筆之於紙，務詳盡精確，不使有絲毫遺漏。而觀各學生之所答，當日出席學生二十二人之中，能詳記狂妄者之言語、舉動而無誤者，四人而已。其他十餘人或所記不詳，或雖詳而與事實相違。

　　由此觀之，吾人日常之知覺雖甚注意，亦未必能盡對象之全體而詳細知覺之，而況平常之知覺注意本不甚強乎！是故當審判之時，陳述者雖目擊某事而自稱所知不確，或自稱未嘗詳知此種，陳述非必虛妄。吾人斷不可因是而疑其有意欺罔，加之責備。反之，若證人等詳述所見之情狀，鉅細無遺，其細點之可恃與否，似不無可疑之處。

　　知覺作用既不完全，於是遂有藉想像推測以補充知覺，而自以為知覺之真相非想像推測之結果者。知者自信以為真，聞者不察亦遂信以為真，則事實之真相反因之隱匿，而判決遂以不正矣。茲舉葛洛史書中一例如下：

　　有農夫受放火嫌疑為人所舉發。當審判之日，農夫自供某日攜燭入室，室內有蛛網，燭火延燒蛛網，更由蛛網延燒天花板上掛下之稻草，於是遂成巨災。第一次審問之時，農夫之供述如是，而問官亦信以為事實之真相。及第二次審問時，始發生蛛網能燒與否之問題，實驗之結果始知蛛網之燃燒為事實上不能有之事，農夫此供非必有意欺罔，實因知覺不全，自以想像補充之，而不及自覺耳。是故審判之際，供者雖自稱親見、親聞，聽供者亦宜細加審察，其所云親見、親聞之中，有無想像之混入。凡遇有可疑之處，聽供者能親加實驗以判其誠偽，而不徒為供言所拘束，則救弊補偏，豈無善法哉！

　　對於尋常之事物，吾人之知覺已不易完全。若有人故用詐術，設種種手段以欺罔人，則非具有極犀利之觀察力者，罔不為其所欺。幻術家之演幻術，無知鄉愚與幼稚兒童莫不驚嘆其神通之廣大。吾儕雖明知其

詐，亦不易發現其破綻，此皆知覺不全之過也。關於詐術之事，歷史上有一極有名之審判例。節引如下：

　　法蘭西有以照相為業者名皮樹哀，能照鬼之照相，且其所照者較他人之所照分外鮮明，於是踵門求照其既死之家人或朋友者不絕於途，而無一人焉疑其有詐。即平時觀察甚犀利，能發現他人所製鬼照相之偽者，至是亦無從發現其作偽之道。一八七五年，法國官吏以偽造鬼照相之嫌疑逮捕皮樹哀而嚴詢之，皮樹哀始一一自白其詐術。至其鬼照相之材料，初時以助手代鬼。及生意興隆，若始終以助手為代，恐各照容貌相同，為人識破。乃造一無首之人衣以鬼衣，另造人首若干。有求照者來，則細詢死者之容貌，然後於所造人首之中擇其類似者，置之所造人身之上以照之。警察搜索其家，果發現其所造之人身及若干人首。公判之日召喚許多證人，而各證人均陳述有利於被告之證言，或謂所照之相確與所欲照之死者相同；或謂自初照起迄洗出止，始終監視，未嘗見其作偽。雖經皮樹哀詳述其作偽之道，而證人中之頑梗者，猶主張其所目擊者之真實無妄，甚或疑皮樹哀之自白別有用意，非出其本心。證據確鑿兼有被告之自白，而證人猶不之信，知覺之不全、觀察之不周，其足以隱蔽事實之真相，豈淺鮮哉！是故審判之時，陳述者雖非有意虛語，而其所供與事實相違者，往往而有。職司審判者宜於此等處特加意焉。

第三節　知覺之同化性

　　吾人知覺之時，常以過去類似之經驗解釋新得之事實。易辭言之，即以舊有之觀念同化新得之觀念也，此之謂知覺之同化性。例如有長方之桌置於吾前，吾眼中所映之桌形，隨吾眼所佔之位置而有異同。吾眼居於某處時，眼中所映之桌形實為菱形而非長方形。然而吾人無論立於桌之何方向，未嘗有桌形為菱形之經驗者，則以在過去時中曾知其為長方形，遂以過去所得長方形之智識解釋。今茲所得菱形之事實，使之同化為長方形而不自覺耳。又如吾人居學校之內，聞叮吟之聲而知其為鈴

聲，不特知其為鈴聲也，且知其為上堂、下堂之號。常人不察，以為直接所知覺者即是鈴聲其然，豈其然乎？吾人直接所知覺者，不過此叮呤之聲，吾人既未目擊此叮呤之聲出自彼銅質之鈴，亦未嘗於此叮呤聲中聞有「此便是鈴聲」之語，而吾人之所以猶得知其為鈴聲者，則以過去鈴聲之智識解釋，今茲叮呤之經驗而同化之故耳。叮呤聲中「此便是鈴聲」之意，尚不能用，更安得含有「此是上堂鈴」或「此是下堂鈴」之意乎？然則上堂、下堂之義更屬同化之結果，而非直接之知覺，從可知矣。

　　吾人當知覺之時，以所見為見，以所聞為聞，毫不施以同化者，可謂絕無。反之，同化過當因以引起誤謬之知覺者，往往有之。茲略述數例如下：

　　吾人自作之文章，他人代為抄錄而後讀之；或熟讀之文句於他版所印之書中，讀之則雖有誤字，極不易發現。非細心誦讀，往往以誤為正而不自誤。蓋自作之文與熟讀之書爛熟於胸中，其智識極深刻，其同化力極偉大，故能以記憶中之正字解釋知覺時之誤字以自欺也。

　　上述之例不過於不甚注意之時，易以誤為正而不自誤耳。若注意甚強，則雖相差極微之誤字亦能發現。亦有同化作用所引起之誤謬，若不施以特別實驗，雖注意極強，亦無從發現其誤謬者。例如網膜之上有一盲點，既不能見色，亦不能見光，故外物之投影於此部者，當成無色無光之物。易辭言之，即非吾目所能見也。然而吾人若以一眼凝視白壁，未嘗覺白壁之上有一無色無光之點，即未嘗覺白壁之上有一空缺之處為吾人所不能見者，則以吾人本知其無空缺，而以周圍所見者同化之故也。以周圍之所見，補盲點之所缺，此理略施實驗即可以明。試以甲圖置於眼前，使黑圓正投影於盲點上，則但見一方白紙而已。又試以乙圖置於眼前，使白圓正投影於盲點上，則眼中所見卻如丙圖。吾人雖明知眼有盲點，而不能制止其同化也。

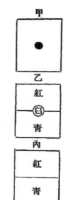

　　知覺作用，無論何時不能無同化。聞叮呤而知其為鈴

聲，見桌而知其為長方形。同化適當，足以補助人之認識者固多，而同化不適當反以引起誤謬，如遇誤字而不能發現者，亦在所不免。故當聽人供述其見聞之時，不可不細加辨別，若干部分為其人之直接經驗，若干部分為其人同化之所得。辨別嚴、分析清，則誠偽之界不難辨矣。

　　有時因心中所貯之觀念太不豐富，偶遇新事物實非其人所能解釋，乃濫用其舊智識以下妄斷，遂以造成種種謬見者。例如哥倫布初發現亞美利加之時，亞美利加之土人初不知有船可以在海上駛行，及見哥倫布之帆船，遂駭以為海上之大鳥。墨西哥本無馬，故墨西哥土人不知有馬，更不知有人可騎馬之事實。西班牙騎兵初至墨西哥時，其土人見之，羣駭以為半人半獸之怪物。又如歐人初至亞非利加驅牛運物，其土人見此龐然大物，駭為鬼魅。既見其異常馴順任人驅使，則又翻然改悟以為歐人之妻若此者，皆觀念界太狹隘，又復濫用舊智識以同化新事實之過也。以上數例特舉其甚者言之耳，至於程度之淺者，在常人亦所不免。是故當審判之際，遇有可疑之陳述，不可為其概括的名詞的敘述所束縛，宜使之詳述其情狀，以資判斷。

　　亦有同此形體，因知覺時所懷之觀念不同，其所見亦隨以異者。例如甲圖中央之小方形可作突出觀；亦可作陷入觀，一視吾心中之觀念如何而定。乙圖之形可作二個大三角形重疊之狀觀；可作六個小三角形相聯之狀觀，觀念不同，更可觀作他種之形狀。又如丙圖，亦可觀作兩種相異之形態。由是觀之，吾人所見之形體與當時心中懷抱之觀念極有關係，誠以知覺之時，不能脫當時觀念同化之影響也。故職司審判者於此等處，亦宜留意審察。

第四節　知覺之代用性及頓覺性

　　知覺之時，往往有以此種感覺代彼種感覺者。此感覺代用之事，

觸覺與視覺之間雖不常有，而聽覺與視覺之間則極為明瞭。例如注意以聽人之聲音若干回後，則雖但聞其音，未見其人，而其人之容貌、丰采彷彿若見。又如聞河畔有呼救之聲，則行將溺死之人，亦彷彿若見，是蓋知覺者以聽覺代視覺也。感覺銳敏之人，其嗅覺往往銳於常人，此種人於嗅覺發生之際，能藉此以經驗與之有關係之事實。視覺之代用，其數最多，亦最重要。例如暗夜之中聞遠方之車聲，而自以為見車形者，往往有之。個人之中，凡神經質而富於想像者，感覺之代用愈多。審判時，此種虛妄之陳述，其足以引起極大之誤謬，固不待論也。

　　有時外界之刺激雖始終存在，而吾人精神中以有某種障礙之故，殆無所知覺。及障礙既去，或有足以引注意之條件發生，則吾人頓然知覺當時之刺激，或竟逆溯當時以前之刺激而知覺之。蓋在未知以前，對於刺激雖若不知其實，非不知也，特知之而不意識耳。及障礙既去，或別有條件發生，則對於刺激之知覺頓然出現於意識之中。茲舉數例如下：

　　葛洛史少時寢室之柱上掛有一鐘，因多年習聞之，故聽覺上遂生障礙。對於鐘擺搖動之聲，不復能聞。而某夜臨睡之時，燈已吹滅，忽聞鐘擺搖動之聲約兩、三次後，遂寂然無聞。葛洛史心以為異，點燈察視，則見鐘擺雖尚動搖，已不成聲蓋將停止也。此緣從來繼續所聞之聲忽然停止，前後之情狀不同，遂以引起注意。而從來潛在的刺激之聲又逆行，以使葛洛史聞其最後之二、三聲。是故葛洛史之注意，雖僅為最後之二、三聲，所喚起至其對於鐘擺搖動聲之知覺，則始終繼續，未嘗間斷也。

　　此種事情，審判上亦不乏其實例。嘗有某屋中放手槍之案件，當時在該屋中忙於縫衣之老農婦被喚為證人，供稱於放槍之前嘗聞二、三步履之聲，前此則未嘗聞之。放槍者於將放之時，忽然高其足聲以使人聞，事實上似斷無此理，故老婦之言一若不足措信。其實非不足信也，蓋老婦方忙於縫衣，心志專一，其他不甚顯著之刺激為所妨礙，遂不得入於意識之範圍內。及彈丸既發，轟然之聲引起注意，遂逆行而知覺放槍前之二、三步聲耳。

　　以上但就聽覺而言，關於視覺亦有同樣之作用。某戰役之紀念日有退休之老將憑窗望市景，心中方冥想當日戰爭之情形及其已死之戰友。冥想既深，故目若無見，雖面街而立，然未明見街上之情景。忽有小兒悲慘之呼聲破其冥想，於是始明見街中之情景，而老將自信實見小兒被轢以前之一切事實：馬車之御者因何轉向、轉向之際馬車之馬如何跳躍驚迷？小兒如何被轢？老將皆能一一道之。老將又自白曰：「余雖一一見之，然於小兒未啼之前，余實不自知余之見之也。」老將更自證其自白之不誤，謂彼本是騎兵將校，若意識的見御者之動作，必能豫料慘事之將起而心懷恐懼。今彼於兒啼之後始有恐懼之情，可證其未嘗意識的知覺，一切不過於事後逆行，以出現於意識耳。

第五節　主觀的時間

　　客觀的時間，其長短久暫有一定。地球繞太陽一週則成一年；地球自轉一次則成一日。其時間極精確，故吾人藉此等記號以識時間，亦極精確且極容易。例如藉晝夜以知日；藉日晷以知時，更進一步則藉鐘與錶以知分秒，且可進而知百分之一秒或千分之一秒也。若離開客觀而專從主觀以測時間，則時間之久暫極不精確，極易錯誤。吾人必借客觀之事實以為時間之符號者，正以客觀的時間精確，而主觀的時間易誤之故。此亦審判上不可不察者也。

　　時間知覺之構成，其元素如何？其組織如何？今姑不具論。時間之中有過去、現在、未來之分，固人人所公認。在哲學家視之，或以為現在不過抽象的事實，其實不可捉摸。蓋將欲來而尚未來者，不得謂之現在；既來者則已入於過去之中，亦不得謂之現在。然在心理學視之，現在非抽象的事實，且亦非極僅之剎那，實含有一定之時間的延長者也。在此時間的延長內之印象，皆為吾人直接所知覺。至於此直接所能知覺之時間的延長，其範圍如何，因外部條件而略有變易，大體言之，約在二秒左右。

　　吾人直接所能知覺之時間不過數秒，過此以往，吾人無從下直接之判斷。如有數目之計算可藉、鐘錶之指示可憑，則憑藉之以下，間接的判斷而已。例如對於一月、一季，吾人無從想像其全體之延長，惟有視之為一名詞。而考其意義，知一季之中實含三月，於是乃知一季久而一月為暫。又如自第一世紀至今日為止之時間，與自第十世紀至今日為止之時間，孰久孰暫，誰能知之。平時以為前者之時間久於後者之時間者，乃藉世紀之數目以為判斷，或藉歷史的事實之多寡，以推知之，非真能直接感其久暫也。

　　吾人精神之中覺有時間之進行者，以意識內容有代謝也。意識之內容猶奔流之水，一方面舊元素徐徐以去，他方面新元素源源而來。各元素變化，其時間係數以相奔逐，新陳代謝靡有底止。其徐徐以去也，則謂之「過去」；其源源而來也，則謂之「未來」。時間知覺既與意識之內容有關係，故離卻意識之內容，不能有時間之知覺。當知覺時間之時，苟有客觀上符號為之補助，則知覺自易正確；若離開客觀上符號而專恃意識內容以為推度之標準，則知覺之正確頗不易得。同此客觀上之時間，因意識內容之多寡而異其久暫矣，更因推度之之時不同，而其所覺之久暫又異。某時間中所含之意識內容變化多端，饒有興味，則經驗當時覺其甚暫。事後追思，覺其甚長。反是某時間內容空無所有，則經驗時覺其久，回憶時覺其暫。例如春日閒游，心曠神怡；耳目所接，變化無窮。一日光陰不覺易暮，而事後追思恍若數日。又如病榻呻吟，無所事事，有度日如年之慨。及病癒回思，病中一月等於平時數日之久而已。由是觀之，經驗當時主觀上時間之久暫，與經驗內容之多寡成反比例；回憶時主觀上時間之久暫，與經驗內容之多寡成正比例。主觀上時間既與意識內容成種種比例，則其所感久暫，自不必與客觀上時間相符合。是故審判上關於時間之陳述，其所述時間之久暫果正確與否，亦不可不研究之問題也。

第三章
知覺之錯誤

第一節　錯覺

知覺為吾人智識之根本，而知覺之中時或不免含有錯誤。八公山上之草木遠望皆兵，此即知覺錯誤之一種也。外界之對象明明為草木，而內界之所知則明明為兵，對象之性質與知覺之性質不相符合，此種錯誤之知覺，心理學上謂之「錯覺」。

錯覺之研究由來甚古，在昔黑拉克立脫史已研究及之。然自來研究錯覺者，不過發現錯覺的事實，至其對於日常生活上之關係，則少注意及之。蓋從前所發現之錯覺影響尚小，其錯誤之結果不甚顯著，故未能引起學者之注意。近數十年來，錯覺之研究益精，發現之事實益多，於是錯覺對於日常生活之關係，遂益為學者所注意。

錯覺之起，有起於精神狀態之異常者，如上述草木皆兵之例，蓋精神亢奮之結果。使靜心而觀之，必能識其為草木也。是故此種錯覺不過於精神異常時偶一有之，非時時如是，更非人人如是也。亦有錯覺起於生理的組織或習慣的判斷，精神雖不異常，而不得不誤。此種錯覺不特本人無術以自正，凡在同一狀態之人，亦莫不經驗此同類之錯覺而不自知，故他人亦少能代正其誤者。

知覺之中，既不免有時偶含錯誤，而錯覺之中又有不易發現之一種。然則人之知覺，豈尚可盡信乎？審判者之不可不注意錯覺，而對於供述者不可不辨別其知覺之正誤，其理不待辨而明矣。

視覺的錯覺　眼中所見之線，其長短如何，吾人對之所下之批評往

往不甚正確。試以垂直之線與水平之線相比，即可以發現視
覺上之錯覺。吾人平時總覺水平之線較短而垂直之線較長，
故見正方之形，視之反若長方形；而平時視作正方形者，
其實反為長方形。蓋人之視物全恃眼球之運動，而眼球之為
物，左右之運動較易，上下之運動較難。易則逸，逸故覺其
短；難則勞，勞故覺其長。

又眼球自某點運移至某點之時，若兩點之
間有種種他物介居其中，足以牽引眼球，則眼
球之運動多遇阻礙，不能一往直前，故運動甚
勞，勞則所行之距離便覺長矣。若兩點之間空
無一物，則眼球運移自由，毫無阻力故逸，逸
則覺其距離短矣。凡此事實皆可以圖證明之。是故遇有長短遠近之供
述，宜審察其知覺當時之情況，距離之間有無他物之介？在其影響於知
覺甚大也。

　　傾斜之物在遠處視之，較在近處知覺時更為傾斜。是故有時遠望屋
頂覺異常傾側，斷不能在其上步行，其實非必真異常傾側也。有時遠望
高山，危崖壁立似斷，非人所能飛越者，其實亦非必不能踰越也。是故
遇有關於物之傾斜之供述，不可不察知覺之人果居於近處抑居於遠處。

　　彎曲之不甚者，吾人往往不覺其彎曲。故深夜入林中者，自謂向前
直行而不知所行之道實有許多彎曲，甚或繞行於一狹小之地，始終未嘗
遠離，而方自以為向前直行也。犯罪者深夜逃入林中，竭力奔竄，自謂

所行已遠，不復有捕獲之虞。及天明視之，與其犯罪地甚近而
瞿然自驚者，往往有之。

　　左圖甲乙與乙丙實係等長，然因其兩端引有直線，覺兩者
相差甚遠。此種現象因何發生，尚未有精確之說明，大抵亦緣
眼球之運物而起者也。

　　吾人判別物之大小，以距離之遠近為斷。設有甲、乙二物
於此，其映於網膜上之像雖同，其大小不有差異。然若吾人知

甲物之所處較遠於乙物，則吾人即於不知不識之間覺甲物大於乙物矣，此亦引起錯覺之一種原因也。又據日常之經驗，凡能明見之物大抵在近處，不能明見之物大抵在遠處。今若以此種經驗及上述之理為推論之基礎，則又足以引起錯覺。例如夜行無燈，星光極微，忽有物出現於眼前。吾人覺其異常高大，驚駭、喘汗、奔竄不遑者，即此種錯覺之結果也。蓋所見之物非必甚大，徒以星光之下視物不甚明瞭，遂誤以為該物所處甚遠。既誤以為遠，又據平日遠物較大之經驗，更誤以為異常高大而驚駭不止。此種推論，其進行異常迅速且不能自行意識，故知覺者無從發現其推理之進行，但有誤謬之結果而已。

觸覺上之錯覺　今試用觸覺器刺激背之中央，觸覺器之兩腳隔若干距離，同時置於背上，是背上被刺之處明明有兩點，而吾人所覺只有一點，不能於被刺之兩點間加以辨別。必距離至 66 密理邁當以上，始能辨其為兩點，是關於背中之空間知覺，66 密理邁當以下乃錯覺可以發生之範圍也。

又試閉兩眼而交錯食指與中指，使食指之近大指之一側居下，而中指之近無名指之一側居上，以一小圓之物夾於其中而轉之，則雖僅一物，而吾人所覺若有兩物。蓋此二指當時與物接觸之兩側，平時於空間上不能同居一處，故亦不能同接一物。今以處於不自然狀態之故，遂至同一物體能同時刺觸其兩側。吾人若不明知其故而加以注意，則猶持平日之見以為判斷，於是兩指所擬之方向各異，遂誤一物為二物矣。

重量感覺上之錯覺　今有綿五斤與鐵五斤於此，同屬五斤，在物理上言之，其重量當然相同。然試以手提之，無論何人，必覺五斤之鐵重於五斤之綿。分量本同而感覺必異，此亦一種之錯覺也。至其所以引起錯覺之故，亦由於推論之誤謬。蓋平時同類之物，其體積大者，其分量隨以重；其體積小者，其分量亦隨以輕。吾人知之既審，遂以物之大小斷物之輕重。今試製圓筒兩個，高低相等、顏色相同，而一大一小，其直徑之差約當三與一之比例，至其分量則衡以天秤，使嚴密相等，無絲毫輕重之異。製就後使人以手取之，必覺小者重而大者輕。雖明知兩者

輕重相等，亦不免有輕重之感。是即吾人拘於體大則重，體小則輕之成見。既舉其大者而生一定之重量、感覺，及見小者必預期其較輕，乃舉之而其重量逾於所期，於是遂誤斷小者重而大者輕矣。是故吾人重量之感覺，於客觀的分量外兼受體積之影響，體積大者縮小其重量；體積小者張大之。綿五斤與鐵五斤分量明明相等，然五斤之綿體積甚大；五斤之鐵體積較小。吾人因受體積之影響，故覺一輕而一重。然此種推理，吾人亦不自覺其進行。吾人所能意識者，其推理之結果耳。

第二節　錯覺與幻覺

以上所述之錯覺，大抵起自感覺機關，亦間有出於推理之結果者。而此種錯覺殆有普遍性，幾於無論何時不能不錯，亦幾於無論何人不能不錯。使不深加考察，且以之為正確之感覺而不知其為錯覺也。然錯覺非僅此一種，亦有錯覺起於精神之異常，不過於當時偶一錯誤而已，非必時時錯誤，亦非人人錯誤。此種錯覺及幻覺之起，因自生理一方面言之，在於腦髓作用之異常，故其程度之深者，非乞專門醫家之鑑定，不易明瞭。

錯覺與幻覺自普通之定義言之，兩者截然不同。錯覺之為用，不過主觀的變易刺激之性質，其所識內容與實物之性質不相符合而已，猶有實物存焉。至於幻覺，則外界並無實物，而視之若有物存在。易辭言之，即幻覺之為用能創造刺激，非徒變易而已，此錯覺、幻覺普通之區別也。是故聞風聲而誤為人聲，是為錯覺；無人在前而誤認有人，萬籟無聲而誤聞有聲，是為幻覺。雖然錯覺、幻覺非可嚴密區別者也，有時外界雖無實物，因生理作用而起一種感覺者，如耳鳴之類，謂之幻覺固可，謂之錯覺亦未嘗不可。又有時以極微之原因引起一種知覺，常人不加深察，以為外界實無物體足以引起此種知覺，遂視之為幻覺者，亦未嘗無之。精神病者大抵多幻覺，然試探其幻覺之起源，其始大抵因精神之異常而生錯覺，及精神愈紛亂，錯覺更進而成幻覺，於是不待外界之

刺激而有實物存在之感矣。例如精神病者中,或迷信有鬼為祟,其初不過誤認身旁之人為鬼,以為害己來耳。其後雖無人在旁,且誤認他種物體以為鬼魅。其極也,卒至無人無物,而鬼之容貌猶歷歷目前,不須臾離。故知錯覺、幻覺特程度之差耳,非有顯然之界限者也。

精神病者,其精神異常,故多錯覺與幻覺。至若普通健康之人,或心身疲罷時;或感情激揚時;或服藥飲酒之後,亦往往有之。而神經銳敏、想像豐富之人,其平素所經歷之幻覺,視常人尤多。試略舉數例:希臘聖人梭格拉底自謂一切智識彷彿得自神靈;宗教改革家路德自謂嘗與惡魔議論近世;哲學始祖笛卡兒久幽見釋,常聞有人呼於後曰:「探究真理,勿撓勿懈。」德國詩聖蓋推嘗見與己容貌同樣之人,自對面而來。

關於常人之錯覺、幻覺,霍布氏嘗舉例若干種如下:(一)有某僧精神疲乏,方執筆有所書,忽見有小兒之頭自肩後出現。某僧擲筆返顧,則一無所見,再執筆則小兒之頭復現;(二)有智識極發達之一人,常眼見無肉之骨格;(三)派司凱爾於受極劇之打擊後,見有火焰之深淵,己身若將墜落其中;(四)有親見大火災之一人,其後常見火焰,歷久始止;(五)多數殺人者於眼前見其被害者之容貌;(六)勇司脫司密禪能見常見之花及幾何的圖形,皆極明瞭;(七)據薄納脫言有一健康之人,能見人、物、花、鳥;(八)有人左耳負傷,此後數星期常見一貓;(九)有八十八歲之老婦並無疾病,每見一切物體,均為花所覆。

錯覺、幻覺於精神異常時自然發生外,亦可以人為之法喚起之。人為之喚起法,莫妙於暗示。暗示之影響固因人而異,非必一致。對於一切暗示務作消極的反應,易言之,即反抗性甚強,務欲反人之所言者,往往而有。然多數之人,大抵對於言語、境遇等所與之暗示一一承受,不挾疑念,甚或對於不合理之事亦多盲從。被暗示性之強弱似與智識之高下頗有關係,智識高者大抵被暗示性較弱,智識低者較強。是故有教育者與無教育者比,無教育者較強;男子與女子比,女子較強;成人與

小兒比，小兒較強。

　　所謂催眠術者，即利用暗示之術也。故被暗示性強者易於催眠，被暗示性弱者不易催眠。無教育者及婦孺輩，其被暗示性較強，故其催眠亦較易。暗示足以引起錯覺與幻覺，於催眠之時最為明瞭。當催眠時，術者施行暗示，被催者即應其暗示而生種種錯覺或幻覺。例如術者取一白紙，以示被催者曰此黑紙也，被催者即見黑紙；或指一犬曰此大貓也，被催者亦即誤認為貓。此種錯覺猶屬催眠未深時之現象，及催眠益深，則術者可以自由喚起種種幻覺，以無為有；以虛為實，催眠術所稱「神游狀態」，其一例也。

　　催眠術藉術者之力以施行暗示，其效易著。然雖無術者，僅有自己之暗示，亦足以引起錯覺或幻覺。西洋有所謂光明體幻影者，取一光明之物體，如鏡子之類，熱心注視其表面，則能於鏡中見種種物體，甚且謂能預見未來之事者。此皆自己暗示之結果，特於暗示之時不及自覺耳。

　　暗示之力不特能左右一人之精神作用，且能同時對於多數之人發揮其勢力以驅策之。試觀暴徒之心理，此理甚明。眾人雲集，無一定之目的，及有人表示一種態度，此態度遂成暗示，發展其影響於四方，於是眾人遂有模仿之傾向。而此傾向復互相影響，使暗示之力益加強大。則眾人咸為此暗示所束縛，不得不隨之以行動。往往有平時甚和平之人，一加入團體，遂亦隨眾人行種種激烈之暴動，此蓋暗示之結果也。暗示影響之大既如此，而其易於引起錯覺或幻覺也又如彼。故暗示之力，不僅能引起一人之錯覺或幻覺，似亦能引起群眾之錯覺或幻覺，使眾人有同一之錯誤，而無一人焉能發現之。由是觀之，雖有多數證人作同一之證言，然其果與事實之真相符合與否，亦未嘗不有懷疑之餘地。

第三節　誤解

　　誤解者，對於某種事物或聞、或見，不及明瞭意識而以自己之觀念

補充之，遂至誤解其意味也。誤解有言語上之誤解與他種誤解，而尤以言語上之誤解為多。

　　言語上誤解實為重要之問題，不特與陳述者及聽供者有關係，其對於錄供者之關係亦未可輕視。習外國語未純熟而聽外國人之談話，固不免多誤解，即在一國之中，如吾國土地之廣，方言之眾，一省之內土音紛歧，甚至有數十種之多者，則因方言而生之誤解，亦斷不能免也。

　　外國語與方言以不能盡解之故，乃生誤解。然能解之言語，亦非必所解適如其所言而毫無誤會。言語上之誤解，其原因有種種，今試舉其顯著者之一種，即聲音抑揚是也。言者若於一句之上或一語之上加以特別之重音，足使聞者起一種誤解。昔者那破崙三世與俾士麥商某事，俾士麥曰：「余個人甚贊成。」其重音在「贊成」二字。那破崙聞之，以俾士麥既贊成，遂實行其所議。乃實行之時，俾士麥大起反對，詰之則猶曰：「余個人甚贊成。」而其重音在「個人」二字，不在「贊成」矣。同此一言，以音調抑揚之故，使聞者生兩種不同之解釋。音調之關係，豈不大哉！又如摩西十誡中「勿為鄰人虛證」，其意固不專指鄰人，實含有對於一切人均不當虛證之意。然若重讀「鄰人」二字，則聞者不免誤認為鄰人以外不妨虛證之意矣。昔者邊沁深知音調之足以誤人，於讀書之際恐為自己音調所誤，以致誤解古人之意，故嘗使音調平勻、無有抑揚之人朗讀，而後聽之。

　　視覺上亦易起誤解。所謂視覺上誤解者，與視覺上之錯覺略異。蓋目中所見並未錯誤，徒以解釋不得其正，致誤會其意義耳。帕特木亞，英國之研究心靈現象者也，喜聞怪異之談。有人若以鬼神之事告，必甚歡迎。某日有婦人報告，謂於某友將死之前二日，曾於鄉間某處白晝見其靈魂。帕特木亞接報告後不敢輕信，及詳細調查，始知婦人之友於未死先二日確曾往某處旅行，故婦人所見者確係某友本人，非友之靈魂也。蓋婦人不知其友有旅行之事，又以為將死之人必不能旅行，故遂誤解為友人之靈魂耳。

　　疲勞之後極易起誤解現象。讀書至深夜，苦思而不得其解者，至翌

晨視之，則係極簡單、極明瞭之事實，此殆常人通有之經驗也。於審問之際，證人疲勞遂至誤解審判者之所問，或辯護人疲勞卒至自陷於矛盾，此種現象在所不免。是故遇證人或辯護人於結論上有顯明之矛盾時，審判者宜自注意審問之時間不已過長否？如審問之時間已久，則矛盾必出於疲勞，無特別研究之價值。又疲勞之結果易生過失，醫者、看護婦、年輕之母，對於病人或子女以疲勞之故而釀成過失罪者，往往有之。工廠之機械監督者，每易演慘酷之事，亦是故也。從事於金錢計算之人，以其所業過於單調，極易疲勞，有時竟以疲勞之極，演出種種可笑之事矣。

第四章
聯想

　　聯想作用之所以見重於審判心理學，非以其能發現觀念存在之條件也，以其能不藉暗示之力使證人追憶往事，而導之為正確之證言也。

　　關於聯想之法則，亞利斯多得別為四類。自是以來，學者大都因襲舊說，未加改革。今之分類雖較為簡單，然猶以亞氏之分類為基礎。亞氏所設之四類如下：

　　（一）類似（有共通性之觀念互相聯合）

　　（二）對比（觀念之性質相反者互相聯合）

　　（三）同時（空間上共存者互相聯合）

　　（四）繼起（時間上繼起者互相聯合）

　　近世英國之聯想學派對於亞氏之分類略加改革，廢第二之「對比」而合第三之「同時」，與第四之「繼起」為一，謂之「接近」。誠以「同時」與「繼起」性質本同，可以合而為一，而「對比」一類又可以「類似」或「接近」解釋之，不必別設一類。是故今之言聯想，大率分「類似」、「接近」二種。然而學者之中有欲以「類似」歸入「接近」者，亦有欲以「接近」歸入「類似」者。理論上之論爭，固極有研究之價值。今無關實用，姑不具論。

　　設有證人對於審判者之所問，不復能憶，不能作明確之回答。而審判者所問者又極重要，不可以不求回答，則大可借聯想之助，引證人以入於能憶之域，追憶既忘之觀念，猶搜求遺失之物件，非徧處搜求則物或難得。是故追憶既忘之事，亦宜由多方面出發，循聯想進行之軌道以求之。一方面失敗，更自他方面進行所可與聯想者，一一喚入心中而

窮追之，則既忘者亦易為所牽引而出也。例如有犯罪事件中之某事，證人不復能憶，則使證人思犯罪之時日，及與犯罪有關係之事實，或更引證人至犯罪之地。聯想方面愈多，則記憶當亦愈易。以上就橫的方面言也，若更就豎的方面言之，亦同是理。如遇有不能憶之事實，若專自此事實之附近事實以聯想之，或不易得，宜由更遠之事實出發，依次推想，則記憶亦必較易。是故證人不能記憶之時，可使證人從遠處著想，將所經驗之事實依次一一喚起於心中，則所欲憶之觀念較易出現。如仍失敗，可更推而遠之。

要而言之，聯想作用之見重於審判心理學，當以能助人想著為重要之點。想著之用，自其發生言之，可分為四類如下：

（一）構成的想著　構成的想著者，藉結合推理、比較試驗等諸作用，以發現正確目的物之謂也。例如有一放火事件而不知犯罪者之為誰，則可使原告遵類似接近等聯想律，聯想其仇家、乞丐及解雇之童僕等觀念，聯想之時或可得他種觀念而有意外之成績。

（二）自發的想著　自發的想著者，言並無特別理由，忽然想及某事也。此種忽然的想著，固亦有出於意識者，然以起於無意識者為多，其起也異常迅速，吾人不能發現其發生之途徑。例如某日聞鈴聲之時，嘗見某人，則日後又聞此鈴聲時，忽然又想及此人，而自不解其何以能聯想也。設所見之人，衣紫色之衣，則聞鈴聲時，或竟想及紫色之花。其聯想之途徑，更非人所能尋究矣。

（三）凝思的想著　凝思的想著者，言注意於一觀念既專且久，則必有他觀念發現與之聯合也。例如途遇一人似曾相識，而不知其姓名、職業與從前相遇之時日及地方。試暫時瞑目而注意於今所得之觀念，則從前相遇之時日及地方等觀念，往往次第出現，終且能想及其姓名與職業也。有智識之證人用此方法，往往能收極大效果，女子比較上不易靜思，故所收效果亦較少於男子。

（四）回顧的想著　回顧的想著者，言逆溯聯想而想著之也。例如有人於此一時不能舉其姓名，但知其渾名為一物體之名，於是先想起某

物而知其渾名，繼復由渾名而想起其真姓名。

自審判上言之，聯想足以助人記憶，固屬最重要之功用，此外亦有裨益審判之處，即足以助審判者發現犯人之罪跡是也。審判者之發現罪跡，固不得專賴乎此，然此亦確為有力之參考。

聯想之際，往往有身體上之表現。例如心中想及蟻穴，皮膚上彷彿有蟻匍匐，情不自安。又如聽皮膚病講義之時，往往自抓皮膚，一若自患皮膚之病，此種事實於刑事審判上極宜注意。例如有傷害罪之被告方，否定自己之犯罪，而以心中想及犯罪事實之故，不免於不知不覺間，行被害者所行之運動。是故關於傷之位置、傷之狀態，被告雖不肯自白，審判者若注意於被告身上某部分，適與被害者受傷之處同處者，往往有所得。

不寧惟是，吾人若應用聯想檢查法，可以知嫌疑者之素性，亦可藉以判斷嫌疑之近於事實與否。蓋聯想之用雖極複雜，而於複雜之中似有一定之原則。今假有甲、乙二觀念同與丙觀念可以聯合，則吾人當念丙時，甲、乙同有被喚起之資格；而時或喚起甲、時或喚起乙，非必常同。據近時研究之結果，思想轉移之法則最顯著者有四種：

（一）吾人觀念聯合之際，常轉移於其所熟習者。是以觀念之繼起，與人之職業、境遇、嗜好等大有關係。例如突然向人提出菊之觀念，則詩人且因菊而思及陶淵明；園丁且因菊而思及灌溉植物；學者且因菊而思及菊之構造；歷史學者且因菊而思及日本皇室之徽章。其職業不同，其繼起之觀念亦因以異。

（二）新得之觀念雖不習熟，亦易為聯想所喚起。例如平時言《莊子》文，必思及其〈逍遙游〉、〈齊物論〉，如昨夜新讀〈馬蹄〉、〈胠篋〉諸篇，則不喚起〈逍遙游〉、〈齊物論〉諸觀念，反喚起〈馬蹄〉、〈胠篋〉諸觀念矣。又如言動物，平時必喚起牛、馬、雞、犬諸觀念，如昨日新游動物園見彪耳兔而奇之，則反喚起彪耳兔之觀念矣。

（三）過去經驗之中，予吾人以激烈之感情者，或予吾人以強大之印象者，易於聯想。故試追念往事，必其所最痛心者及所最得意者首潮

於心，次者次之，又次者又次之。絲毫不帶有感情者，且不能喚起焉。

（四）聯想當時之興趣不同，則其所喚起之觀念亦異。心中愉快時，則所思考惟樂事；心中悲哀時，則所思者惟恨事。雖欲勉思樂事，且甚難也。性之憂鬱者，每觀一事但見其暗黑之方面而遺其光明之方面；性之快活者，又但見希望之一面而遺失敗之一面，亦是理也。

以上四則，足以說明甲、乙觀念繼起之理由。然此特意識作用放任自若時為然耳，即意志作用處於極弱之度，或沉溺空想；或逍遙夢境，此等法則之運行最為顯著。若持有目的加意思辨之時，則與是稍異。蓋是時之精神作用中，注意甚強具有能動之力，以所欲達之目的為中心而選擇與之有關係之觀念，合者留之，不合者去之，然此時之精神作用亦非真能破壞觀念聯合之法則。不過於所可喚起之諸觀念中，能加以選擇作用耳。

觀念聯合之法則既如是，故凡熟知某人之精神狀態者，即可以預知其人繼起之觀念。反之，觀於其人繼起之觀念，亦可以推知其人之性行及最近之經歷。蓋人之境遇、嗜好、經歷各有不同，而繼起觀念之如何，又各依其人之境遇、嗜好、經歷以有異同。當從容不迫之時，固可於所可喚起之觀念中加之選擇，不以真面目示人。若限以時刻，無使有從容選擇之暇，則其所喚起者，不能不依觀念聯合之法則，羣趨於其日常所思念或新近所經歷之觀念而莫能自隱。今設有嫌疑犯於此應用聯想實驗，初時以無關緊要之觀念為刺激，使嫌疑犯反應之。繼於刺激之中，忽加入有關性情之觀念，則觀於嫌疑犯所聯想者，可以推知其素性。蓋日常所思念者，易於聯想也。又若於刺激之中加入有關該犯罪事實之觀念，則觀於嫌疑犯所聯想者，可以判斷其嫌疑之程度而作審判之參考。蓋新近所經歷且帶有激烈之感情者，亦易於聯想也。

第五章
記憶

第一節　記憶之本質及等差

記憶之重要，殆與知覺相等。證人肯吐露真意與否，是為別一問題。證人能否供述真相則與知覺記憶大有關係，故記憶作用，不可不詳焉。

昔者柏拉圖有言，記憶者，猶蠟上所印之痕跡也。印象之性質及繼續，與蠟之大小、精粗、堅柔有關係。後世學者關於記憶作用，亦有種種之說明及譬喻，今不遑備述。由今觀之，吾人得一經驗，神經系統中即起一活動經驗，既屢則活動遂成習慣。生理上神經活動有一定之途徑，心理上謂之觀念之保存；生理上神經活動遵此途徑以進行，心理上謂之觀念之再生。故記憶作用中，必含有保存與再生二作用。不有保存，無由再生。徒有保存而不有再生觀念，始終不得入於意識範圍內，亦不得為記憶。

再生時之觀念謂之「記憶觀念」或「再生觀念」，以別於知覺當時之觀念。「記憶觀念」出自知覺，所以代表外物於吾心。故自理想上言之，「記憶觀念」之性質不可不與知覺相符合，亦不可不與外物相符合。雖然徵之實際知覺作用，本不完全，不能平等。知覺外物一切之性質出自知覺之「記憶觀念」，更變本加厲，與外物相去益遠，不過大體尚是，故猶有代表之價值耳。蓋人之精神常與外界相接觸，故新經驗之增加無時蔑有，新得經驗於神經系統中新造途徑，則舊經驗所遺之傾向，不免漸就衰弱或變易，而與他傾向相混淆。

　　觀念再生之際，心中不可別有障礙之作用。一有障礙作用，則雖屬尋常之事，亦將無從記憶。例如學生應試心懷恐懼，則握管作答時，曩所明白記憶者，至是悉遺忘無餘。蓋恐懼之情為之阻，所欲憶之觀念莫從現也。是故驅逐障礙之作用，為記憶時不可忽視之條件。

　　記憶觀念雖出自知覺，然再生時之觀念，其強度、明度大抵較實際知覺時稍弱，固亦間有與實際知覺時相等者，然非通常之事實也。試追念往事，能歷歷目前，與經驗當時無異者，蓋甚寡也。洛哲有言，眩目之光線與震耳之聲音，當記憶之時，其強度必大減於經驗當時。木茲來亦言，痛覺之記憶必不能存，蓋因痛覺而引起之神經攪亂早經消滅故也。凡此諸說，皆足以說明記憶時強度、明度之減退。是故假有人焉初習泅水，由岸上躍入水中；或初學乘馬，其馬飛越短牆；或初入戰場，彈丸掠耳而過。在經驗當時，其恐怖之情必有不可言喻者。及事後追，惟猶不免毛骨悚然，然斷不及經驗當時之甚。此種事實於審判上極為重要，無論何人，當供述負傷之痛處或放火之恐慌，其所供必不能充分代表當時之實況，非無適當之言語以表之也，實緣對於當時之印象不復有充分之記憶也。職司審判者，於此種事實均宜注意，似未可以供述之輕描淡寫，遂視當時事實為不甚重大。又明度、強度之減退，與時日之久暫大有關係。為時愈久，則其減退愈多。故若遇有不快樂之事實經過未久即行陳述，則其所能憶者，必詳於日久後之追思。今假有證人陳述一過去未久之事實，審判者聞之，徵於己身數年前同樣之經驗，覺其所言之過於誇張而斥其為虛妄，是則非必虛妄，恐不過審判者已身之記憶不明因以誤會耳。

　　記憶觀念之種類因人而大異，蓋雖同一事物，人之觀察點不同，則其所得觀念亦隨以異。是故往往有同伴旅行之人，及歸家之後各述其所經歷，其所言內容甚不相同。甲所詳者，在乙或不甚詳盡；乙所憶者，在甲或早經遺忘。是故對於一人可以為法則者，在他人或不過例外，此事實之常有者也。

　　人之記憶不特有所偏而已，且往往有所偏之方面，記憶異常發達；

而其所不偏之方面，記憶異常惡劣者。易言之，即發達於一方面之記憶，往往犧牲他方面之記憶也。葛洛史謂數目之記憶與姓名之記憶往往互相衝突。葛洛史之父對於姓名之記憶異常薄弱，竟至欲呼其子而不能舉其名。然對於數目之記憶則異常發達，有興味之事實，固能記憶；即極無興味且為偶然所見者，亦能記憶。某處之人口幾何，彼能歷歷言之；某地之某種出產幾何，彼亦能詳細言之。此種偏頗之發達並非稀有之事，而於實際上有極應重視之價值。蓋不知此理者或睹於其人一方面之發達，而疑其他方面之不能記憶為偽；或睹於其人一方面之不發達，而斥其他方面之詳細敘述為妄，是皆非公平之論斷也。關於此種偏頗之發達，許盤脫及特洛別許二氏皆舉有實例，今不及備載。

精神作用之低下者，即所謂痴呆者。其全體精神作用既不發達，則其記憶作用自亦不能發達，雖然未可以一概論也。孚爾克麻嘗謂低能之人，關於某種特別事實有可驚之記憶力，此非孚爾克麻一人之私言，有許多學者證明之。屠保德言奧國阿耳泊山中多低能之人，其智識極低，幾於不能自保其生活。然低能者之中，有關於某種特別事實之記憶力異常發達者，有人能列舉加特力教聖者之歷史與其年代；有人能周知遠近田地之境界及其所有者之姓名；有人能於大羊群之中一一辨別某羊屬於某人。特洛別許亦舉一例，謂有一兒童，其精神作用異常低下，竟至不能操整齊之語言。後經某夫人竭力陶冶，居然能讀。及能讀之後，無論為何物，雖草草讀過，而一經寓目即已牢記在心，背誦如流，未嘗有一字錯誤。

據日常之經驗，低能者確有優秀之記憶力與精確之再生。是故常人所不詳知，或已全體遺忘，而低能者或能明瞭、記憶之。然則關於重要之事實，有時常人不能作詳細、精密之陳述，而低能者反能之，似未可以以其低能而蔑視之也。惟低能者過於分裂，事實不能前後貫徹，不能有有效之解釋。若使之為放槍殺人之證人，其所知者或不過放槍一事而已。其前後之事實，初未嘗注意，此則低能者證人危險之點也。

第二節　記憶之錯誤

記憶觀念出自知覺，而知覺作用本不完全。有物居於吾前，吾但能知其大體之性質而已。其詳細之點，本非吾人所及知。即就吾人所及知者而言，以受同化推理等作用之影響，所知者與被知者亦未必能完全符合。知覺作用既錯誤，出自知覺作用之記憶作用，當然承受此錯誤而不克自正。記憶作用不僅承受知覺作用之錯誤而已，且亦自起錯誤。蓋知覺所得之觀念，雖不錯誤，然當其保存於精神之中，飽受精神上之風波，自亦不得不變換其形相或喪失其固有之若干元素，而與事實相違；或與他觀念之元素相結合，成張冠李戴之狀，而外界並無事實與之相應。要而言之，知覺既易錯誤，記憶復易錯誤，錯誤復錯誤，實有不可盡信之處，即使知覺盡真，記憶亦非可盡信者。

由是觀之，當吾人追憶既往事實之時，或張冠李戴，以彼為此；或顛倒時日，以後為先。此種錯誤，實際上恐不易免也。例如某日以某事告我者，實為某甲，而某甲與某乙同為我友，同為可以知某事之人，於是吾人日後追憶之時，或不免誤某甲為某乙矣。又如某甲被害之翌日，某乙以某黨謀害某甲之情形告我。若我於後日追思之時，誤以某乙之告在先，而某甲之被害在後，則某乙共謀之嫌疑，不免因我之誤憶而益深矣。

吾人對於初次經驗之事實，有時誤以為曾經經驗而帶有親密之感情。此種誤憶之原因，固不一端，大抵對於習熟之事情；或突然而起之事情；或心中所期望之事情，易生誤憶之現象。利喜登柏格嘗自稱，對於從未經驗之事實，初次見聞而異常親熟，疑此生之先，已身曾一度生於此世。易森謂遇有突然而起之事情，往往有曾經經驗之感，此感一變，於是遂自覺能預言未來之事矣。薩雷曰活潑之兒童聞人談故事，往往自信曾見此事。不特兒童為然，成人之記憶亦有此種誤謬。又兒童心中懷一希望時，此種現象更屬常有。

亦有與上述之事實正相反對者，即曾經經驗之事情，事後已悉數遺

忘，或僅存於無意識之中，而他日見之以為初次之經驗，其先未嘗經驗焉。凡經驗之時未加注意者，當然不能入於意識範圍之內，但能存於無意識之中耳。故他日再經驗之時，在意識一方面言之，自不能有曾經經驗之感；亦有事實雖曾經注意、雖曾入意識範圍之內，徒以經驗之時日已久，經驗之次數又少，或經驗當時未嘗帶有激烈之情調，遂至在意識範圍內已全數喪失。後雖再經驗同一之事實，已不能復辨其為當年之舊事實矣。

亦有耳聞目睹之事實，或讀書所得之事實，及事後追思，但憶事實之內容而忘經驗之時日與經驗之所自來，則不免有誤。耳聞為目睹，或誤讀書所得為目睹之事矣。有時夜寐得夢，極為明瞭，數十日之後，但憶夢境之內容而不復憶其得自夢境，則不免誤為醒時所得而視同普通之經驗矣。

以上所述種種錯誤，無論其為精神健全者或不健全者，亦無論其為精神銳敏者或遲鈍者，皆所不免。惟於精神身體疲勞之時，則此種錯誤更易起耳。葛洛史嘗舉其已身所親歷之錯誤。當 1878 年瀑斯尼亞之戰，葛氏頗有是種經驗，而大抵起於飯後心身極疲之時，身入異域，一切情境均生平所未嘗見聞，然而葛氏雖初次經驗，一若為其生平所習見，有他遇故知之慨。一日葛氏奉命攻入一土耳其人所佔據之村，初入異國人之村，一切風物與本國迥殊。在理應有種種奇異之感想，而葛氏是日疲困已極，入異國人之村毫無奇異之感想，一若還其故鄉也。

第三節　記憶之病的現象

記憶作用有極奇妙之病的現象，大凡吾人日常所經驗之事實，或雖屬細事而經驗極新，距今不過數十分者；或經驗雖舊而對於吾生有極大關係者，皆不易遺忘。至於精神異常，則在尋常狀態所必不能忘之事實，有時亦悉數遺忘，不復能憶。而此種遺忘，有暫時的，亦有永久的。葛洛史有友某君游山中，頭上受一極重打擊，遂忘卻被擊前數分間

所經歷之事實。

　　此種變態現象於審判上極為重要。吾人若不於心理學上預知有此事實，則供述者雖自陳受傷前數分間之記憶已全數消滅，吾人必不信之而疑其有意隱匿也。此種現象之起，其條件頗不一致。有目前驟見極強之光而忘其數分前之經驗者；有中碳酸瓦斯之毒而忘者；有受重傷而忘者。1893年，勃羅喃之二子被殺，妻與女僕亦受重創。其妻因傷重之故，一時昏絕，其後雖恢復意識，且亦自知家中慘禍，而對於預審之法官，不能舉凶手之名以告。及預審法官作報告既竟，囑其署名乃勃羅喃夫人，不署馬太勃羅喃之名，而署馬太格登柏格。法官見之深以為異，遂就格登柏格之姓細加詢問，始知格登柏格者乃女僕從前情夫之姓也。發牒逮捕格登柏格，自承為殺人之真犯。勃羅喃夫人當精神未復元之時，不過無意識的書格登柏格之姓而已，初未嘗能明言格登柏格為犯人也，及痊癒之後，則記憶完全恢復，格登柏格加害之情形能悉記而詳道之。

　　以上之例所遺忘者，乃受傷前數分間之經驗，亦有不忘受傷前直接之經驗，而溯及既往遺忘舊經驗中之某事者。如迦本端書中所舉之例，有某外科醫自馬顛墜，一時昏絕，及其甦也，遂忘其妻子，而其他記憶則依然如故，未嘗喪失。更有自受傷之時起溯及數年以前，其間相繼續之記憶全部喪失者。如迦本端言有某婦難產，痛苦萬端致喪失意識。一星期後，意識狀態始行回復。回復之後，不但難產之事未能記憶，即昔年結婚之事亦復遺忘無餘。當時以二十七歲之婦，其精神狀態乃返處十六、七歲之時，其十年間之經驗竟煙消霧滅，不復稍留痕跡也。

　　上述二例所遺忘者，猶不過經驗之一部。其尤甚者，則一生所歷之經驗全部喪失，靡有孑遺，其精神狀態遂返於嬰兒之初，哈那之疾即其例也。哈那為大學畢業生，執業於教堂為牧師。某日赴鄉說教，歸途顛墜傷其腦，遂致昏絕而喪失其意識。其後意識作用雖恢復，而平生所儲之記憶則全部滅亡。不特大學中所受之高等智識不復能憶，並極簡單之字母亦不能識，日常所操之國語亦不能道。故病癒之後，身體雖為成

人，而精神則等於嬰兒，不得不重受一番教育，且亦不得不從小學教育第一步始。

上述之病的現象，皆不應遺忘而終於遺忘之例也。亦有與是相反者，在理應不能記憶之事實而以精神異常之故，突然出現於意識之中，印象甚為鮮明。此不應記憶而記憶之現象，亦記憶變態之一種也。

迦本端書中舉有一例，乃不應記憶而記憶之好例也。有德意志少婦本未受高深教育，亦不知古代文字。而某日失神之際，胡言亂語，人不能解。細辨之乃拉丁語、希臘語、希伯來語也，聞者咸大驚異。及細考少婦身世，始知少婦幼時曾寄寓某僧家，病時所誦即當年某僧所誦之句也。少婦清醒之時並不能記憶此種文句，而於失神時則能背誦無誤。又葛洛史書中所舉，某愚僕亦足為此種現象之好例。某愚僕性本愚鈍，與人應答或所答非所問，或措辭甚不明瞭，不能使人理解。而某時身罹熱病，精神異常，與主人語辭極流暢，意極明晰。主人大驚，以為其痴病已癒，已成幹練之材，決擬俟其病癒後任為書記。詎知熱病一退，而其流暢明晰幹練之精神亦隨以消滅，又痴呆遲鈍如昔日矣。如上二例所述，發熱失神之際能憶尋常所不能憶，則審判上就重傷者、熱病者有所調查時，雖不必有如上例所述顯著之事情，然亦不可不深加注意也。葛洛史言發熱或負傷之被害者關於犯罪之事實，較病癒後能為更正確之陳述者，往往有之。

以上所述，為精神異常時自然而起之記憶變態也。此外，亦可以人為之法喚起此種現象。所謂人為之法者，即催眠術是也。應用催眠術而使忘其所不應忘者，其例尚少。反之，使被催眠者想起其不應記憶者，其例甚多。假有人焉，於某日途遇某友，友之言語舉動及衣服鞋帽，凡足以引其注意者，當然為其人所記憶。至於細微之點，不足以引其注意者，必非其人所能憶，此徵之吾人日常之經驗可以斷言者也。今試催眠其人而問之，雖極微之舉動、極細之事情，亦往往能詳答焉。又如常人幼時之經驗中，與其一生無重要之關係者，年代既遠必不能憶。然在尋常精神狀態雖不能憶，試引之入於催眠狀態，則又往往能喚起其無重要

關係之幼時經驗也。由是觀之，吾人在尋常狀態所不能記憶者，似可藉催眠術以喚起之。近時弗洛以特派之治精神病亦應用是法。蓋弗洛以特謂精神病之起，必有觀念為之，梗能除而去之，則病自癒。病者在尋常狀態或不能自知此觀念，則可施催眠術以發現之。

第六章
感情及意志

第一節　感情

　　感情一語有狹義、廣義之別。自狹義言之，感情乃精神元素之一種，所以代表主觀的方面，而僅有快樂與不快樂之兩性質者也。自廣義言之，則凡以單純感情為主要元素者，皆得稱為感情。茲姑從廣義之說，不加細別。

　　感情作用雖以單純感情為主要之元素，然亦含有智的元素，故感情之進化與智識之進化相並行。例如見貧民凍餒，無告而不禁同情者，以吾人由直接所知覺者，聯合種種觀念推得其慘痛故也。使吾人而不知凍餒之可痛，則同情亦莫由起。是故智識不發達者，感情亦必較為遲鈍。孩提之童臨深淵而不懼；愚暗之民履危境而不知，使他日智識增進，亦未有不惕然震悸而追幸昔日之未遇災害也。是故聞人之自述其感情者，不可不以其人之智識程度對照之。

　　喜則顏開，愁則蹙額；樂極則舞，悲極則啼。情積於中，必發於外，非強加抑制，不易掩飾。古人以喜怒不形於色為難能，非虛言也。顏開蹙額，所以表露心中之感情，故曰「表出作用」，亦曰「表情」。「表情」存於呼吸、血液循環、筋肉之伸縮等，而以容貌及聲音為最著。「表情」之作用。古之學者已有研究及之者，及近時而「表情」所以成立之理由漸能明顯。研究表出運動之起源，而最著名者有達爾文與馮德兩家。茲略述其意如下：

　　達爾文比較人、獸之表情，創設三原則以解釋之：

　　（一）有益的聯合習慣之原則　此言感情之表出於現時之作用上，雖無實益，顧此種表出運動，對於他種精神狀態，嘗有直接、間接之利益，後此藉習慣與聯想之力，凡遇類似之精神狀態，雖無實益，亦不期而作同一之表出運動也。例如人當反對他人議論之時，往往閉其目而搖其首，一若不欲見此物而意存驅逐者。當贊成之時，則點其頭而張其目，一若欲明睹此物者。又如人當追憶既往之事，往往張目直視。此緣知覺時，非張目不足以明辨，遂相聯而於記憶時，亦作此態也。

　　（二）反對聯合之原則　此亦言表出之運動本非生存上不可缺之作用，徒以其反對之感情有某種之表出運動，遂引其相反之運動以為其表出之形式耳。例如犬遇主人，必俯其身、搖其尾。此緣遇敵之時有昂尾闊步藉以示威，兼備攻擊之必要。而遇主人時之感情，與敵愾之心適相反，故遂引其反對之運動以作歡娛之表出。

　　（三）神經構造相應運動之原則　此言表出之運動起於神經系統之構造，與意志固無涉，與習慣亦無甚關係，以神經力興奮過度或過被抑阻乃發而為此耳。例如恐懼之時，身體戰慄；羞恥之時，面赤耳紅。此皆神經構造上必至之事實，非有他故也。

　　馮德亦設三原則以說明感情之表出：

　　（一）神經亢奮直接所生變化之原則　此言表出之運動直接生於運動神經之亢奮，申言之，即內部勢力表現於外部之謂也。羞則面赤，恐則失色。又若哭泣則成聲，皆是類也。

　　（二）類似感情聯合之原則　此言表出之運動本無實際上之必要，不過因聯想類似之感情，遂與之作同樣之表出耳。例如不快之際，常作食苦味時之容貌；快樂之際，作食甘味時之容貌，即其例也。

　　（三）感覺心像運動關係之原則　此言表出之運動指示其所懷觀念之意味。例如呼人之時，以手為招；言天則上指，言地則下指，皆此原則之例也。屬於此原則之表示，其範圍甚廣。

第二節　意志

　　吾人有所知覺或有所記憶時而心懷不安，則欲於心中引起一變化以驅除此不安之情。因不安之故，欲於心中引起變化者曰「動機」。動機引起變化之結果，使不安之情易而為滿足之情，此全體之精神作用曰「意志」。動機之中含有兩種元素：一為觀念的元素；一為感情的元素。例如貓之捕鼠，鼠之觀念乃其觀念的元素；飢餓之苦痛或種族的惡感，則其感情的元素也。

　　心有所志則發為運動，而意志作用以動機為基礎，故身體上之運動大抵出於動機。然實際生活中無動機而發生運動者，亦未嘗無之，如反射運動是也。反射運動者對於外界刺激作無意識的反應，不知有刺激，亦不知有反應，但於運動之後始自覺其運動耳。反射運動雖屬無意識而極有益於人生，是蓋長時期進化之結果也。

　　以動機之形式為標準意志作用，可分為三類：（一）意識之中，僅有一個動機用以規定意者，曰「衝動作用」；（二）意識之中，同時有數個動機，而其一最強，足以壓倒一切而規定意志者，曰「有意作用」；（三）數個動機並存於心，而其勢力之強約略相等，於是互相爭雄，其中一動機卒戰勝他動機而規定意志者，曰「選擇作用」。「衝動作用」別無可以制止其動機者，其動機一現即成意志而發為運動，故有為外物所左右，不能自主之感。動物之動作，大率屬是。見食物則趨而食之，初未嘗有利害之見也。「有意作用」與「選擇作用」因有數個動機，各欲規定意志以表現於運動，其決定較複雜，故有我自為政，不受外物束縛之感。

　　當精神作用未甚發達之時，動物之經驗隨得隨失，不能藉記憶以指揮其行動。故對於當時之刺激，但以一個動機反應，不有動機之競爭。其後精神作用遂逐漸發達，過去之經驗能留其結果以成記憶，於是對於當時之刺激，有若干動機同時並現以相牽制，是故精神作用發達之結果，本是極簡單之「衝動作用」，遂一變而為複雜之「有意作用」。「衝

動作用」雖於運動之際自覺其動機，於運動之後自覺其結果，然當未運動之先，結果如何不能有明瞭之預知。「有意作用」時有動機之競爭，身體上運動不能即時發現，經時較久，故從前運動結果之記憶觀念亦出現於心，於運動未起之先，已明示運動結果之如何矣。能預知結果而比較其利害，誠意志作用之大進步也。「衝動作用」發達為「有意作用」，「有意作用」發達為「選擇作用」，自簡單以至於複雜，故此種發達曰「前進的發達」。

意志作用之發達，又有與上述相反之方向。「有意作用」、「選擇作用」等，初時須努力而後得發為運動者，其後反覆既久，則努力漸減，遂一變而為「衝動作用」。既經退為衝動之運動，使益加練習，則雖無意識之參與，一遇外界刺激，即能發為運動而成無意識的、機械的反射運動。「選擇作用」退為「有意作用」，「有意作用」退為「衝動作用」，「衝動作用」退為反射運動，自複雜退為簡單，故曰「後退的發達」。

學者之中，往往有以意志自由為責任之前提者。然意志自由與否，實哲學上之大問題也。或謂意志絕對自由，不受一切法則之束縛；或謂意志亦遵因果之法則，與物質同。哲學問題姑不具論，若以自由作審察、揀選之意解，則意志固自由也。吾儕常人，當行動時常有行動自由之感。吾欲讀書則讀書、欲學畫則學畫，俄而拋書倦臥則倦臥、輟畫閒行則閒行。行動自由，莫能吾阻，亦莫能吾強也。

當意志作用健全時，動機之起也，吾固能察其當否而揀選之，審其不可而禁止之。及一旦精神有病，則失其揀選禁止之能力，而不克自制矣。放火狂者之放火、殺人狂者之殺人，非有惡意也，不獲已也。世之作奸犯罪，其原於道義觀念之薄弱者固多，而以生理異常、意志失用、無可奈何而為惡者，為數亦不少也。此種精神病者，無揀選禁止之自由，迫於一種之強制，心或明知其非而仍不能自已。所謂強迫觀念者，其一例也。患強迫觀念之人，例如心中忽生一兩手不潔之觀念，自視固潔也，而仍不能已，於一洗而再洗，明知故犯，其情甚可哀也。

意志作用之有病的現象，不獨於精神病者為然，即常人之有健全精神者，驅於一時之感情而失其揀選禁止之能力者，亦往往有之。

第三節　氣質

人心不同，各如其面，故各人有各人之個性，不能互相一致。至於個性之所由生，其原因有二：其一為先天的原因；其他為後天的原因。先天的原因者，祖先父母之所遺傳，生理之所規定，得之於有生之初，而不易移易者也。後天的原因者，出於社會影響與教育之感化，濡染較淺，故易以意志作用改變者也。出於先天的原因者曰「氣質」，出於後天的原因者曰「品性」。今但述「氣質」之大要：

昔人嘗因身體中所貯某物質之多寡肥瘠，分氣質為四類：一曰「多血質」；二曰「膽汁質」；三曰「神精質」；四曰「黏液質」。自現時之生理學觀之，此四分法之生理的根據，殊屬誤謬，故其所立名稱亦非允當。惟人之氣質千差萬別，欲彙而列之於若干類之中，本非易事。而古人所立氣質之種類，雖不合現時之生理學說，然其所言區別，似亦嘗就實際上之事實施以精細之觀察而後得，非徒架空之臆說也。後世言氣質之學者，大抵以此四種為基礎，不能出其範圍，故此四分法雖不完善，猶為今日學者所沿用。

（一）多血質　多血質之人，即所謂才子派是也。秉性活潑、舉動敏捷乃其長處。然無忍耐之力，稍久即弛，是故極其弊也，則輕舉妄動而無毅力。

（二）膽汁質　具此質者，能堅忍不拔，歷久不渝。一旦決心所欲行之事，必行之而後已。其思想健全、其行事審慎乃其長處。然此種人大抵剛愎自用、傲慢不恭，則又其短處也。古來所謂豪傑之士，大抵屬此。

（三）神經質　神經質之人，工愁善病、歌哭纏綿，感情少變化，行事乏決斷。然智力秀逸、想像豐富，則又非他種所可及，騷人墨客大

抵屬是。

（四）黏液質　黏液之人，不易為感情所激動，亦少感情之變化。故舉止安閑，能審察利害而後行，其弊在卑屈而無敢為之氣。

以上所述，不過就四種氣質各舉其重要之異點而言，未嘗確立分類之標準，非科學上精密之分類也。近時恩仁好司欲對此四種氣質確立標準。茲揭其分類之表如下：

氣質	感情之興奮性	感情之變化	感情之強弱	感情之動機力
多血質	多	易	弱	少
				多
神經質	少	難	強	少
				多
膽汁質	多	易	強	少
				多
黏液質	少	難	弱	少
				多

此四種氣質，不過大體上之分類，非謂舉世之人，可一一分屬此四類而無間然者也。蓋有不專屬於一氣質而跨屬於兩氣質者；同為跨屬，其所跨之度，又有多寡之不齊；即同屬一氣質，其所秉之厚薄又人各不同。不寧惟是同一人也，亦每因其年齡之增加而略變其氣質。大抵少年之時，血氣未定，近多血質或神經質；及壯閱歷漸深，近膽汁質；逮老血氣既衰，則近黏液質矣。

男女氣質之差異，固不可以一概論。試就其大體言之，則男子略近於膽汁質，而女子較近於神經質。

第七章
男女老幼之差異

第一節　婦女

　　從事心理的考察之審判者，對於婦女之審判，其殆最困難職務之一種乎！婦女與男子肉體上、精神上皆大不同。當審判男子之時，被審者與審者，雖生活、教育、道德各不相同，審者尚可設身處地以體察被審者。若被審者而為女子，則雖欲設身處地，恐有未能。女子當未成人之前，分化未顯，與男兒尚甚相似，故審者尚可回憶少年時代之自己以為比較。及成年之後，男子與女子迥不相同，頗難發現其一致之點。是故在判斷男子為正者，即以其道判斷女子，未必正也。而常人對於女子之行為或供述，純以對待男子之標準為標準，得非誤乎？

　　自古以來批評女子者，大抵謂為無價值之人。吾中國之重男輕女，固無論已，歐洲古代亦復如是。希臘之昔卜克拉底及亞利斯多得謂女子為半人，詩人荷馬亦蔑視女子。古代羅馬以女子為昏迷的、怪物的、不調和的。又如回教亦輕視女子，至謂女子不得入天堂。土耳其之法典有云，女子二人之證言，僅有男子一人證言之價值。此種偏見盛行於東西各國，由今觀之，殊非確論。男女僅有性質上之差異，非有價值之差異。雖女子因受從古以來之壓迫，未能充分發展其才能，遂至有不及男子之處，然未可因此便蔑視其價值也。

　　男女之性質不同，固為極明確之事實。至其差異何在，欲為之立明確之規則，則異常困難。近世學者，雖有比較男女之性格而為之立一般的差異者，然其所說往往僅有特殊的價值，而不能有普遍的價值，未足

令人滿意也。茲略舉數家之說，以備參考：

男子之性質	女子之性質	立論者之名
自立性	受容性	婆爾達哈、培爾朵爾脫
能動性	所動性	唐勃、鳥立基、哈葛曼
誘導性	模仿性	須拉安麻黑
勇氣	感受銳敏性	勃納凱
意識的活動	無意識的活動	哈德曼

　　東西俚諺往往有表示男女之特性者，然俚諺之為物，未嘗經嚴確之證明，故其所說往往偏而不全。西諺有云：「男子對於美女赦免一切，女子則否。」對於女子之犯罪，男子務取溫和之態度，女子則取嚴格之態度。若即此一事觀之，是男子之性情親切溫順，而女子適與之相反。雖然此豈可作一概之論，若男女易地，則女子對於美男子亦赦免一切，而男子則否矣。此蓋嫉妒之情，有以阻其同情也。又如諺云：「多情女子負心漢。」此種俚諺固亦有時與事實相合，若便因此斷定「女子必多情，男子必負心」以為一般之原則，則又不可。蓋男子雖多薄倖，而「水性楊花」又為一般批評女子之形容詞。俚諺雖不足盡信，然亦有足為吾人之參考者。如西諺云：「被禁之地，女子注意甚深，男子則甚敏捷。」此言於一定狀態兩者所有之差異，審判上未嘗不可引為參考。例如遇一犯罪事件，而未知其犯人為誰。設犯罪事件有注意極深之形跡，則可推測其犯人或為女子；設有敏捷之形跡，則可推測其或為男子。然此種區別斷不可引為原則，蓋女子亦有甚敏捷，而男子亦有甚謹慎故也。

　　保爾論男女之區別曰：「女子不能同時兼愛其子女與天下，男子能之。」又曰：「男子愛概念，女子愛外觀。」此種議論均未必有普遍之價值。葛拉勃曰：「男子以天下為己心，女子以己心為天下。」此種議論過於寬泛，恐無裨於實際耳。

　　霍尋幹曰：「女子多再生的想像力而缺乏創造的想像力。」此言頗足以代表事實，於犯罪事實與證人之證言上，皆可以發現之。然若必視

為一無例外之原則，恐又未可。

男女之智識有同一之根據，為同一之法則所支配。然其所含之意味，則頗有不能一致之點。蓋女子之身體、境遇、職業與男子異，故智識上亦受其影響也。男女之知覺無甚區別，至其理解之作用則頗有不同。儻有男子十人所一致贊同之事實，而為一女子所反對者，此種差異出自天稟，非人為之力也。女子之理解大抵正確而良善，當理解境遇、態度或特別關係時，即於錯綜之材料加以抽象或說明時，女子往往勝於男子。然女子之理解方法全屬本能，而行於無意識之中。

女子之認識往往缺乏客觀性。蓋女子好於人格之內思維，而以人格的同情理解對象。例如對於有興味之事實，則認識極為精細；對於無趣味之事實，則漠不關心。又如關於人之爭論，其所愛者則極力為之辯護，其所惡者則極力毀之。此種傾向，女子甚於男子，故對於女子之證言極宜警戒，宜先知其對於此事心中所取之態度，然後始可對於所證之事實下判斷。

身體與精神有異常密切之關係，故身體有變動，精神亦往往隨以變動。此心理學家之所公認，無待贅論者也。女子之生理作用有與男子異者，且有男子所不能具之生理作用，女子之精神受此影響，往往有特異之狀態，不可不察焉。

月經為女子特有之物，在男子生活中，無有與之可以比並之事實。而月經對於精神之影響極為重大，實出吾人想像之外。當月經來時，往往有精神生活呈激烈之變化，與平時大異者。是故關於犯罪與證言，不可不一研究有無受月經之影響。

關於月經所最宜注意者，實為月經之初期。少年女子，當月經初來之時，性情溫和而婉順，然傾於情慾易於惑溺，實一危險之時期也，故不免有為人犧牲而召大害之虞。又當此時期，困倦、惑溺互為結合，遂至精神亢奮而多妄想，呈異常之狀態，此為最宜注意之點。蓋不真確之思想、虛妄之證言，皆由是生焉。裁判者往往見少女之溫和婉順，不虞其有詐，殊不知其詐偽，或更甚於人也。

　　此種傾向不獨少女為然，成年之婦女亦有之。封拉亨拔哈曰：「月經之時，感覺分外銳敏，反應分外活潑。」觀察作用感情的而亢奮的，有能細微認識之傾向；感覺過敏之現象，於病時亦有之。例如將感冒之際，嗅覺分外銳敏；又如頭痛之際，聽覺分外銳敏，為種種平時所不能聞之音所擾而不得安寧。女子當月經來時，感覺較為銳敏，平時所不能見、不能聞、不能嗅者，至是亦能見之、聞之、嗅之。而諸感覺之中，尤以皮膚上之觸覺為更甚。有此事實，故女子之為證人、被害者或被告者，莫不受此事之影響。葛洛史嘗舉一事實曰：「有一極溫和之市民，其妻訴其虐待。而據該市民之聲辯，則其妻本甚婉順，惟當月經來時，彷彿有惡鬼佔據。其精神好與人爭，而自謂受人之侮辱。」是故對於女子之審問，不宜恰在犯罪或受辱之四星期後，庶可以少免月經之影響。朗勃洛索曰：「月經來時，有憤怒及虛言之傾向。虛言之起，非別有動機，正以月經時精神異常故耳。」

　　據屠叔爾之調查，巴黎之貴婦人在商鋪行竊三十六件之中，有三十五件係月經時之女子所犯，又有十件係月經初期之女子所犯。此種事實，曾為許多學者所研究。要之，女子當月經來時，易為外物所引誘，而對於自己之行為，缺乏抵抗之力。故一見金珠、珍異之物，即為所引誘，而慾望一起又無自制之力，遂發而為盜竊之行為。對於盜竊之行為不能自制者，對於他種行為亦不易自制。故當月經來時，女子易有種種可怖之犯罪。雖平時理性極發達之婦人，亦往往有不合理之行為，其甚者或至於犯殺人之重罪。

　　對於女子之懷孕，亦宜深加注意。懷孕對於精神上之影響異常重大，此為一般所習知。故關於孕婦之犯罪或證言，有須細究之處，宜求醫士之襄助。最宜注意且最感困難者，厥為孕婦之見解與追憶力時有多少之變化是也。即此變化自身而論，似無重大之關係，然此種變化足以影響個人對於事件之態度。個人以某種態度陳述此事件於審判者，則此變化又間接足以影響審判時之判決也。「證人必須陳述事實，且止可陳述事實。」於理論上固當如是，在事實上未必爾也。蓋人之陳述一事

實，必混有主觀之判斷。而主觀上之見解，隨感情狀態以異。

　　精神病之中有所謂歇斯推里亞病者。女子患此者頗多，其程度之深者，固有極明瞭之徵候；其程度之淺者，非專門之醫生莫能辨焉。患此症者，感覺之敏出人意外，感情之變化異常急遽，逞無根之想像而自以為事實，以極無理由之惡感仇視他人。琵安基曰：「患歇斯推里亞病者，好作匿名信。」此言誠然。而於女子之患歇斯推里亞病者，此傾向尤甚。

第二節　兒童

　　兒童為證人或為被告時，審判者宜特加注意。若以待遇成人之道待遇之，未有不入於誤謬者也。蓋兒童之身體與精神正在發展之途中，猶未底於成，故其精神作用與成人大異。兒童別有世界，其價值、其意味，有非成人所能理解。在兒童之游戲，在成人視之一若毫無意味，而在兒童則趣味津津，實其生命之至寶也。近時研究兒童精神之發達者，別成一科名曰「兒童心理學」，研究甚為詳盡。茲但取與審判有關係者，略述其梗概耳：

　　兒童之正直無詐遠過成人，此一般之所公認者也。惟其正直，故專就此一點言之，兒童之證言頗有價值，非成人所可幾及。然兒童居於弱者之地位，故極易受他人之影響。其被暗示性甚強，對於至不合理之事，亦易為暗示所拘束而盲從之。兒童之時作虛語，非別有虛語目的，出於暗示之拘束者，其數甚眾。又如鸞別昔所云：「兒童不故作虛言，而所述卻非真相。」蓋兒童但知陳述其心中之所有，至於此心中所含之內容果有客觀的價值與否？或但有一部分真理而其他部分為空想與否？皆未及自知，亦未嘗注意也。鸞別昔此言確係事實。此種事實與空想之混淆，亦兒童多虛言之一原因也。又兒童之判斷往往以自己為中心，以興味為中心。兒童之興味發自兒童之立腳點，非可與成人之興味同日而語。設有有冒險的傾向之兒童，則一切行事皆為此思想所影響，遂以冒

險的事實為善，而以非然者為惡矣。是故遇有不得不以兒童為主要證人之際，則兒童之理想如何，不可不慎加考察也。

　　兒童之智識方在發展之途中，故其智識之範圍甚狹，而智識範圍之廣狹與證言大有關係。是故對於兒童之證言，欲確定其價值，不可不調查其智識之範圍。今就學者對於一般兒童調查所得之結果舉數例如下：史登樓蒿爾就六歲之兒童調查其日常自由使用之名詞果識其實物否？調查之結果：14% 未嘗見星；45% 未嘗至鄉間；20% 不知牛乳出自母牛；50% 不知薪出自樹；13% 乃至 15% 不知綠色、藍色與黃色之區別；4% 未嘗見豬。蘭葛調查小學生五百人，其結果如下：82% 未嘗見日出；77% 未嘗見日沒；36% 未嘗見麥田；49% 未嘗見河；82% 未嘗見池；37% 未嘗入樹林；62% 未嘗登山；73% 不知麵包如何製造。

　　朗勃洛索有言，最大之罪惡，大抵萌芽於兒童時代。兒童當十五、六歲時所謂青年期者，誠一生中最危險之時期也。是時身體上、思想上均有激劇之變化，偶一不慎易致墮落。故一生之善惡、正邪，往往判於斯時。而斯時之所以危險，有種種理由：（一）肉體上各機關發達之結果，情慾作用亦隨以現。情慾作用之出現，危險之一原因也；（二）自我意識逐漸發達之結果，於道德上遂欲出他律而入自律。青年期以前，儷於外界之制裁，不敢為所欲為，故但求父母、師長監督得宜，可以無危險之慮。入青年期後，欲以一己之理想作行為之標準，不甘服從父母、師長之監督、指揮，此亦足以致危險之一因也；（三）此時期內，思想、感情均有激變，或不免對於人生問題、宇宙問題等引起種種煩悶。煩悶之結果，或流為厭世；或流為偏激，此亦危險之一因也；（四）人之本能至青年期而完成。本能之中，固有生而即現者，如吸乳本能是也。然一切本能，至青年期始全。從來未出現之本能，至此時期亦必出現。一次本能之為用，本非危險，然若用之而不得其當，則足以為致險之條件。

第三節　老年

　　年老之人精神衰退，不能與壯年之人比擬。當壯年之時，男女之差異甚顯，及老則差異亦漸減。身體之力既衰，不堪生活上之奮鬥，故抵抗減而勇氣衰，行事亦甚緩慢。朗勃洛索曰：「老年時之變化，男子甚於女子，故男子一老，變化甚劇，利己易怒及殘酷之傾向甚為顯著。」

　　記憶之力與年俱衰，故年老之人記憶力必弱，此極宜注意之事實也。大抵神經之保存力，少壯之人強而老衰之人弱，故呈此記憶變化之現象。而老年時記憶消滅之順序，始自具體之觀念，以次及於抽象之觀念。蓋抽象觀念關聯之處廣，聯想之事眾，故不易消滅。而具體觀念與之相反，故先遺忘也。又老年者之精神活動衰退範圍狹隘，其精神狀態之要素中，現在之事少而過去之事多，故老年者大抵對於舊事有充分之記憶，而對於新事反不能記憶。蓋舊時之經驗常反覆於其意識中，其印象極為鮮明，而新經驗於印象未深之先已遺忘無餘矣。是故老年者有所陳述之時，雖其所述者為新經驗之事實，亦往往不免混有舊經驗之要素，此亦不可不特加注意者也。

第八章
人格之病的狀態

　　人格者，簡言之即人所以為人之資格也。「人格」二字，用處極廣，而各處所用之意義頗不一致。心理學上之所謂人格與法律上之所謂人格不同，乃指意識之統一的形式而言者也。人之精神時時有所營作，人之手足時時有所舉動。當營作、舉動之時，吾知其為吾之營作、舉動也。及事後回憶，吾亦知為吾之營作、舉動也。是吾之意識為自我一觀念所統攝，而吾之人格即緣是以生。

　　人格為統一的形式，然各人所具之人格，往往有不能完全統一者，即顯著的意識之外，猶有他種精神作用潛伏於意識之下，以經營他種之作用，而不與意識融合。精神之幽潛的活動，若因故而具整飭之統系，或曾經統一之意識，忽分裂而喪其統一，則人格病矣。

　　人之精神作用中，於顯著的意識作用外，其潛伏於意識之下者，心理學上謂之下意識作用。在平常健康之人，意識作用佔據精神作用之舞臺，統一堅固、勢力充實，故下意識作用終生潛伏，不得一露頭角。若其人之意識作用，一旦實力衰減，不足以壓服下意識作用：或其下意識作用結成有系統之團體，足與意識作用抗衡，則兩相競爭，此起彼伏，遂生人格變換之現象；或本是統一之人格，有時因故分裂、喪其統一，易辭言之，即人格之某部忽離群而獨立。某部既獨立後，遂自成一體，自有活動，不復受普通人格之指揮，則成人格分裂之現象。人格變換與人格分裂，皆人格之病的現象也。

　　人格變換云者，言一人之身具有甲、乙二種人格，一起一伏，相為更迭也。甲之人格雖時間上有中斷，而內容上則後先相接，絕無間隙；

乙之人格亦如之。至甲、乙二人格之間則又絕無聯絡，甲之內容非乙所知，乙之內容亦非甲所知。人格變換之現象，大抵因病而起，然亦可以人力喚起之。

　　因病而起之人格變換，往往於患歇斯推里亞病者見之。病發時，其人之性情、舉動忽然一變，與平時大異，而素日自己之所經驗，至是亦盡遺忘，不復能憶。關於人格變換之現象，例證甚多，俾納書中所舉一例可以為此類之模範。茲節引如下：1858 年，亞若姆醫士診治一少女名佛利大者，十三歲時已略現歇斯推里亞病徵候。及十四歲，往往頭痛甚劇，陷於昏睡之狀態。病初起時，約一星期一回，每次昏睡約十分鐘。其後病勢加劇，每日必發。有時正直縫衣之際，忽覺頭痛，頭即垂下，約昏睡二、三分鐘始醒。醒後其人之精神狀態忽然一變，舉頭張目，恍若新入此室，對於同室之人含笑為禮。佛利大性質本甚憂鬱，及昏睡之後，人極活潑，笑語謳歌，似甚歡樂。如此若干時，忽又垂頭昏睡二、三分鐘始醒，醒後復為佛利大如初。前此謳歌甚歡，今雖強之不復能唱。前此所經歷之事，至此不復記憶。前後兩狀態雖居一體，宛若別人。若以普通狀態為「第一人格」，則昏睡後之變態可稱「第二人格」。第一、第二兩人格之間全無聯絡，入第一人格時，不能記憶第二人格所經歷之事；入第二人格後，亦不能記憶第一人格之經驗。兩人格間之無聯絡，有種種事實可以證明，其最奇者莫若懷孕一事。佛利大居第二人格時，與人有私，因而懷孕，而第一人格不知焉，但謂患病而已。其後旁人告之，始大驚駭。佛利大初病時，病的狀態（即第二人格）之期間極短，不過一、二小時而已。其後病態逐漸延長，至二十七歲之時，第一、第二兩人格之時間約略相等。其後變態更久、常態更暫。佛利大自身亦反以常態為變態矣。三十二、三歲時，第一人格為時極短，且不常起，每二、三星期始一入第一人格之狀態，其繼續時間亦不過數小時而止。兩人格之轉移，即昏睡狀態之期間，初病時須費十分鐘之久，其後漸次減短，至是時僅須數秒鐘之時間，故旁觀者亦不覺其人格之轉移。

　　上述之例為永續之變換，亦有偶起變換一度而止，此後不復繼續者，如俗所稱「鬼迷」或「野鬼附身」之現象，一時胡言亂語，醒後毫不自覺者是也。

　　以人力喚起之人格變換，即催眠時所起之現象也。人於催眠狀態所經驗之事實，往往於醒後不能自憶，及下次再入催眠狀態時，則又能一一追憶不少誤。而在普通狀態所經驗之事實，反不能記憶。又如催眠之時，術者若予被催眠者以汝為農夫之暗示，則被催者自視宛若農夫，其言語、舉動以至思想、感情，無一不與農夫吻合。又或予以汝為六歲小兒之暗示，則其人雖屬成人，亦一變其態度作種種小兒之舉動。

　　凡人格變換之現象，無論其出自精神病之自然，或出自催眠術之人為，要之，其第一、第二兩人格之間，大抵不能有記憶上之聯絡。是故第一人格所行之事，惟第一人格知之，第二人格不知焉；反之，第二人格所為者，亦惟第二人格知之，第一人格不知焉。是故當審判之時，遇有證人或原被告而犯人格變換之病，當細審其所經驗者究在何人格之時？使其所經驗者在於第二人格之時，而於第一人格時審問之，恐終於勞而無功耳。

　　人格分裂之現象，往往起於局部麻木之病人。例如歇斯推里亞病者，其手或足有時喪失感覺。雖刺之不知痛、抓之不知癢，然若予以相當之刺激，則病者亦能以無感覺之手足，遵刺激之指示，作種種之反應，而病者不自知也。是故對於此種患者略施實驗，即可以見人格分裂之現象。假使病者喪失感覺之部分為右手，則於右手與眼之間設一物為屏，使病者不見其手，且納鉛筆於手中使握之，然後俟病者方與人熱心談天，心有所專注時，以針刺之。針刺甚輕，加以注意甚專，雖在尋常狀態亦不易覺，而況右手本無感覺者。乃病者受刺之後，忽以手中所持之鉛筆書一數目於紙上，與受刺之次數相應。若受刺三次，則書一「三」字；若受刺五次，則書一「五」字。若於病者之耳畔低聲有所詰問，病者雖未聽明，而無感覺之手能於紙上作答。由此觀之，可知病者一身之上同時有兩個人格：「談話之人格」與「寫字之人格」，各自獨

立，不相干涉。

　　人格分裂後，本為尋常人格所統攝之身體上，某部分亦隨以分裂而屬於他人格之統攝。故在尋常人格，視之成為麻木不仁之一部；而在他人格，視之則猶感覺銳敏未嘗麻木也。故犯人格分裂之病者，明明其行動出於己身，而己身不自知此，亦審判上不可不注意之點也。

第二篇

第一章
審問時之注意事項

　　吾人當聞人陳述之時，最不可不注意者，即陳述者皆自以所言為至確而毫無誤謬也。即使偶有可疑之點，而自於所言之前，加以限制之辭，如云：「據余所見」，而陳述者猶自以為甚確，不足疑也。其有自以為足疑者，則其事之必不正確，殆可斷言。是故實際上不正確之事，自以為正確而述之於人者，在審判時之證人中，必不乏其例。不特兒童有此種傾向，即理性發達之成人亦所難免。大抵之人，試對於自己之所知或對於自己之所述加以精細之推究，必且發現許多之疑點。推究復推究，恐自己所有之知識且不免因此動搖矣。

　　普通人之陳述，既若是其難信，故職司審判者，宜設法減少陳述者陳述之錯誤，而導其入於不誤之境。或謂此種事情與審判者無關係，證人既自述其所信，審判者但當據其所供以下判決可已。雖然審判者之責，豈徒在得形式上之真實哉？形式雖真而材料不真，則猶不能得公平之判決，故審判者不可以不求材料之真實。欲求材料之真實，對於陳述者之陳述不可助長其誤謬，亦不可取妨礙之態度，使陳述者不得盡情吐露其意見。

　　選擇證人有不可不注意者，即此證人有陳述真相之能力否？有陳述真相之意思否？陳述能力與精神之狀態程度等有關係。例如精神未曾發達之兒童，陳述能力必較為薄弱是也。至於陳述之意思，則與教育之關係較少，全以其良心發達與否為轉移。不知信實光明之可貴而自足於虛偽之生活者，世上不乏其人。此種良心缺陷之人，大抵以無一定之職業者為最多。蓋對於職業怠惰者，於陳述事實之時亦必怠惰；良心不發達

者，不知選擇正當之職業，故不就正業者，皆無陳述真相之意思。朗勃洛索謂賣笑之妓女殆此中之尤者，葛洛史謂紈袴子弟亦大抵如是。蓋此輩人皆游手好閒，不知務正業故也。

　　審問之際有不可不注意者，即問者當用何種問語，而使答者取何種供述也。被審問者之供述，自其形式言之，可分兩種：一曰「自由之供述」，供述者不受他人之暗示，自以其心中所記憶者，自由排列而述諸人。二曰「答問之供述」，聽供者提供種種問題以喚起供述者之記憶，而使其作種種回答。此二種供述之形式，有時互相補助，事實上非必截然分離者也。

　　此二種供述各有利弊：「自由的供述」之利，在於供述者之自發而不受他人之影響。供述者自依其觀念之系列發為有系統之敘述，其系統之組織不為他人之暗示所影響，此其利也。然此種供述往往多所脫漏，不能詳盡。明明有此經驗、有此記憶，而供述時偶遺忘之不及敘述，轉不若「答問的供述」之較能詳盡，此其弊也。「自由的供述」之弊即「答問的供述」之利，而「答問的供述」又有他方面之不利，即受他人質問之影響，而其所供往往不及「自由的供述」之精確也。

　　「答問的供述」因受質問之影響，故易流於誤謬。而誤謬之多寡，一視其質問中所含之暗示如何以定。是故狡猾之問者，往往能左右答者，使答者所答一如其心中所期望。女子、兒童及無教育者，被暗示性較強，故其為問者所左右也亦較易。審問以得事實之真相為目的，暗示供者，遂以引起其不真確之供述，乃審問時所最宜切戒者也。

　　問者之暗示，既有大影響於答者之所答，而審問之所期望又在得事實之真相，故審問者不可不略知質問有幾種形式？何種質問最足以致誤？何種質問最為妥適？

　　今假有人關於一畫有所敘述，畫中有一褐色之犬，然並無貓。吾人若發下列種種之質問，答者所答必隨問而異：

　　（甲）犬色如何？　此問所含暗示最少，答者可以自由舉某色以答。凡問句之中含有疑問代詞或疑問狀詞者，謂之「決定問」。

　　（乙）畫中有犬否？　此種質問名曰「完全的選擇問」，迫答者於然否兩肢之間，任擇一肢以答。

　　（丙）犬色白歟？黑歟？　此種質問名曰「不完全的選擇問」，對於答者貢獻兩肢，使其擇一以答，然亦未嘗禁制第三可能性之存在也。雖然此種質問已含有極強之暗示，足以引起誤謬之回答，使答者而無若干抵抗力以抵抗此暗示，恐不易有「非白非黑乃褐色」之回答也。

　　（丁）畫中不有貓否？　此種質問名曰「期待的問」，蓋質問之中含有極強之暗示，幾使答者不能不以「然」為答也。

　　（戊）貓色如何？　此種質問名曰「含蓄的問」，其所含暗示之力較「期待的問」為尤強。普通之答者，若對於畫中有貓與否所知非極精確，必不能以「畫中無貓」為答，徒為質問之暗示所拘束，欲努力追憶其顏色如何耳。

　　質問之中有無暗示，對於答者之所答大有影響。大抵暗示愈強，則所答愈易致誤。俾納曾有實驗以比較其誤謬之分量，用絕無暗示之質問，其所得謬誤為 26% ；用低度暗示之質問（大抵係期待的問），其所得誤謬為 38% ；用強度暗示之質問（大抵係含蓄的問），其所得誤謬為 61% 。誤謬與暗示為比例，故審問者當審問之時，對於質問之形式不可不特加注意也。

　　審問者對於質問之形式，宜慎加注意外，對於自己所取之態度亦宜慎加注意。陳述者方遵循其經歷之順序，依觀念聯合之理，一一憶出而敘述之之時，若審問者之態度足以引起陳述者恐怖之情或嫌惡之情，則此種感情足以妨礙記憶觀念之再生。雖屬尋常之事，為心中明白所記憶者，一遇此種妨礙之作用，亦將不易再生矣。

　　若審問時遇有證人不有陳述真相之意思或能力，則不可以不以忍耐臨之。審判官之職務異常繁劇，欲一一出之以忍耐，固非易事。然忍耐之不可或缺，則極明白之事實也。往往有證人好為冗言，不得要領，審問者不堪其煩，欲制止其冗言而使之陳述主要之點。然此種干涉不特無益，往往轉足以增益其冗言，而愈陷於不可捉摸之境。故不有忍耐，

則審問不能進行，非特對於兒童及愚人等為然，有時即對於智識發達之人，亦不可不以忍耐臨之。

吾人欲得真確之證言，不可不洞察證人既有之思想。不互知各人既有之思想，而為長時間之談話者，在事實上固為習見之事，而種種可驚之誤解，即由是而生。欲去此種誤解，須知彼所涵之意是否與我之所解相一致，我之所云是否為彼所能解。是故審問時宜體察證人所云之意味，不徒當聽其言而作主觀之解釋，又宜用證人所能解之言語，更宜用證人所解與我所云其意義一致之言語。洞察他人既有之思想固非易事，然亦非絕對不可能之事也。

審問之時，對於證人宜取虛謙之態度，不可害其感情，而使之對於審問者懷嫌惡之心。蓋欣然陳述與不願意而勉強陳述，其間相去不可以道里計。不特其所述內容大有區別，其所述真偽亦大不相同。凡人大抵有自負之心，順此心而利導之，則證人必欣然陳述。大抵之人，初見己之姓名印刷於報紙之上，或聞對於自己有滿意之批評，則必色然欣喜，此皆自負心有以致之也。拉色勒司曰：「昔伯利克而司政治能力之大部分，在於幾能知亞典人民全部之姓名；拿破崙之得軍心，與其謂為愛士卒、愛國家、愛自由之故，不如謂為知其部下之姓名，而能一一呼其名故也。」是故審問者對於證人，切不可害其自負之心，而使之生不快之感。明言不知對話者之職業與人格，因以招對話者之怒者，往往有之，故審問者不可不慎也。自負之極，往往有流於異常固執而專以反抗為務者，對於此種固執之人，更不宜加以挫折，愈欲挫折之，則愈引起其反抗，終止於失敗而已矣。誠欲實行我之目的，則宜因勢利導以引其入我範圍。葛洛史曰：「余昔有一僕異常固執，若對於其所行之事稍持異議，彼必不服。後余思得一策，每遇命其作事之時，必告之曰『為我作某事，如汝所云。』加『如汝所云』一語，彼聞之亦不暇自思曾否作此語而奉命維謹，不敢稍違矣。」審問者對於證人亦宜採用如是之態度，斷不可使之懷不快之感。

第二章
推理與論證

第一節　證據

推理與論證乃心理上之事實，而亦論理上之對象也。心理學但欲敘述其必然之法則，論理學則欲研究其當然之途徑。當然之途徑既明，則孰舍孰從，自無迷惑之虞矣。人之知覺作用中，亦含有推理與論證。然知覺作用中之推理與論證行於無意識之中，吾但能認知推理與論證之結果，而莫從認知其進行之程序，此云推理與論證乃意識的作用，非彼知覺作用中所含之無意識的作用也。

審判時之推理與論證，以被審問之供述現場之視察等為根據。根據不確，則立於此根據上之推理與論證，當然亦隨以不確。是故欲判決之得當，不可不先批評此種根據之價值。

證人供述之不能絕對的真確，上來已屢屢述及。是故聽供者雖力避暗示以免助長其誤謬，其供述雖亦首尾一貫未嘗矛盾，在外形上似已確實可靠，足為判決之基礎，然其內容上果有信賴之價值否？猶未易論定也。若謂審判者但當求形式上之真實，不必求內容上之真實，則亦已耳非然者。對於外形上可信之供述，亦不可不加以審慎嚴密之批評。

知覺作用不易完全，第一篇中已詳述之。審判官亦係常人，故當其視察現場之時，欲其視聽毫無錯誤，此必不可得之數也。既屬常人，即不免有常人之錯誤。若胸中預有成見，盡力以求其預期之證據，或但事敷衍，並無勤求之誠意，則視察之錯誤更不知伊於何底。故視察之時，必去成見，務勤求取視察之結果，依一定程式詳細記錄之。遇有必要

時，更宜將視察者當時之精神狀態詳細記入，以資他人之判斷或自己之參考。

第二節　證明

既得種種證據，即以證據為基礎以下判定，乃證明之作用也。判斷事實之真相，裁決訴訟之是非，莫不惟證明作用是賴。是故證明之形式如何，不可不察焉。證明之形式有種種，分述如下：

證明可分為「實質的證明」與「形式的證明」兩種。

實質的證明者，以實際上之事物證明其確實也。例如物理家欲證明某音叉之振動數，則對於音叉施以適當之裝置，使於以一定速度旋轉之圓板上，描寫波狀之線，然後計算線數以證明其振動數，是其例也。施之審判，如對於殺人之嫌疑犯搜獲其有血跡之衣服，以證明其為凶犯；或如對於爭地之案，搜掘界碑以定彼此之界限，皆其例也。

形式的證明者，以論理學上之規律為標準，檢查其合律與否，以定其真偽者也。形式的證明又可分為「演繹的證明」與「歸納的證明」兩種。演繹的證明者，依據演繹的推理以從事證明也。此種證明大抵以範圍較大之命題為前提，用以引出範圍較小之命題，以為其斷案。換言之，即以普遍之理證明特殊之理也。幾何學上之定理，大抵應用是種證明。至於審判之時，如依據刑律某條，凡犯某罪者應處某刑。今某人犯某罪，故判其應處某刑，即其例也。歸納的證明者，以特殊之理為根據，用以證明普遍之理者也。故其作用之程序適與演繹的證明相反，今之科學皆應用是法以證明其普遍之法則。

證明又可分為「直接的證明」與「間接的證明」兩種。

直接的證明者，用直接的方法證明此事實之正確無誤也。例如欲證明兩數相乘，其次序先後與其所得積數無關係，則取先後異序相乘以得之積數而比較之，以明其相等。審判之時，斷定事實、判決罪名，殆莫不應用此種證明。據證據以定事實，據事實以定罪案，皆此種證明之作

用也。

　　間接的證明者，當欲證明一命題之時，不直接證明此命題之必真，別就可以代此命題之他命題一一證明其不能真，用以反證此命題之真者也。其所根據為論理學上之不容中原則，非彼即此，非此即彼，不能於彼此之間別有非彼非此之事實。彼既盡誤，則此不能不真矣。如幾何學上證明三角形之二角不相等時，則大角所對之邊，較大於小角所對之邊，即此種證明之例也。至於證明事實之時，此種證明或不及直接的證明之有效，然以之補助直接的證明而增高其確實之程度，則亦未嘗不有大功也。

第三節　實驗法

　　證明之所根據在於觀察，觀察又可分為「尋常之觀察」與「實驗」兩種。所謂尋常之觀察者，當某現象自然存在之時，吾從而察其狀況、觀其作用之謂也。所謂實驗者，某種現象本不存在，人力造作條件故使之起；或對於現存之現象，加以人為之變更而後觀察之之謂也。今之科學，莫不應用實驗以為研究之方法。誠以自然界之現象，本非為科學者之便利而設，若徒恃尋常之觀察，則科學之研究或終不能遂，實驗之為用即所以填補此憾。凡自然現象之極複雜而不便於觀察者，得以實驗之法分析之，使之趨於簡單。在自然界中，若任其自然不易發生；或雖發生而經過甚緩或甚速不便於觀察者，得於適當期間內使之發生。又得設任意之順序使自然現象依之發生，且得任意反覆其發生之回數。凡此種種皆實驗法之利益，而非他種方法所可企及者也。要而言之，尋常之觀察立於被動之地位，實驗之作用則能動的也。

　　今日科學上之研究，凡可以應用實驗者，既已莫不應用實驗，至於審判上事實之證明，遇有可以實驗之時，當然亦必以應用實驗為最宜。誠以實驗所得之結果最為嚴密、最為精確故也。不寧惟是，有時審判上事實之證明，不可以不經實驗的檢查。蓋證人所供述者非必事實之真

相，而其致誤之由，則又在不知不識之間。此種無意之錯誤，有時不易看破，然若一經實驗，則錯誤與否昭然若揭，不致復受其欺蒙矣。

第四節　或然性

學者之求新理，或至於或然而止。雖未底於確實不可懷疑之境界，然亦自有其價值。至於審判者之職務，在求確實之證據。或然之度雖高，究未足以為確實不可疑之事實也。

自審判者視之，「假定」之為用，誠屬無有價值。然若吾人全無假定，則推理之進行亦甚困難。吾人遇一事件，未明其真相之時，勢不得不先立假定以為研究之指導。研究之後發現此假定之不適當，則更立他假定以代之。如此設而復毀，毀而復設，以便於各方面求程度最高之或然性。關於刑事上之事件有高度之或然性者，當然有告發之價值。至於判決，則非有確實性不可。

葛洛史分或然性為「條件的或然性」與「無條件的或然性」兩種。條件的或然性者，以條件為基礎，因以推定者也。例如以今日之溫度、氣候、日光等為基礎，以推定明日之或雨。此種或然性之確實程度，以吾人對於條件之智識如何而定。所知確則亦確，所知不確則亦不確。無條件的或然性與此大異，其推定明日之或雨，不以條件為基礎，但以一年中雨天之單純的統計為基礎而已。此兩種之區別，審判者宜辨認清楚，不可相混。

克喜孟分或然性為三種：（一）一般的或然性；（二）歸納的或然性；（三）數學的或然性。

以未知事實之原因或結果為根據，因以求得之或然性，曰「一般的或然性」。以原因為根據者，例如天氣之預想；以結果為根據者，例如古人云「星斗運轉，故地球必靜」是也。

以理應真確之事實為基礎，使結論有確實的一般性者，曰「歸納的或然性」，自然科學上往往用是法。例如因某種病菌所發之病，在某時

有某種病狀，在他時亦有某種病狀，於是推知凡某種病菌所引起之病，必有某種病狀也。

「數學的或然性」者，言甲與乙、丙、丁之結合，其或然性有若干也。例如孕婦分娩，其所生非男則女。是故生男之或然性為二分之一，生女之或然性亦如之。

第三章
推理之誤謬

　　吾儕推理，固以求真為目的，然事實上能真與否殊難一定。因推理而得真者固有之矣；因推理而反得誤者亦比比然也。且既誤矣，而推理者不自知，猶以誤為真而堅持之，因以自誤誤人者，亦未嘗無之。人之推理，既易致誤，故不可不有規律以範圍之。論理學之職，即在研究此類規範。齊桓公言管仲既教以所善，又教以所不善。學問之教人，亦復如是，既告學者何道可以得真，亦須告學者何道將以致偽。正如遇人問路，既告以應行轉彎之處與左右方向，又須戒以何處不應轉彎。故論理學一方面研究推理之規律，他方面又推究誤謬之緣起，庶學者於積極的知所遵循外，復消極的知所趨避焉。

第一節　比擬之誤謬

　　今有甲物於此，考其性質含有丙、丁、戊、己四事，而別有乙物亦含有丙、丁、戊三性質。甲、乙既相類似，則乙物之中雖未見有己之性質，然亦可約略推定其存在。試更以實事為例，譬如見美洲加里方尼諸山形勢如是，土質如是，而產金甚富。及到澳洲見南衛諸山，岡巒起伏大體相同，於是便起思維，彼既產金甚富，此亦當有。又如初食一橙，其味甚甘，繼見他橙與前橙相類，於是心中自思此亦可食，且其味甚甘，此種推理名曰「比擬」。是故比擬者，以性質之類似、關係之同一，遂推一事之真者以及於他事之謂也。

　　比擬之法，為用極廣。日常生活中，固時時應用是法。即如研究

科學，有時亦舍此之外不能他求。例如有某甲者，曾作某文。今某乙手持一文，自稱己作。然試與某甲之文對勘，則一字一句未嘗有異。因是推知，此即某甲之文，某乙自稱己作者，偽也，此常識上之比擬也。又如行星之中，最與地球近似者莫如火星。火星之中，有水、有陸、有空氣、有潮汐，其南北極亦有冰，與地球無異。不過其軌道橢圓之度較強，寒暑之變化較劇，此其異耳。然生物需要之條件，既大略具備，則與地球上生物類似之生物，或生息於火星中乎？此科學上之比擬也。

　　比擬之法為用雖廣，而致誤極易。蓋比擬法據既知之類似點以推論未知之點，故其所得斷案，本不盡確，止於或然之真理而已。其類似點愈多者，其所得斷案之確實程度固亦隨以愈高；至於類似點少者，則其確實與否，頗難憑信。香菇之屬，味固甚佳，對於香菇之形質所知不甚清晰者，偶見野外所產毒菌，狀似香菇，采而食之，或致中毒而死耶？芳斯曰數十年前，英人多謂電報往來，宜取價極廉，愈廉則電局之收入將隨以愈增。又謂鐵路收費宜不計遠近，取最低之車費，何以言之？各國郵費莫不取價極廉，尋常一信不過數分。新聞紙、雜誌等收資更微，然而郵政卒因此日盛，國家莫不以此為歲入大宗。又如每日之新聞紙，收價極微，亦卒以此多得閱者而獲厚利。由此類推，則電報、鐵路亦必如是。取資愈廉，獲利愈厚。雖然此種比擬實係誤謬，未足盡信者也。

　　比擬之用極易致誤，而致誤之由頗不一。端有以所比較之二物類似之點過少，倉卒論定，因以致誤者。蓋天下物之異類者，自其大體言之，雖迥不相侔，至語其細點，則未嘗不可發現其一、二類似之處。今若即以此一、二類似之點為根據而比擬之，則未有不入於誤謬者。例如香菇與毒菌固有相似之點，若謂香菇既可食，毒菌亦必可食，則誤矣。

　　二物之間，其互相類似之點縱多，猶未足以斷言比擬之必真假，使其類似之性質與今之所欲論定之性質，其間無密切之關係，則雖多亦不足以為推理之根據。例如有甲、乙二人於此同出一族、同居一里。少時同學，長復同游。年既相等，貌亦相同。甲為人詐偽，不足為適當之證人，因此類推乙亦詐偽，不足為適當之證人，則又屬比擬之誤謬。蓋同

族、同里、同學、同游、同年、同貌諸性質，與詐偽之性質無密切之關係，不能據是以論定故也。

二物之間，其互相類似之性質，與今所欲論定之性質，縱有密切之關係矣，假使今所欲論定之物，別有一性質，與今所欲論定之性質不能兩容，則比擬又不能成立。例如有甲、乙二人，為人均極誠實，又篤信宗教，素不肯虛語以毀損自己人格而獲罪上帝。甲之性情如是，故為審判時極好之證人。乙雖同有此性情，假使其記憶力極薄弱，敘述過去事實往往多誤，則不得同為極好之證人矣。蓋記憶力薄弱與敘述正確，不能並立故也。

第二節　演繹的推理之誤謬

「演繹的推理」者，推全體所有之真理以及於部分者也。故演繹的推理自其性質言之，必有二個前提，及結合此二個前提以造，斷案推理乃成。而其斷案所言之真理，常視前提所含者為狹，故此種推理之斷案，實已包含於前提之中，推理之際不過推幽之顯、推潛之著而已。

演繹推理所得之斷案正確與否，第一當以前提正確與否為斷。使前提而不正確，則推理縱能適合規律，其斷案之必不正確，無俟贅論。至於前提如何始能正確？則在平日觀察之緻密、體認之清晰，與夫歸納之謹嚴。使此數種作用而未盡正確，則基礎先危，其所得斷案又烏足恃乎？

前提既甚正確矣，則又須細考推理之作用，果適合規律否？使推理而不合規律，則前提雖正確，斷案亦未必正確也。推理之不合規律者，有若干種。試舉其名，在斷定的三段論法中有：（一）四名之誤謬；（二）中詞不充實之誤謬；（三）小詞之犯禁；（四）大詞之犯禁；（五）兩否定之誤謬等。在設言的三段論法中有：（一）否定前設之誤謬；（二）肯定後承之誤謬。此種誤謬來自形式，形式不正固不足以得正確之斷案，然欲求形式之正，尚非難事，其最感困難者，則形式甚正，而

實質上以特別原因致生誤謬之斷案者是也。形式之正，尚非難事，故暫從省略，不加深論。

前提既甚正確矣，推理之形式亦悉合論理學上之規律矣。假使實質上有特別情形，不與普通之事相同，則斷案亦有時而誤。此種誤謬發現較難，必深加考察，始能知之，非若形式上誤謬之一見即可瞭然者也。今所欲詳論者，即為此種實質上之誤謬。實質上之誤謬，非止一種，試分別討論之。

心有所思，則發為言語。言語者，思想之代表也。然言語之代表思想，非能完全無缺。人若拘於言語，不求實際，則誤謬之論即不免因是而起。夫一語一句僅有一義，不能兼作他義解，是誠理想之所最期望者也，然實際之言語不能如是。引申借假孳乳既眾，則多義之弊即不能免，馴至一語而涵義十數，一句而可作數解。同用此語，各異其義，使吾人於推論之時，不詳加考察，不明其意義之有異，則所得斷案必難正確。今試舉一例以明之：

> 慈善家見人之急，雖欲不救，不可得也。
>
> 凡雖欲不為而不得不為者，皆無稱賞之價值。故慈善家之所為，無稱賞之價值。

此「雖欲不為不得不為」中詞之所示，一則出於善良之品性，為良心上之所不能自已；一則出於外界之強制，非人力所能為。其名雖同，其義則異。今拘於名之同而忘其義之異，以之充詞中之職，遂使斷案不能正確。此種中詞同名異義，實與中詞之異名者其效相等。此種誤謬，實際上亦與四名之誤謬相等。

試再舉一例，亦屬同種之誤謬：

> 人生止境，至善之境。
>
> 死為人生止境，
>
> 故死為至善之境。

中詞同名異義，因以造成誤謬之議論者，實際上亦不乏其例。而誤謬之所由來，常人又不易發現。故往往有明知其結論之不合於理，而莫

從知其致誤之由。昔英國議院立法禁止人民行乞，違者獲罪。於是有人以此法律為根據，謂一切慈善募捐亦屬違法。其三段論法曰：

> 凡行乞者於法當罰。
>
> 慈善募捐亦行乞者也，
>
> 故慈善募捐於法當罰。

一時聽者雖心知其結論之悖謬，然無術以正其非，使此論而果見諸實行，則凡慈善士女之持冊募捐，吾人平時佩服其熱誠者，至是亦可捕而投諸監獄，與游手無賴者同罪。由論理學觀之，此即中詞異義之誤謬也。蓋法律所謂行乞，其義不僅在乞，言不事生業專恃行乞以自養其懶惰，自私足以害社會之安寧，故法律禁之也。至於慈善募捐，其志不在自利，而在於救人。其行乞雖同，而其所以行乞，則大不同，故未可以一概論也。

同此一名，所釋不同，因以引起爭論者，學問史上所屢見，不一見者也。訴訟之際，亦有此例。昔蘇格蘭北部地產一種黑石土名「澤煤」，可用以造石油，採石者因以獲利甚厚。地主見其利之厚也，思攘為己有，於是興訟。一造曰：「此物既名澤煤，當然是煤，故其利應歸地主。」他造曰：「此物雖名澤煤，卻非是煤，故其利應歸佃戶。」兩造所爭，僅在一名而已。

名同義異，因以招思想之錯誤者，已如上述。亦有句義歧異，可作數解；或句義含混，難明真意，遂使思想迷惑以底於誤謬者。如曰：「余昨日畢業歸國。」此言畢業之事在昨日乎？抑畢業之事在先，而歸國在昨日乎？一句可作二義解，使人莫知適從。又如諺云：「精神一到，何事不成。」細察句義極為含混，謂但求精神注到此事，此事便能成乎？將謂勞精疲神，竭全力以為之，始能成乎？謂精神一到，無論我力所能為之事與不能為之事，皆能成乎？將謂必我力所能為之事，始能成乎？此種諺語為常人所稱道，而其意義之含混乃如是。其他讖緯等言，亦大抵語簡而義晦，可以作種種之解釋，故對於特別之事實，往往易應。

　　一句多義或句義含混，當然亦足以引起爭論。大抵文法不精密之國語，此弊尤甚。六經、諸子，訓詁家聚訟紛紜，靡有已日。其坐一句多義之弊者，正復不少。《老子》：「故常無欲，以觀其妙；常有欲，以觀其徼。」無欲、有欲，訓詁家或連讀或分讀其義，便因以大異矣。以句義含混遂起爭論，因以成訟者，世間恐亦不乏其例。

　　名詞之中，有「普通名詞」與「合體名詞」之別。「普通名詞」乃一族中個體之公稱；「合體名詞」則合若干個體為一體而為之總名者也。對於「合體名詞」，「普通名詞」亦可稱為「各體名詞」，然往往有同此一名，因其所從觀之方面不同，遂以異其名詞之種類者。如曰「師」、曰「旅」，合全師全旅之兵將為一體而為之名，自其所含之將士言之，固為合體名詞，然天下之大，非僅一師一旅也。自各國各地之師旅觀之，則又為各體名詞矣。同此一名而可以作兩種之解釋者，其例甚多。當吾人推理之際，不明辨其同異而含糊從事，則亦足以引起種種誤謬之結論：

　　　某學校之學生成績甚劣。
　　　某君為某學校之學生，
　　　　故某君成績甚劣。

　　　都市之居民有男、有女、有老、有少。
　　　余今日公園中所遇者，都市之居民也。
　　　　故余今日公園中所遇者，有男、有女、有老、有少。

以上二例皆屬誤謬之推論。而溯其誤謬之所由起，則在於「合體名詞」與「各體名詞」之混淆。蓋二例中之中詞均含二義，一作合體；一作各體。在合體時固真，在各體時未必亦真。今不加辨別而混用之，故斷案誤矣。

　　以上所述，為但見合體時之真而不見各體時之偽，遂坐以成誤。亦有與此相反者，但見各體時之真而不見合體時之偽，用以造成虛妄之議論。如謂凡議員個人所發之命令，吾人無遵守之之義務，此固然矣。若

謂議會之議決案乃議員之命令，故吾人無遵守之之義務，則聞者莫不笑之矣。此種誤謬之結論，尚屬顯而易見，亦有同此誤謬，而其所以誤不易見，此則吾人推理時所宜特加注意者也。譬如有人為地方籌辦公益事業，向人募捐，謂某甲家產甚富，雖捐助千金或萬金，不足損其富。設某甲而不能如眾願，則群詆其鄙吝，但知守財不知公益。夫使公益之事只此一端，則某甲雖捐多金，固不足以損其富，然社會上公益之事，豈止一端？社會之望某甲捐助多金，豈僅今茲一事？使此事責以多金，他事亦責以多金，事事皆然，則某甲雖富，家資可以立盡。論者但見各體時之易勉，而不見合體時之難為，殊非正確之論也。

　　關於訴訟之事，亦有見分不見合之誤謬。十數年前，英國有冒充爵主一案。爵主名狄子奔，離英多年，不知下落。後有一人從澳洲歸，本係屠戶，以形貌與爵主相同，遂冒稱爵主，思得其家產。後經法庭判決，定為冒充，而其所以判決之由，因審問之時問以狄子奔應知之事，如其母之名、其當軍官時所隸為第幾師、離英時所乘輪船之名。冒充者不能盡答，或雖答而不盡符。又狄子奔生長巴黎，善法語，而冒充者不能。乃案定後，猶有人詆判決之不合，以為此冒充者並非冒充，實係本人。彼輩論據，以為被告所供，雖多可疑之點，然年代既遠，則對於細瑣之事或忘、或誤，不足深怪。舊能法語可以忘也；其母之名，可以不憶也；當軍官時所隸為幾師，可以誤憶也；離英時所乘船名，亦可以誤舉也。凡問官所問之事項，皆有或忘或誤之可能性，故其誤與忘不足為冒充之證據。殊不知年代久遠，對於少時所經歷之一、二事，或忘、或誤固不足怪，獨至對於多數事項同時盡忘或盡錯誤，則為理所必無之事。故問官所問之瑣事，散之則皆未必足為冒充之證據，及總而合之，則又所關至重，其證據力至為充足，故論者之疑見分不見合之過也。

　　又有辨難求勝之人，或律師之為有罪人作辯護者，往往用閃爍之辭證，一與本案若相關而實不相關之事體。聽者茫然，遂誤信其所言為有理。如愛爾蘭人作賊，經三人指證謂親見其人為此，而愛爾蘭人則另覓未見其作賊者三十人作證，皆言未見其人為此。夫三十人與三人，其數

目之相去固甚遠，然作賊之事豈多人所同見？是故雖有千百人為之作證，非能有證明之效者也。

又有一種誤謬，見人之辯證未能生效，遂謂其所辯之反對事實必甚正確無誤也，試設例以譬之。有某甲者訴某乙於某時、某處曾作犯法之事。當此之時，某乙若能自集人證，證明彼於某時不在某處，實在他處，則某乙所受嫌疑自然冰釋，而某甲所告為誣矣。此在西文曰「亞爾排」，譯言在他處。但若於法庭之上有一受嫌疑之人，欲自證「亞爾排」，而所證未能生效者，則聽眾往往譁然，以為所犯是實，雖有他辯，不克自明。耶芳斯舉一例曰：近有一人名塞基者，為人告發於某夜一點鐘時，曾在包渥街破窗作賊。於是塞基自請召集證人，欲證明彼於某夜一點鐘實在白堂街，此正律家所謂證「亞爾排」者也。乃後經問官詳細研詰，始知塞基在白堂街之真實時刻乃十二點鐘，非一點鐘。至於一點鐘時究在何處，未能明白，於是問官亦信塞基於一點鐘在包渥街作賊確是事實。此種推理實屬誤謬，塞基之證「亞爾排」雖未生效力，然若欲判定其確曾作賊，必須別有真實之證據、未可以無反證而遂坐實之也。

論證之時，又往往易犯循環論證之誤謬。所謂循環論證者，言以甲事為前提，用以論證乙事；然試追問甲事何以真，則又以乙事為其前提，互為論據、互相依賴，所依不確，則依者亦危。而所依之果確與否，則又視依者以為轉移。故此種論證，雖有論證之形，而無論證之實。今設一例如下：

　　　鉛與木同大者，鉛之質量較多。

　　　何以多以其重也，

　　　何以重以其質量較多也。

循環論證，人所易犯。而聞者不察，往往以所論為極精確，不復致疑，此在日常言語之間屢見，不一見者也。譬如有童子立玻璃窗內眺望窗外景物，是時忽起疑問，吾之視線何以能洞穿玻璃而見彼方之物？夫玻璃、水晶等物，何以獨通視線，而他物則否？此殆無始以來未有人能

答者也。設是時童子乞教於長者,而長者答之曰:「此無他,以玻璃能透光故也。」此種回答實無價值,而在常情言之,不特童子聞之以為此理已明,即教之者亦方以此答為充分之解釋。然試思玻璃透光與玻璃能通視線有何分別?既無分別,前者豈足為後者之解釋耶?

世人對於人物義理,往往有先加惡名,然後從而非之。至於名實之符否,則不暇察也。今使有人自名其子曰「回」,於是日日愁慮,恐其子將有簞瓢陋巷之貧,且又當三十二歲而死,則聞者當莫不大笑。然世之議論見解與此類似者,正復不少。今如有論式云:

> 某甲大逆不道。
>
> 凡大逆不道者當誅,
>
> 　是故某甲當誅。

此論式但自形式觀之,固無悖於論理。然此論式之有否效力,則繫乎合於事實與否。欲其有效,先當審察所謂「大逆不道」者究作何解,次察某甲所為是否真屬「大逆不道」。事實未明,而徒以惡名為判斷之標準,未有能得真相者也。西諺有云:「與狗以惡名,然後從而縊之。」此言雖小,可以喻大。

天下事物固有常理,然亦不免有特別之事實。偶具特別之情形,常理雖可通用於一切,使特別事實而偶具特別之情形,未必便可應用此理,不能應用而強用之則誤矣。今引古來論理學家所常用之例如下:

> 汝今日之所食者為汝昨日之所購。
>
> 汝昨日之所購者為生肉,
>
> 　故汝今日之所食為生肉。

第三節　歸納的推理之誤謬

夫對於某種事物,取若干既知之事例為基礎,用以推定所未知之他部分,以造成關於該事物之普遍規則。所謂自部分以推及全體者,此固歸納的推理之本質也,然若所取為基礎之事例為數過少,則全體之事實

如何，實未可以懸揣。乃人往往見聞一、二事例，即據此事例以概全體曰「某事如此，故他事亦當如是」也。不特愚夫、愚婦之見解，時有此種輕率之概括，即號稱「通人達士」，其著書立說，亦往往陷入輕率概括之誤謬，而莫能救世俗之迷信，大抵出於此種概括之誤謬。偶見彗星出現，大亂隨之，於是遂施輕率之概括，誤認其為代表一般之事實，而以為彗星之後必有大亂，即其一例也。

歸納的研究法之欲發現普通規則，其所最注重者，無非欲發現其因果之關係而已。顧吾人所能直接經驗者，不過事物間先存繼起之關係，至其先存繼起之間，確有因果關係與否，則非吾人所能直接經驗者也。因果關係既不能直接經驗，而又為吾人所極欲發現者，故古來論理學家咸苦心研究，欲得若干證明因果之方法。及穆勒出損益培根之法，設為五則：一曰「契合法」；二曰「差異法」；三曰「契合差異兼用法」；四曰「共變法」；五曰「剩餘法」。此五則者，乃現今論理學上研究因果關係之方法也。學者能謹守規則以從事研究，則所得結論當可以無大過矣。然研究之際，猶有不可忽視者，數事分述如下：

甲、誤偶然的先存事實為原因　有許多事例，甲事實存在之時，乙事實即繼之以起，則通常即可應用契合法以證甲、乙兩事實間之因果關係。然應用此法之時，觀察不可不周，取材不可不富。蓋先存事實中，有雖與繼起之事實無因果之關係，而於若干事例中偶然存在。當此之時，若研究者觀察不周，取材不富，或不免誤認此偶然的先存事實為原因，或原因之一部分矣。

乙、先存事實與繼起事實同為他事實之結果　今有甲、乙二事實於此，甲事實發生之後，乙事實必繼之以起。一先一後，未嘗或乖；既無例外，亦無脫漏。其先後相繼，若是其歷久不渝，則此二事實之間，宜可以有因果之關係矣。然天地之間事態紛紜，儘有甲、乙二事，一先一後，歷久不渝，而其所以能相先後不在此二事之有因果關係，而在同為他事實之結果。例如晝之於夜，一先一後歷千劫而未嘗或變者也。然其所以先後，實有他事實為之總因，非晝能為夜之因也。學者於此不加明

察，或不免誤認先存事實為後繼事實之原因矣。

丙、同一結果不必生於同一之原因　今有甲事實於此，結果雖同是此事，而可以生此結果之原因非必常為某事。乙事實固可以生甲，其他丙、丁等事實或亦可以生甲，此正穆勒所謂原因之複雜性也。例如熱之原因或為摩擦，或為燃燒，或為電氣，或為壓力，結果同而原因至不同。原因既甚複雜，則應用契合法以求因果關係時，不免有誤認非原因之事實為原因，而誤認原因之事實為非原因之患矣。且同一結果既不必生於同一之原因，則雖知乙因必生甲果，然未可據甲果以斷定必有乙因。苟有斷定之者，於理未必當也。

丁、二因相合始生一果　天下事實往往有必待二因相合，始生此果，去其一因，此果即滅者。今假有甲事實於此，本非乙事實獨力所能生，必待乙與丙或丁相聯合，始能生此結果。當此之時，若應用契合法或差異法求其因果之關係，去乙則甲亦滅，留乙則甲亦存，如影隨形，不須臾離。學者於此不加詳察，或不免誤認一部分之原因為全部之原因，且誤認原因之一部分為非原因矣。

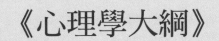

《心理學大綱》

目　次

第一章
心理學之意義及研究法

　　心理學原名之本義及精神觀念之由來　心理學原名，在英文為Psychology，出自古希臘語，德文、法文亦同用此字，不過其語尾略有變異。希臘語 Psyche，此言精神；然考其本義，不過曰呼吸，曰氣，其精神之義，乃後之引申者，非其本義也，蓋草昧之世，民智未啟，抽象思想未發達，專恃感官以為用，故好以形下之物概括一切。人有視聽之作用，有形動之能力，太古草昧之人，亦概注意及之矣。倦極而睡，則視聽行動一時俱息，而夢中別有天地，見所不能見，行所不能行；及俄然覺，則猶席草幕氈，安臥未移；夢境覺境判若二界，此太古未開化人所引以為大異者也。或病而歿，或傷而死，身體膚髮未變毫末，而平日之聲音笑貌，視聽言動，忽焉消滅，此又太古未開化人所引以為大異者也。并此二者，力求其故；體未移而境異，行未異而身死，是必有與吾身可分之一物，寓於吾身，以為吾身之主宰，暫時出游則成夢，去不復返則身死。此所謂吾身之主宰者，即後世精神觀念之萌蘖，然在未有抽象思想之太古人視之，自非形下之屬不可。而詳察生死之境，惟呼吸脈息體溫之消失，其形狀最著，太古人即取此變化最顯之作用，認為身體之主宰；至於夢寐之時，此身體之主宰亦消滅與否，太古人思慮未周，故不暇計及也。試取各國語精神一語而考其語源，大抵出於呼吸脈息等語者，蓋是故也。Psyche 之引申為精神，即其一例。至若吾國以心臟為精神之所寓，而引申象形之心字為精神，則又因脈息而及於心臟者也。

　　太古人既以精神為與吾身暫時結合之一物，出入任意，來去自由，於是靈魂之說起焉；印度之靈魂輪迴說，埃及之靈魂復歸說，胥由是

出，至今猶能維繫一部分人之信仰，而未墜其勢力。太古人之所謂精
神，全屬形下之質，無待言已；即初期之希臘哲學，亦未能自拔於流
俗，或謂精神出於氣，或謂精神成於火，原子論者（Atomist）則以為
精神物質同出於原子，不過有精粗之別耳。Plato 出，精神物質之異始
判，Aristotle 繼之，心理學乃粗具學問之體裁。

心理學之定義　心理學之定義，學者不一其說；或曰，靈魂
（Soul）之學也；或曰，意識（Consciousness）之學也；或曰，行動
（Behavior）之學也。靈魂為宗教家語，意義曖昧，非科學家所宜言；
故近今心理學家咸擯棄是說，不復用之。意識學之定義，雖為普通學者
所採用，然意識之義過狹，不足以概括心理學對象之全部。蓋無意識的
精神作用亦當為心理學所研究，若定義為意識之學，則無意識的精神作
用不得不見擯於斯學之外；此意識學之定義所以未見其允當也。行動學
之定義，為近時一派學者所主張；但此義過泛，易與生理學之對象相混
淆，故亦未得一般學者之稱許。

今為最普通最簡單之定義曰：心理學乃研究心作用之科學，即研
究精神作用之科學也。夫用之為名，對體而立，既有用，似必有體；然
心之有體與否，為哲學上爭論之問。內省所及，則但見心用，未見心
體，但見喜怒哀樂思想欲望諸作用，未嘗於此諸作用外，見有思者欲者
喜者怒者之體也。科學的心理學以經驗為主，哲學問題非所宜問，故但
當研究心作用之如何，不必討論心體之有無。

精神作用無形無聲，不可以目見，不可以耳聞；故心理學之規定
研究對象也，非若植物學家動物學家可以指實物以示人之明且便也。雖
然，精神作用乃人人所同具，學者試內求諸心，當無不恍然悟者，構思
作畫，凝神學書，吾之精神作用也；喜極則笑，悲極則啼，吾之精神作
用也；臨財思得，臨難思免，亦吾之精神作用也。凡此構思凝神喜笑悲
啼思得思免皆吾精神作用之一端，合其他諸作用，彙而成吾精神作用之
全部。心理學即就此精神作用，研究其結構之狀況，活動之功用，發達
之程序，而為之立普遍法則者也。

心理學與物質的科學之區別 不有感覺，無以知色聲香味，不有思慮，無以辨是非誠偽；然則物質的諸科學之研究物質的現象也，莫不有藉於精神作用。更自他方面觀之，非有外界之森羅萬象，以接觸吾感官，則吾之感覺無由生，吾之思慮無自起；然則心理學之研究精神作用也亦有俟乎外物之對峙。自純粹經驗言之，物質的諸科學與心理學之研究對象相依相倚，固莫能分也；然二學之猶得截然別為二科者，無他，其取捨之道有不同耳。物質現象與精神作用，譬若一物之表裡，物質的諸科學與心理學各取其一方面之資料以為研究，而置他方面於不顧，例如有金石草木於此，專就金石草木己身之性質而研究之，則成礦物學與植物學；置金石草木之性質於不問，而專研究吾儕知覺金石草木時吾儕內界所起之精神作用，則成心理學。是故心理學之對象雖不能與物質的諸科學之對象絕對分離，然其取捨之道既有不同，自不得不分道而馳，別成一科之學。

心理學特定義為科學（Science）**者，明其非常識**（Common sense），**非哲學**（Philosophy）**也。**

科學與常識 智識而無系統，無條理，則雖博覽周知，猶不過常人之智識，非所謂科學也。所貴乎科學者，在能整理一事物之智識，使之有條理，有系統耳。田夫野老，其所識植物之名，或多於植物學家，然其智識散漫，無條理以貫徹之，故終不免為田夫野老之智識，而不得入於學者之林。故科學與常識，其為事物之智識則同，其有系統與否則異。心理學取精神作用散漫之事實而整理之，索其常道，立之系統，故心理學是科學而非常識。

科學與哲學 哲學與科學不同之點，為近時一般所承認者，約有二端：哲學是全般的綜合智識，以宇宙全體為研究對象，科學是一部的綜合智識，但研究宇宙間某一種之事實而已；哲學不設假定，務窮本體之究竟，科學姑假定某種現象為實有，而研究其作用之法則。心理學取宇宙間精神現象一端以為研究對象，非取宇宙全體加以探索，故自對象之範圍言之，其為科學而非哲學也明矣；心理學又以假定為基礎，不更超

越於假定之外，討論其所假定者之真實虛妄，故自研究之態度言之，其
為科學而非哲學也又明矣。而古之學者囊括諸學，以哲學為之總名；故
其視心理學也，不過哲學之一部，其研究之方法亦惟思辨是尚，蟄居一
室之中，自思自省，本一己之作用，造一家之學說，卒至徒逞空論，而
與實際相違。及近世以後，各種科學相繼離哲學而獨立，其研究之法亦
大改昔日之態度，以經驗為主，而不徒恃思辨；於是心理學亦脫哲學之
羈絆，立於經驗之基礎上，造成一科獨立之學。心理學脫離哲學，而採
用科學的研究法，實為新心理學之起點，近年以來之進步，莫非此獨立
之賜也。

　　心理學上之假定事項　心理學既為科學，自不能無所假定；茲述其
所假定者如下：

　　（1）**精神作用為真實常住之事實**　心理學以精神作用為其唯一之對
象者也；使其唯一之對象而幻妄虛無，則皮之不存，毛將焉傅，又何心
理學之足云；故第一假定要焉。

　　（2）**是等精神作用更可以吾之精神作用觀察而研究之**　科學之研
究，始於觀察，若事物隱晦，不能為觀察之對象，則雖有智者，又烏揣
測而研究之；故第二假定要焉。

　　（3）**精神作用皆遵循一定之法則**　通諸不同之現象，以求其概括共
通之法則，正科學之天職也；假使研究之對象龐雜紛亂，本無法則之可
言，則科學既失其成立之道矣；此第三假定所以不可以已也。

　　心理學之研究法　心理學之研究法以歸納法為主，與他科學略同；
蓋觀察諸種之現象，合而通之，以求其概括之法則，固惟歸納法是賴
焉。然心理學研究之方面既與他科學異，則其研究之法自亦不能不有特
異之處。今述其法如下：

　　（1）**內省法**　內省（Introspection）者，以吾之精神作用返觀吾之
精神作用之謂，乃心理學特有之研究法也。蓋精神作用無形無聲，他人
有心，莫從而見之，所可為觀察之直接對象者，惟吾一己之精神作用
耳，昔之心理學家專恃內省為唯一之方法，然內省之難恃，不一而足，

其最顯者，莫若精神作用之流動，與個人之差異。

精神作用，變動不居者也，如川之流，瞬息千里；吾方欲觀察吾現在之精神作用，不一剎那而此精神作用已成往跡，新作用又代之起矣。內省之難，於情尤甚，蓋感情與智識不能並盛，當喜怒極盛之時，試略加注意而觀察之，則喜怒之情即時消滅，一變而為智的作用；故經驗之際，觀察極難，惟有賴記憶之餘蔭，回思於事後耳。

古語有云：「人心不同，各如其面。」蓋人之精神作用發達有異，若執一己獨具之特質，以為眾人所同然，則人人各異其特質，即不免人人各異其主張，學說紛歧，終無一致之望；昔人偏用是法，而多流於武斷者，職是故也。

（2）**外觀法** 外觀（Observation）者，觀察他人之運動，藉以覘其內界精神作用之謂也。然吾之知人之有精神作用與吾同者，由吾之精神作用類推而得之，故外觀法亦以內省法為基礎。吾心有感，不能自匿，或形諸顏色，或發為動作，是固吾內省之結果所深信者；今見他人之顏色動作，吾便可據此外部之表出，以逆測其內界之精神作用而研究之。近時盛行之統計的研究法亦外觀法之一種。外觀法普照眾人之精神作用，廣搜博採，以求其所同然，不局促於一己範圍之內，故足以救內省法武斷之弊，然其為法間接，則又不若內省法之深切也。

內省外觀二法各有短長。古人專恃內省，以吾為主，其蔽也武斷；今之學者矯枉過正，偏重外觀而輕內省，其蔽也隔膜，並用二法，短長相補，利害相救，其庶幾可以無弊乎。

（3）**實驗法** 同是內省，同是外觀，又有單純觀察與實驗（Experiment）之別。現象自然存在之時，吾從而察其狀況，觀其作用，是為單純之觀察；現象本不存在，以人力造作條件，故使之起而後觀察者，曰實驗。是故單純之觀察居於被動之地位，實驗之法則能動的也。古之心理學者，但知單純觀察之內省法，而不知實驗；及心理學離哲學獨立，採用科學的方法以研究精神作用，於是實驗之法遂為心理學所重。近年以來，歐美各大學競置精巧之儀器，設宏大之實驗室，

利用此法,以從事研究,其成效亦既斐然可觀矣。此法所得之結果,極為精確,可以數字計算。惜其應用未廣,猶局促於精神作用之一部,未能推及全體;使他日研究益深,全部精神作用可以實驗,則心理學將與物理學、化學等同為精確之科學矣。實驗之法,本為現今心理學之普通研究法,故自廣義言之,一切心理學莫非實驗的心理學(Experimental Psychology),若自狹義言之,則實驗的心理學以研究實驗方法整理實驗成績為專職,今之心理學中特稱為實驗的心理學者,大抵屬是。

構造的心理學與機能的心理學　近時心理學者之研究精神作用,其態度頗不一致,有分析全部精神作用以求其最簡單之元素,而後自簡至複,以論其造成種種複雜作用者,是曰構造的心理學(Structural Psychology);此派學者可以德人 Wundt 為代表。其研究態度,與化學之析物質為七十餘元素而論其化合者,大略相同。亦有不重分析,但欲說明精神作用全體具有何種機能,對於外界之順應具有何種效用者,是曰機能的心理學(Functional Psychology);美之 James 可為此派之代表。此二種態度雖各有短長;然機能的心理學不以分析為務,終不免流於散漫,缺乏系統,故自理論上言之,要以構造的心理學之態度為合於科學的研究法。

生理的心理學　精神作用與身體之作用關係,極為密切,故現時心理學者咸以研究心身之關係為重要事業之一,當說明精神作用時,必推究及於與此精神作用相關聯之身體上作用。詮釋精神作用時,加以生理學的說明者,曰生理的心理學(Physiological Psychology)。雖然,對於精神作用加以生理學的說明,亦為現今心理學之普通究法,故生理的心理學不過心理學研究態度之一種,非有特別之對象。

兒童心理學與動物心理學　普通心理學之外,又有數科,別成流派,以特別事實為對象,而供有益之材料於普通心理學。溯自 Darwin 倡進化論以來,進化思想風靡學界,各科學者莫不以是為其研究之一法;心理學亦受此影響,乃有發生的研究,以研究精神作用之原始狀況及其自簡之複之進化程序。發生的研究不特可以明精神作用發達之程

序，即如成人之複雜的精神作用，為普通心理學所不易分析而說明者，亦可藉發生的研究以明之，故其對於普通心理學之功亦甚偉大。生物形體之進化，有個體進化與種族進化之別，精神作用亦然，故心理學之發生的研究可別為二科：研究兒童精神狀態逐漸發達以底於成人精神狀態之徑路者，曰兒童心理學（Child Psychology）；觀察下等動物與高等動物之精神作用而比較之者，曰動物心理學（Animal Psychology），亦曰比較心理學（Comparative Psychology）。

變態心理學 變態心理學（Abnormal Psychology）研究精神異常之狀態；所謂異常狀態者，如精神病者之精神作用催眠時之精神作用是也。夫觀變足以知常，故精神作用或有在常態不易知其性質者，一與變態現象對比，其性質遂因以大顯；是故變態現象之研究，亦大有功於普通心理學者也。

社會心理學與民族心理學 個人集合而成團體，則於個人之精神作用外，又有特別精神作用之發現，如社會精神、民族精神是也。此種特別精神作用，非個人所固具，亦非研究個人精神作用之普通心理學所能說明，故不得不別設新科以研究之。以研究社會精神為目的者曰社會心理學（Social Psychology），如革命之心理，如暴徒之心理，皆其研究項目之一也。以研究民族精神為目的者曰民族心理學（Folk Psychology），其研究對象為各民族之神話藝術風俗等。

第二章
精神作用之生理的基礎

精神與身體 精神與身體之關係實為二千數百年來哲學家爭論之焦點，有唯心唯物二元一元之論，以論其體，有交用並行之論，以論其用。其為說固精微奧妙，足以引人入勝；然哲學上問題非科學的心理學所宜問，科學的心理學但就經驗範圍之內，一究其關係可耳。靈魂玄妙，可以離身體而獨立，此草昧人民之所倡，宗教家之所持，不足深信；試據科學的經驗以立論，則精神作用實與身體有密切之關係，而尤與身體中之神經系統有不可分離之勢，存則俱存，死則俱死，斷未有身死而心可獨存者也。此非故為臆測之辭，有種種事實可以證明之。

生而聾者，終其生不知聲，生而盲者，終其生不知色；外界非無聲色之刺激，耳不聰目不明有以蔽之耳。病熱者囈，醉酒者狂，其人非故狂囈也，頭腦醺暈神志昏迷有以致之也。畸形之兒智識卑下，不能與常兒等，非天故賤之也，當其居母胎時，頭骨因故不長，腦髓不能遂其完全發育，有以使之然也。由此觀之，感官者智識之門戶，腦髓者精神之府庫，一部分之門戶不關，即引起精神作用一部分之缺陷，腦髓蒙害，府庫不完，即引起精神作用錯亂陋劣之象；浸假而感官盡死，腦髓亦亡，得不遂引起全部精神作用之喪失乎？今試更取活蛙若干，解剖而比較之，當益足以證精神作用與神經中樞關係之密切，其法先取一蛙，去其腦髓，留其脊髓，則蛙雖不死，而動作皆息，惟以有害之酸類刺激其皮膚，始知拂除以自護耳。次取一蛙，兼留其小腦，則於保護運動外，兼能飲食匍匐游泳矣。再次取一蛙，僅去其大腦，則與常蛙無異，不過無自發運動，足以徵其無大腦耳。精神作用之消長與腦髓之去留相比

例，匪惟蛙然，人亦如是；故欲研究精神作用，不可不知與精神作用有密切關係之神經系統。

神經系統　神經系統（Nervous System）以傳達刺激喚起動作為其根本之作用，其為用有似電線之司報道，故或即以電氣作用擬之。然據近時研究之結果，神經之作用似非電氣作用，乃一種特別化學作用也；其作用之性質如何，尚未能詳知，所可知者為惰性之一事，即休息中之神經，欲使之效傳導之作用，則非費若干之刺激不可。

神經細胞　神經系統之構造元素曰神經細胞（Nervous Cell），神經細胞有圓形者，有橢圓形者，有三角形者，其狀不一。細胞分二部：居中而成上述之形狀者曰細胞體，體中有核；自體面分射於四方者曰纖維。纖維短者不滿一 Millimetre，長者幾及五尺，其巨細亦各有差。通計成人神經系統所含神經細胞之數，約在一百萬萬左右，蓋其體積至微，平均不過十萬分之九立方 Millimetre。

細胞體與纖維雖同為神經細胞之一部，其形體既殊，故其作用亦略異。感受刺激而傳達之，為兩者之通有性外；通常以為細胞體於刺激通過之時，有時增加其勢力，有時阻止其進行，不寧惟是，有時外界未有刺激，細胞亦能自起神經激動，緣纖維以傳達。其說可恃與否，世間尚無定評，然觀於動物之自發運動，其事容或有也。細胞體又擔任營養之作用，故細胞體一旦破滅，其纖維無食可得，亦必飢與俱斃。

神經之作用上分類　若以神經之作用為分類標準，神經可別為三類：一曰知覺神經（Sensory Nerve），以外部之刺激傳諸內部，二曰運動神經（Motor Nerve），以內部之刺激傳諸外部，三曰中樞神經（Central Nerve），聯結知覺運動兩神經，以通其作用。知覺神經上聯中樞神經，下抵眼耳鼻舌皮膚筋肉及其他之組織，以使有機體與外界之物理的化學的諸刺激相接觸。運動神經上聯中樞神經，下抵筋肉，受中樞神經之命令，發為動作，以成言行。中樞神經居腦脊之中，為一切精神作用之所由出。夫神經系統之足貴，在能發適當之動作，以應種種之刺激，今有此三類，一以刺激內傳，一以刺激外達，一以聯絡感官的刺激

與筋肉的反應，故三者備，而神經之作用完矣。

神經之解剖上分類　若更以神經在身體中所占之位置為標準，則神經可別為二類：一曰中樞部（Central Part），即上述之中樞神經；二曰末端部（Peripheral Part），兼含知覺運動兩神經及神經末端之感覺機關。感覺機關俟於感覺論中論之，茲先略論中樞部之腦髓脊髓。

脊髓　脊髓（Spinal Cord）居脊柱之中，為中樞神經之一部。其外部為白質，成自神經纖維，其內部為灰質，略作 H 形，成自神經細胞。灰質之前部發射神經纖維，合成若干束，經脊柱以達於筋肉，是即運動神經；其後部又與知覺神經相接，故知覺運動兩神經至脊髓始通。白質繫聯上下，使內外刺激去來自由，即一方面使感官所受之刺激可以上達於腦，他方面使腦髓所發之刺激可以下抵筋肉。故有脊髓之第一作用，筋肉與感官乃得聯絡，有脊髓之第二作用，腦髓與末端乃得交通。

反射運動　知覺神經與運動神經，在脊髓之灰質中，互相接近，故緣知覺神經外來之刺激，於脊髓中，直接□於運動神經而發為運動，其事甚易。此不經大腦之指揮，在脊髓中直接由刺激轉成之運動，曰反射運動（Reflex Movement）。如方將入睡，有所接觸而肢體動，苦思之際，為蟲所刺，而手臂運動以驅除之，是其例也。以未經大腦之指揮，故運動之先，不知有刺激，但於運動之後，自覺其運動耳。反射運動之起，大抵在大腦不作用，或別有所專注之時；蓋是時上下之交通阻隔，刺激達脊髓，受若干之抵抗，不得更進而入於腦，故即轉向運動神經以成運動。

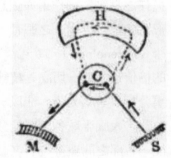

大腦　大腦（Cerebrum）居腦髓之上部，為高等精神作用之府庫，最與精神作用有關係。大腦卵圓穹隆，其中央有縱裂，分大腦為兩半球（Cerebral Hemisphere）。半球之內部成自白質，其外部成自灰質，曰大腦皮質（Cortex）。外界刺激緣知覺神經以達於脊髓，更通過脊髓之白質，以達於大腦皮質。今假以電流為喻。大腦以下之神經系統 C，乃發

自感覺機關，沿 SCM 以達於筋肉之捷徑，兼有大腦之神經系統 H，則其迂路也。長途溽暑，見有樹蔭濕地，就而休息，若涼爽之感覺捷徑以刺激筋肉，必且不識不知，展其四肢，偃臥於地，以取快焉，若是時迂路之交通未絕，感覺之刺激上達大腦，則必追往思來，念濕氣之易致疾病，蘧然自警，抑其刺激，不敢肆志取快，以貽後災。大腦以下之中樞神經，其反應刺激也，但計目前，不顧將來，其作用劣，故曰下等中樞（Lower Centre）。大腦則懲前毖後，見利則取，見害則拒，不為利誘，不為物役，故曰高等中樞（Higher Centre）。動物之下等者，其行動大抵出於下等中樞，驅於飲食之欲，不辨利害，見物即嚥，因是中毒以喪其生，即或倖免，不知自戒，尋復蹈故轍者，往往有焉。動物愈高等，則下等中樞之行動愈減，高等中樞之行動愈增，愈能遠見高矚，不惑於一時之小利矣。

大腦半球作用之分擔　大腦半球為高等精神作用之府庫，而半球各部又略有作用分擔之現象；故大腦半球中某部破損，則其所擔任之某種精神作用往往隨之滅亡。昔者 Gall 過重斯義，以為各種高等精神作用皆於大腦半球中有一定之位置，而大腦半球之某部特別發達者，其所擔任之高等精神作用亦隨之特別發達。且謂大腦半球之形狀又與頭骨之形狀相稱，故揣人之頭骨，即可以知人之性情，Gall 據是理以組織骨相學（Phrenology），頗為當時學界所歡迎。雖然，Gall 之說，非有科學的價值也。蓋一切高等精神作用皆為各種精神元素所複合而成，Gall 不事分析以求其元素，徒以一精神作用為一體，而歸之於大腦半球某部之特質。大腦半球各部既能營各種高等精神作用，實已具備大腦全體之機能，各部之間豈得復謂之有差別之性哉？且研究精神作用而歸之於大腦某部之特質，是不過將問題重述一遍，亦不得謂之解釋也。Gall 之後，學者取各種動物，或以電氣刺激其大腦半球之各部，或割去其一部，以觀其異。種種實驗研究之結果，乃知大腦半球之中，雖略有分業之事實，至 Gall 嚴密分擔之說，固不足盡信也。今取各家所得最確之結論，略述如下。

運動中樞　運動中樞（Motor Centre）乃全身運動之司令府，居大腦皮質之顧頂部。此部發射神經，下行以達週身之筋肉。當其下行時，兩半球之所發互相交錯，各入其身體之反對部分，即右半球所發之神經入於身體之左部，左半球所發之神經入於身體之右部。故設或身體右部有失其運動之機能者，必左半球之運動中樞有損；反是，身體左部有失其運動之機能者，必右半球之運動中樞有損；運動中樞之存在，運動性失言症（Motor Aphasia）最足以證明之。患運動性失言症者，音聲依舊，未嘗喪失也，脣舌如故，未嘗麻木也，能呼能號，惟不能發語耳；或即能發語，紛雜凌亂，不成意義。患純粹運動性失言症者，亦自覺其語言之凌亂，特無術以自正耳。此種病者，死後解剖其腦，即可以發現其運動中樞之損傷。

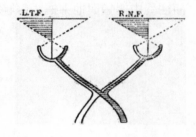

視覺中樞　視覺中樞（Visual Centre）居大腦皮質之後頭部，與兩眼網膜之神經相繫聯。其繫聯之道，兩眼網膜右半部之神經入於大腦皮質之右半球，其左半部之神經入於左半球。故大腦皮質右半球之後頭部偶受損傷，則兩眼各罹半盲症（Hemianopsia），即兩網膜各喪其右半部之感覺，而失其左半部之視野，在圖為 R，N，F，及 L，T，F。如左右兩半球之後頭部俱傷，則生二重半盲症，即成全盲症（Total Blindness）矣。網膜，或網膜與大腦皮質間之部分損傷，不過對於光線之刺激失其感受性而已，其視覺的想像作用依然無恙也。患半盲者亦不過於視野之半部喪失其感覺，其視覺的觀念猶未消滅也。及患全盲症，則不特對於光線刺激之感覺盡失，其從前由視覺所得之記憶觀念亦隨以消滅。

其他之感覺中樞　聽覺中樞（Auditory Centre）居大腦皮質之顳顬部。其他嗅覺中樞，味覺中樞，觸覺中樞等究居大腦皮質何部，今日猶多疑義，未能確定。

聯合中樞　聯合中樞（Association Centre）在大腦皮質之兩側，既

不與筋肉相聯繫,亦不與感覺機關相結合,但聯合大腦皮質中運動感覺各中樞,使其相通耳。例如有起自聽覺中樞經視覺中樞達於運動中樞之聯合神經,則吾儕一聞寫字之命令,吾儕即喚起字之視覺的觀念,而指使手之筋肉,為適當之運動矣。聯合中樞破壞,亦生種種精神上之疾病,精神盲(Mental Blindness)其一例也。精神盲對於外界刺激,非不能感覺,特感覺之而不能了解耳。患精神盲者,往往有目視不識之物,一手撫摩,即能辨其為何物;此蓋視覺中樞與他中樞之交通雖已斷絕,而觸覺中樞猶與他中樞相繫聯故也。

第三章
感覺總說

感覺之意義　感覺（Sensation）者，精神元素之一種也。生物之體，具有各種感覺機關，感覺機關感受刺激而傳之於腦，於是精神之中乃有感覺之發生。例如空氣之振動接於吾耳，則聞聲音，以太之振動映於吾眼，則見彩色；空氣以太等振動為外界之刺激，耳與眼為吾身之感覺機關，聞聲見色，則精神中所生之感覺也。聲色諸感覺乃分析精神作用所得最終之結果而不可復分者，故曰：感覺者，精神作用之元素也。

知覺神經發自神經中樞，而密布於身體全部；刺激來時，神經即感受之以傳諸腦，使於腦中生種種感覺。然末端神經各有專職，非其所掌，刺之不應。例如光波之來，固遍及身體全部，而感受之以生視覺者，獨有視覺機關；聞香不能以舌；辨味不能以鼻。對於某種刺激，其知覺神經或聚於身體一隅，或遍及身體全部，雖其分布之廣狹相去甚遠，要皆各事其事，不能相為用也。

特別勢力說與順應說　感覺機關之所以各事其事，不能相為用者，其故何歟？昔者 Müller 嘗以特別勢力（Specific Energy）之說解釋此事。其意以為各種感覺機關皆有一種特別之勢力，此勢力偶為外物所刺激，則發而為某種之感覺。目知光彩，耳辨聲音；此光彩與聲音非緣於外物之性質，乃起於感覺機關內之特別勢力者也。故無論何種刺激，苟有與視神經相接觸，而能解發其勢力者，必發而為光之感覺；亦有同一刺激，其所刺激之感覺機關不同，而吾人之所感亦因以異者。凡此諸例，皆足以證感覺之生，與刺激之性質無關係，而各種感覺機關本有其一定之感覺，不可移易也。Müller 據此事例，更進一步，以為感覺者

非所以傳外物之性質於意識，不過傳知覺神經之性質於意識耳。近時 Wundt 以順應（Adaptation）之理，改造 Müller 之說。蓋神經之為用，溯其原始，本平等而無差異；有生之初，以皮膚全體為感覺之機關，初未嘗分化也。及動物身體之組織漸複雜，於是有某部神經，以常受同一刺激之故，對此刺激，反應較易；習之既久，則易者益易，難者益難，於是遂有感覺機關之分化，各事其事，而不能相為用矣。是故感覺機關之特別作用，乃順應分化之結果，絕非先天所既定者也。Müller 說之蔑視刺激之性質，以為感覺之生，純由感覺機關內部先天之勢力；Wundt 則注重於刺激之性質，以為感覺機關順應各種刺激，乃始有今日之分化。

感覺之四相　感覺之為用，本單純而不可分，但於吾人研究之際，為研究便利起見，不妨分各種方面研究之。感覺有四相（Four Aspects）：一曰性質（Quality），二曰強弱（Intensity），三曰廣狹（Extent），四曰久暫（Duration）。性質者，一感覺所以異於他感覺之點。強弱者，應刺激之強弱而生之感覺強弱也。廣狹者，言感覺空間上之大小。久暫者，言感覺時間上之長短。例如在色彩之感覺，青黃紫赤，感覺之性質也。青色之有濃淡，感覺強弱之不同也。性質強弱雖同，而空間又有廣狹之異，如一片綠野與一枝綠草，其大小有別。吾人感覺之之時間，又有久暫，如一瞥與凝視，其時間之長短不同。

茲四相中之性質強弱久暫遍具於諸感覺中，惟廣狹或有不備耳。例如聲音之感覺無有廣狹，通常所謂聲音之高低大小，均非空間上之屬性。廣狹之相，於視覺觸覺為最著，故物之大小必緣視觸二覺而知之。性質強弱久暫廣狹四相，不過吾人於研究感覺時思考上所分析，非謂感覺可析為此四種元素，亦非謂感覺別存於四相之外也。

此四相者，感覺固具之屬性，四者缺其一，便不能成感覺，（本無廣狹之感覺，自不以廣狹為必要。）例如無久暫之音，絕非吾人所能聞；無廣狹之色，絕非吾人所能見是也。

四相之中，性質最為重要。（1）蓋性質之差異乃感覺差異之標準，

未有性質異而感覺之種類同者也。至於其他三相，則與是異；廣狹雖不同，猶不失為同類之感覺，或感覺之種類雖異，而時間上之久暫相同。是故性質者，一感覺之所獨有，其他三相，則眾感覺之所通有者也。（2）感覺之起，必有生理作用與之相應；而感覺四相中，與生理作用有關係者，實惟性質；是故欲知感覺之生理條件，不可不先知感覺之性質。（3）性質是絕對的，其他三相皆是相對的。總此三因，言感覺者，不得不偏重性質，而輕強弱廣狹久暫。

感覺之性質 東方人言感覺，不外色聲香味觸五種，昔之西方人亦如之；及近時研究之結果，始知感覺種類不止此數，五種之外，猶有三種可舉。

動物進化之初，感覺機關未嘗分化，感覺作用亦極單純。Amoeba等初等動物以單一之細胞體，於生理作用外，兼營原始之精神作用，反應外界之刺激，以起朦朧之感覺。當此之時，其質純一，似未嘗有種類可言也。及動物稍進化，始有神經之細胞，專以反應外界刺激為務，而與爾他之營生理作用者分化。更進而分業益繁，職掌益專，於是有若干神經細胞，聚集一處，專應某種之刺激，用以構成各種感覺機關。感覺之進化與感覺機關之發達相並而進。及吾人類，感覺之發達似已臻其絕頂。雖然，客觀界刺激之種類無有窮盡，吾人類對於諸種刺激，似尚未能一一特具感覺機關，以反應而感受之。例如對於電氣磁氣之刺激，吾人未有特別之感覺機關，故無特別之感覺；其他不為吾人所感覺，且未為吾人想像所及者，又不知凡幾也。

感覺之種類生於感覺性質之差異，故性質之分類即感覺之分類也。在今日之人類，感覺可分為二大類：感覺之刺激居身體外部者曰外感覺（Outer Sensation），居身體內部者曰內感覺（Inner Sensation）。屬於外感覺者，有視覺（Visual Sensation）、聽覺（Auditory Sensation）、嗅覺（Olfactory Sensation）、味覺（Gustatory Sensation）、觸覺（Tactual Sensation）、溫度感覺（Sensation of Temperature）六種，屬於內感覺者有筋肉感覺（Muscular Sensation）、有機感覺（Organie Sensation）二

種。

感覺之強弱廣狹及久暫　各感覺皆有一定之強弱與一定之久暫，視覺觸覺又有一定之廣狹；因此三相之不同，雖同類感覺亦異其情狀。蟲聲啾啾，雷鳴殷殷，吾耳皆聞之，而所感有強弱之辨。明月終宵，電光瞬息，吾目皆見之，而所感有久暫之異。蚊蚋觸膚，衣服被體，吾身皆覺之，而所感有廣狹之殊。

感覺之界限　感覺之強弱廣狹久暫，應於刺激之強弱廣狹久暫而起者也。外界刺激之強弱廣狹久暫，其巨也無垠，其細也無極，而在吾人之感覺，則有一定之界限；越乎此界限者，非吾人所能感覺，不及此界限者亦如之。置錶於耳側，其聲甚明，漸遠漸微，終且無聞；此刺激過弱，不及感覺界限之所致也。徬徨郊野，仰視飛鳥，愈高而愈小，忽焉而烏有；此刺激過狹，不及感覺界限之所致也。試取齒輪而以手按之，其轉動緩，則吾人一一覺其輪齒之觸指，漸速，則撫之若天鵝絨，速極，且滑如大理石矣；是蓋輪齒之交替過速，吾指不及一一區別之，即刺激過暫，不及感覺之界限者也。此就感覺之最小界限言也。其最大界限亦然，刺激而越乎此限，雖強之廣之久之什伯倍蓰，亦不能有絲毫影響及於感覺之強弱廣狹久暫。例如感覺之強，以痛極麻木為度，既痛極而麻木矣，雖更強其刺激，豈更能有加於麻木哉？感覺之廣狹，在視覺時，以刺激充滿全視野為最高度，在視野外者，非吾目所能見；在觸覺時，以刺激接觸全身皮膚為最高限，不與皮膚相接觸者，非吾身所能識。更就其久暫言之，則各感覺之界限頗不齊一；聽尖銳之音，不數分而覺痛，觀鮮豔之色，雖歷久而不疲。

Weber 之法則　刺激至微弱，不及感覺之最小界限者，不能生感覺，必達一定之度，感覺機關始感受而覺之。此一定之度，心理學上名之曰識閾（Threshold of Consciousness）。在識閾之上，感覺之強弱似宜與刺激之強弱俱增損；然徵諸吾人日常之經驗，殊不爾爾。昏夜囊螢，足以照書，置之白晝，或且熟視無睹；同一螢光，而晝夜有明暗之辨。手持一斤重，復益以一斤，則驟覺增重，試潛以此一斤加於肩荷

之百斤，則荷者不知焉。入製造
之廠，機聲隆隆，不辨人語，中
夜人靜，則雖至微之聲，亦入吾
耳。由是觀之，刺激之強度雖增
益，而感受之之感覺，其強度增
益與否，當視感覺機關當時所感
受刺激之強弱如何而定。當時所
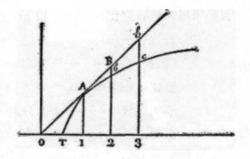
感受之刺激弱，則所加之刺激雖微，感覺亦能辨其異，倘當時所感受之
刺激甚強，則非加以強刺激，不能生增益之感。故感覺強度之增加與刺
激強度之增加，不能相並以進，前者實較後者為遲緩也。試圖明之，以
水平線表刺激之強度，以斜線上引下之垂線表感覺之強度，O 為刺激極
無之處，T 為識閾，水平線上之 1、2、3 為刺激強度之單位。假使感覺
強度之增加與刺激強度之增加相為比例，則刺激至 1 時，感覺之強度固
當為 A－1，刺激至 2、3 時，感覺之強度亦當為 B－2 與 C－3，而
在實際則不然，僅得 b－2 與 c－3 耳。

　　然則刺激增加時，感覺之強度以何種比例增益乎？此問題非日常
經驗所能解決，不得不有待於精密之實驗。德人 Weber 始研究此事，其
實驗方法之最簡單者，取一定之刺激而試增之，增至若干，感覺上始生
差異之感，測定此增益之數，以定比例是也。此種實驗，於光覺音覺觸
覺等最易施行，今以音覺之實驗為說明之列；取象牙球一枚，由高處擲
諸木板之上，而憶其所發之音，繼又高其擲處，試聽其音有差異否，以
高至有差異為度，乃從而測其所增高之比例。假初時由高 90 Centimetre
處擲下，漸增漸高，高至 120 Centimetre 時，始覺其所發之音有異。120
Centimetre 減 90 Centimetre 為 30 Centimetre，乃復加 30 Centimetre 於
120 Centimetre，由 150 Centimetre 處擲下，其音不異於 120 Centimetre
時，更增 10 Centimetre，其音始異。由是觀之，音響感覺必加舊刺激三
分之一，始有增益之感；反復實驗，益知此分數不論舊音強弱之如何，
常一定而不變。在他種感覺，其分數雖不同，要皆有一定之比例。今將

實驗所得各感覺之比例，揭之如下：

音覺………………三分之一

觸覺………………三分之一

溫覺………………三分之一

筋肉感覺…………十七分之一

光覺………………百分之一

　　此比例為 Weber 首先研究所得，故名 Weber 法則。然此亦不過大體之數，非謂絕對精確，毫釐不能更易也。Weber 法則亦可應用於感覺之廣狹久暫，特以研究未詳盡，其比例之數，尚難下斷語耳。

　　Fechner 之法則　Fechner 根據 Weber 之法則，應用數理以示刺激與感覺之關係。其法則曰：刺激以幾何的級數（等比級數）增加時，感覺以算術的級數（等差級數）增加，申言之，即感覺與刺激之對數相為比例也。今試以 S 為感覺，以 R 為刺激，以 C 為各感覺實驗所得之定數，則其數學的公式當為 $S = C \log R$ 或 $\dfrac{Sx}{Sy} = \dfrac{\log Rx}{\log Ry}$。蓋 Fechner 之意，以為刺激逐漸增加時，吾人所僅能辨認之感覺上增加，其量常等，且足以為感覺之單位。例如有某強度之感覺，其成立之先，嘗經過若干個僅能辨認之感覺上增加，則此感覺之某強度，即由此若干同等單位之結合而成。Fechner 此論，引起各方面之攻擊，蓋吾人所僅能辨認之感覺上增加，絕非有同等之量，百斤之重益以數斤，與一斤之重益以數錢，其感覺大異，斷難盡同。Fechner 於此事實，未嘗計及，故其所造公式不無武斷之弊。對於 Fechner 之計畫，足為根本反對之理由者，則感覺渾然一體不能分析之說是也。Münsterberg 曰，感覺之原因雖或成自多數之部分，至一入意識而成感覺，則渾然一體而已。極強之感覺絕非極弱感覺之混合體，亦非極弱感覺之化合體。例如深紅色之感覺斷非集合若干淡紅色之感覺所可成，此自此，彼自彼，截然異物也。

　　Merkel 之法則　Weber、Fechner 法則之所述，乃辨別感覺之最小差異時所起之現象，若感覺間之差異較大，則所起之現象亦與是異。設有同類刺激 A，B，C 於此，其相互間強弱之差異各相等，$B - A =$

C － B，則應 A，B，C 而生之 a，b，c 感覺，其相互間強弱之差異亦各相等，b － a = c － b 也。刺激與感覺以單比例之關係相並而進，與 Weber 之法則迥異。綜此事實，可造法則曰，三個感覺之強弱相距甚遠，設欲辨認其相互間相等之差異，則刺激當以等差級數增加。此事實為 Merkel 所發現，故曰 Merkel 法則。

第四章
皮膚感覺及內感覺

第一節　觸覺

皮膚感覺　人之皮膚與物相接，不特知有物體之接觸，且能辨別物體之寒暖；故皮膚感覺（Cutaneous Sensation）中有接觸感覺與溫度感覺二種。昔之心理學者混二者為一，不知分別。及十九世紀末葉，Goldscheider 始於觸點之外，發現溫點與冷點，於是乃知溫度感覺與接觸感覺，其機關不同，其性質亦異；自是厥後，始析溫度感覺與觸覺為二類。

觸點　觸覺之機關為皮膚中之觸點（Pressure-spot），觸覺之刺激，則機械的刺激也。試取尖細而柔滑之物，於皮膚表面上徐徐移行，則吾人有時覺有外物之觸膚，而有時不覺之。此能知外物觸膚之處即是觸點，無感覺之處乃觸點與觸點間之空隙處也。

皮膚中觸點之分布隨處而異。觸點密則感覺銳，觸點疏則感覺鈍，故皮膚各部觸覺之鈍至不齊一。大抵與外物易於接觸之處，觸點較密，與外物不易接觸之處，觸點較疏。額部顳顬部殆觸覺之最銳敏者，雖以二 Milligram 之重，壓於九平方 Millimetre 之區域上，亦能感受之而生感覺。

皮膚上各感覺之末端神經，於小兒之時，既已具備，其後皮膚之面積雖漸增大，而其末端神經之數則依然昔日之數也。成人與小兒，其皮膚面積之大小相去甚遠，而其神經之數則同，故成人之皮膚中，神經之分布不得不疏，小兒之皮膚中，神經之分布不得不密。皮膚上各感覺之

銳鈍，又緣皮膚中末端神經之多寡而定，故成人之皮膚感覺當不若小兒
銳敏也。

　　觸覺　風之拂面與水之沾身皆足以起觸覺，其間雖似略有性質上之
差異，然其差異不著，猶未足以為分類之標準。近時或有分接觸之感覺
與壓迫之感覺（Sensation of Pressure）為二類者，然壓覺與觸覺不過強
弱之別，非可截然分為二類者也。

　　外界刺激以同等之強弱刺激全身皮膚，則不能生感覺，空氣包圍
吾身，而吾身不之知，其明徵也。今試投腕於水銀中，則於吾腕之浸入
部與不浸入部相鄰接之一線上，起接觸之感覺。當此之時，吾腕浸入水
銀中之部分受水銀壓力之刺激，不浸入水銀中之部分，則但受空氣之刺
激，而不受水銀之刺激，故知觸覺之起，在受刺激皮膚與不受刺激皮膚
相鄰接之界線上。

　　昔之心理學者有以剛柔粗密等感覺為皮膚中別種之感覺者，今知此
種感覺實出於觸覺與他感覺之混合，非可自成一種者也。

　　剛柔之感覺起於觸覺強弱之不同。刺激較強，而同時有抵抗緊張等
感覺與之聯合，則吾人覺其剛，刺激較弱，則吾儕覺其柔。

　　粗糙平滑之感覺起於觸覺之斷續；故欲明辨物之粗糙平滑，吾之皮
膚不可不居於能動之地位，若徒被動的接物，則粗與否不甚明瞭。試以
手掌摩撫物體，倘該物體所引起之觸覺，其強弱常平等，則吾儕覺其平
滑，忽強忽弱，則吾覺其粗糙。

　　痛覺　皮膚感覺中又有感痛之作用，而痛覺（Sensation of Pain）起
時，大抵有反射運動隨其後。例如婦女刺繡，誤以針刺指，則急斂其手
是也。痛覺之機關，似別有痛點（Pain-spot）密布周身，痛覺之刺激則
機械的電氣的化學的諸刺激皆可也。一切刺激皆能生痛覺，此於生物之
生存上大有意味。蓋痛覺之起，起於災害之接近；使災害接近時，生物
不有痛覺以感之，不有反射運動以禦之，則其生命之滅亡，寧有日哉？
昔之心理學者以為一切神經，其刺激過度者，莫不可以生痛覺，今知不
然，惟皮膚黏膜筋肉關節始能生痛覺耳。是故視覺機關因光線過烈而覺

痛苦者，非視神經之能生痛覺，蓋眼中別有神經，專司此感覺也。

第二節　溫度感覺

溫點冷點　溫度感覺之機關於全身皮膚及口腔鼻腔咽喉等處。數十年前，以為身體中此數部分能平等感受寒暖，及 Goldscheider 就皮膚實驗以來，始知囊說之非。蓋身體之上述各部分中，感溫感冷，各有其一定之機關；此種機關均為極細之點，故名溫點（Warm spot）、冷點（Cold spot）。溫點冷點密布皮膚中，故任刺激皮膚何部，莫不生溫冷之感覺。然皮膚中分布之疏密，各處不一，大抵衣服所蔽之部較密，而露出無蔽之部較疏。冷點之數多於溫點，且其排列亦較為不整齊。成人與小兒，其皮膚之面積大異，而其溫點冷點之數則一，故成人與小兒皮膚中溫冷點之分布，其疏密自不能同。

生理學的零度　外物之溫度若在二十八至二十九度之間，則吾人對之，但有觸覺，而絕無溫度之感覺；此溫度在皮膚上不能引起溫冷之感覺，故曰生理學的零度（Physiological zero）。物之溫度逾乎此數，吾人始覺其溫，下此則覺其冷。然此數非一定不易之數，往往因順應之故而略有升降之變化；做初時足以引起冷覺之物體，或因撫之稍久，或因接觸更冷之物，遂不復覺其冷矣。雖然，此順應之現象亦有一定之界限，大抵十一度至三十九度之間為可以順應之範圍，過此以往，則不能順應。即物之溫度在十一度以下者，無論如何，必覺其冷，在三十九度以上者，亦無論如何，必覺其溫。

反對感覺及奇異感覺　冷點本以感冷為其特有之性質，然有時亦能起反對之現象。試以溫度極低之物，刺激冷點，則生極強之冷覺，試更以他法逐漸增高刺激之溫度，則冷覺之強度漸減，終且引起與反對之溫覺。此溫覺與冷點本有之性質相反，故曰反對感覺（Contrary sensation）。試更增高刺激之溫度，則溫覺消滅，而冷覺復生。刺激較溫，而感覺反冷，故曰奇異感覺（Paradox sensation）。刺激溫點之物

體，溫度過低，亦能引起反對感覺。至於溫點能生奇異感覺與否，今日猶未能證明，

Weber 之溫度感覺說　溫覺冷覺究以何因緣而起？ Weber 為之說明曰，皮膚之上，有一定溫度，外物之與皮膚相接觸者，不能增減皮膚之溫度，則溫覺冷覺均不能起。溫覺起於皮膚溫度之增高，冷覺起於皮膚溫度之減少。易辭言之，即溫點因溫度之增高而興奮，冷點因溫度之減少而興奮。

Hering 之溫度感覺說　Hering 以神經中同化（Assimilation）異化（Dissimilation）兩作用說明冷覺與溫覺，在普通狀態，同化異化兩作用互相平均，故無溫冷之感覺。外界刺激溫度較高，則異化作用占勝，遂生溫覺；歷時稍久，異化作用既衰，則復歸於平均之狀態，而溫覺亦隨以消滅。同化作用占勝利時，精神作用中之生冷覺，亦與是同。

Wundt 之溫度感覺說　Wundt 以血管運動之變化說明溫度感覺。皮膚表面之下，有小血管；外界之刺激溫度較高，則血管張開而生溫覺，刺激之溫度較低，則血管收縮而生冷覺。故血管運動實居於媒介者之地位，溫度之刺激引起血管之運動，血管運動以是傳之神經，乃生溫度感覺。

熱覺　通俗之見以為熱之感覺（Sensation of Heat）不過溫覺之強者，近據實驗研究之結果，始知其不然。蓋熱覺乃複合之感覺，非溫點單獨所能引起者也。試以可以生熱覺之溫度刺激置於一溫點或冷點之上，則不能生熱覺，必同時刺激相接近之溫冷二官，始有熱覺之發生。故知熱覺乃溫冷二感覺之所融合，非單純之感覺也。

第三節　筋肉感覺

筋肉感覺之性質　隨意筋肉關節與腱之中，皆有知覺神經之末端，當筋肉收縮，或關節相摩擦時，神經受之，遂生感覺。感覺機關既有三種，故感覺之質似亦宜分為筋肉感覺，關節感覺（Articular

Sensation），腱感覺（Tendinous Sensation）之三種。然其性質之差異不甚顯著，且三者互相錯雜，不易分析，故姑以筋肉感覺之名統之耳。筋肉感覺之性質與觸覺之性質相同，故亦可稱之為內觸覺（Internal Touch Sensation）。

筋肉感覺之複合感覺 筋肉感覺錯綜而起，於經驗之時，欲分析而辨別之，殊非易易。吾人日常所經驗者，大抵為其複合而成之感覺，非單純之筋肉感覺也。複合感覺之最重要者有二：一曰抵抗感覺（Sensation of Resistence），二曰運動感覺（Sensation of Movement）。

有物於此，試以指用力壓之，則於皮膚之觸覺外，又有抵抗之感覺。抵抗感覺大抵以關節感覺為主，而他感覺為之副。

身體上某部分運動之時，則有運動之感覺。運動之大小，運動之方向，雖閉目不視，皆能感而知之。運動感覺大抵由筋肉感覺與關節感覺所結合而成。

第四節　有機感覺

筋肉感覺以外之內部感覺，統名之曰有機感覺。故有機感覺之中，含有消化器呼吸器血液循環等諸種之感覺；當感覺之時，是等諸感覺聯合為一體，以出現於意識中，其構成要素極不分明，故不能分析而辨認之。且有機感覺，其度極弱，往往為其隨伴而生之感情所掩，不易辨別。

有機感覺未嘗分化，故不易分析而辨認之。然其中某元素特別強大時，或特加注意，則該元素亦未嘗不可特別為吾人所明瞭認識也。例如消化器之狀態，日常本不引吾人之注意，及大餓之時，吾人便有枵腹之感矣。

第五章
嗅覺味覺及聽覺

第一節　嗅覺

嗅覺機關　嗅覺神經居兩側鼻腔之內，鼻腔可分二部，居下者曰呼吸域，居上者曰嗅域。平時安靜呼吸之際，空氣但通過呼吸域而不入嗅域，故平時所起之嗅覺，大抵不甚明瞭。設有物於此，欲明辨其香臭，則不可不行深而且急之呼吸，深且急，則空氣可以上達於嗅域。嗅覺機關之刺激必為氣體；氣體隨空氣進入嗅域，刺激其中所含之嗅覺神經，於是乃起嗅覺。

嗅覺之性質　嗅覺之性質，其種類似甚繁多，至於可分幾類，今茲殊難斷定；在言語上亦未有分類的命名，徒假物體之名以為感覺之名耳，如云芝蘭香玫瑰香等是也。嗅覺之為用，發達極早，在昆蟲階級，嗅覺極為銳敏，及動物進化，嗅覺反隨以退步，逮吾人類，衰退至於極度。夫惟極衰之故，今日人類嗅覺之性質，殊難分明。嗅覺於人生實用上，於外物之知覺上，雖不能為絲毫之補助；然對於感情作用，則大有影響，如入芝蘭之室，則神清氣爽，是其例也。

嗅覺之疲罷　嗅覺作用極易疲罷。試嗅一香氣不間斷之物體，不數分鐘，嗅覺即已疲罷，不復能知其有香。是故入鮑魚之肆者，久而忘其臭，入芝蘭之室者，久而忘其香。然感受某種刺激而疲罷之嗅覺機關，若易以與前刺激異質之刺激，則感覺仍健全鮮明，絕無無臭之患。

嗅覺之混合　性質不同之刺激，同時刺激嗅覺神經，則生種種嗅覺混合之現象。若兩刺激之中，一刺激特別強大，則他刺激為此刺激所掩，不能生感覺。若兩刺激強弱相等，則兩者合而生混合之感覺；然若強弱相等之兩刺激，其性質相反，則兩者相殺，遂成無臭。

以上就兩刺激同時刺激同一之嗅覺神經言也；若使兩刺激分別刺激

各異之神經，則相殺之刺激仍相殺而成無臭，其不相殺之刺激，則兩者之感覺交相起伏，呈競爭之狀態

動物之嗅覺　動物之嗅覺極為銳敏。犬貓等哺乳動物，其銳敏之度雖已不及昆蟲，然其辨物識路，大抵以鼻不以目，具有足令人驚絕者也。動物心理學家 Romanes 嘗實驗其愛犬，以證其嗅覺之銳敏。Romanes 一日攜犬散步公園，見方注意他事，乃故在道上迴旋亂步，然後隱身石後，以睹犬之行動。俄而犬覓主人不得，乃至主人原立之處，以鼻嗅地。夫公園道上，行人甚多，足跡甚眾，而犬能不為所亂，明辨主人之足跡，隨之盤旋，卒獲 Romanes 所立之處也。

更降而至於昆蟲之類，其嗅覺之敏，視哺乳動物尤甚。據某學者之報告，嘗捕一雌蝶，閉之小匣之內，而懸諸室中，未幾即有雄蝶飛來，初猶徘徊窗外，終則入室而棲止小匣之上。夫身居遠處，而能聞室內雌蝶之臭氣，其嗅覺之銳敏為何如耶？昆蟲之嗅覺機關大抵能動，故昆蟲一與嗅覺之刺激相遇，便運移其機關，以逼嗅物之四周。學者或疑昆蟲之知形體，不緣觸覺而緣嗅覺，雖屬想像之談，亦或事理之所許乎？

第二節　味覺

味覺機關　味覺神經居味蕾之中，分布於舌尖舌根及舌之兩側。據近時之研究，舌之外，亦間有味覺神經而可以起味覺者。平時僅以舌為味覺機關者，不過就其顯著者言之耳。味覺之刺激非液體不可，故固體之物必先溶解於唾液，而後始能感覺。

味覺之性質　味覺之性質可約為四種，即甘苦鹽酸是也，一切物味皆可混合此四種元素而成。至於通常之所謂物味，則非純粹之味覺，乃味覺之外混有嗅覺觸覺溫度感覺等他種感覺者也。是故平時風味頗異之二物，今試掩鼻而食之，使各物所發之香氣不得左右其風味，則二物之味或甚相近矣。

各種味覺之銳鈍頗不一致。尋常之人，對於苦味之感覺最銳，對於

甘味之感覺最鈍，鹽與酸則處於二者之間。感受之力隨味而有異者，大抵緣常人愛食甘味，習之既久，故感覺較鈍，惡食苦味，不與之習，故感覺較銳。

　　甘苦鹽酸之外，或有以辛入味覺者。然辛之為味，實含有溫度感覺與痛覺，非真正之味覺也。

　　味覺機關之分業　舌之各部，對於四種味覺，各有所偏，非能平等感受之。舌尖一部，對於甘味之感覺最為銳敏，舌根對於苦味感覺最銳敏，舌側對於酸味感覺最銳敏，惟有鹽味一質，舌之各部殆能平等感受，無有顯著之分業。此味覺機關之分業與容貌上之表情大有關係。

　　味覺之對比　今試食林檎一片而憶其甘味；繼於食砂糖之後，復食林檎一片，而與所記憶之甘味相比，則此時林檎之甘味必遜於前。然若於兩次食林檎之間，不食糖而食鹽，則後之林檎之甘味且勝於前矣。又若取甘鹽二味，同時分置舌上，則甘者益覺其甘，鹽者益覺其鹽。強弱異度之味，或性質不同之味，同時或先後刺激味覺神經，則因相互之比較而益顯其特質；是曰味覺之對比（Contrast）。

第三節　聽覺

　　聽覺機關　聽覺之刺激乃空氣之振動波，聽覺之機關則兩耳是也。耳分三部：曰外耳（External Ear），曰中耳（Middle Ear），曰內耳（Internal Ear）。

　　外耳　外耳之外部即俗稱之耳。哺乳動物能移動其耳，以搜集各方面之影響，逮吾人類，反形退步，移動之用既廢，搜集之效，亦因以減矣。外耳之底有鼓膜（Tyrapanic Membrane），以與中耳間隔。一切音波入耳與鼓膜相接，則鼓膜為之振動，而傳其刺激於耳之內部。鼓膜不以固有之振動振動，故能信傳外來之音波而不誤，此其妙用，與眼球水晶體之透明無色，正相若也。

　　中耳　中耳居鼓膜之內，一名鼓室（Tympanum）。中耳之中，有

聽骨三：一曰槌骨，二曰砧骨，三曰鐙骨。槌骨直接附於鼓膜，砧骨與槌骨相聯，鐙骨復與砧骨相聯，而其他端接於內耳之卵圓窗；三骨相接，以繫聯外耳與內耳。每當音波入耳，鼓膜振動時，附於鼓膜之槌骨即應之而振動如此次第相傳，終達其刺激於內耳。中耳以鼓膜為障，與外耳相隔絕。然使中耳竟無與外界空氣交通之道，則外界空氣之壓力有所增減時，鼓膜即不免或被迫而內陷，或被逼而外突，而外來之音波或不能由是信傳矣。欲救此弊，鼓膜內外之氣壓不可不均。幸中耳之中有 Eustachian 管（Eustachian Tube），經喉頭以與外界之空氣交通，故中耳中之氣壓得與外界之氣壓常相等也。

內耳　中耳與外耳不過傳達之機關，皆非重要之部分，內耳始以波介紹於聽覺神經，以生聲音之感覺，故內耳為聽覺機關中所最宜注意者也。內耳之形曲折複雜，故一名迷路（Labyrinth）；迷路成自三部：一曰前庭（Vestibule），二曰半規管（Semicircular Canal），三曰蝸牛殼（Cochlea）。前庭居中，其一端有三管，作半環之形，故名半規管，其他端有細管，旋卷似蝸牛，故名蝸牛殼。而自中樞發出之神經密布於蝸牛殼內，以構成特別之器官。蝸牛殼中有膜，曰基礎膜（Basilar Membrane），基礎膜上有 Corti 器官（Organ of Corti），聽覺神經即棲宿其中。音波自外來，震盪鼓膜，中耳之聽骨即受之以傳諸內耳中之蝸牛殼，復經 Corti 器官以達於聽覺神經，於是乃生感覺。基礎膜在蝸牛殼之中，其廣狹不一，在殼底者較狹，而在殼頂者較廣；故基礎膜宛若成自無數長短異度之弦，而各有其固有之振動數。當音波經鼓膜聽骨傳入蝸牛殼時，基礎膜中與該音波振動數之部分，得照物理學上共鳴之理，應之振動，以生與刺激相當之感覺。

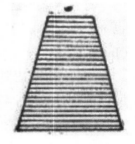

聽覺之性質　音覺生於空氣之振動波，其種類雖繁，可大別為二類：一曰雜音（Noise），二曰樂音（Tone）。雜音者，生於不規律之音波，如裂帛捧物之聲是也；樂音者，生於有規律之音波，如絲竹謳歌

之聲是也。二者雖可區別，然吾耳平時所聞之聲音，大抵係二者之混合體，非純粹之雜音，亦非純粹之樂音也。若以精密之法測驗音覺，則耳所能辨者，雜音之數約有五百五十種，樂音之數約有一萬一千種。

樂音之性質　樂音之性質有三：一曰高低（Pitch）、二曰強弱（Loudness），三曰音色（Timber），茲分述如下。

音之高低　試按風琴之右端與左端，其所發聲音顯有區別，右端之音尖銳，左端之音宏亮，尖銳者是高音，宏亮者是低音。音之高低與音波之長短音波振動數之多寡為比例；凡音波愈短而振動數愈多者，其音愈高；音波愈長而振動愈少者，其音愈低。然而吾耳所能辨別之高低，有一定之界限，過高之音與過低之音皆非吾耳所能聞。至於最高最低之界限，人各不同，大抵在每秒四萬振動與每秒十六振動之間。蓋基礎膜所含之弦本有定數，四萬振動以上與十六振動以下之音波雖入吾耳，基礎膜上無有與之共鳴者。

音之強弱　音之強弱起於發音體振幅之大小，亦即起於空氣振動之劇烈否也。振幅大而振動劇者，其音強，振幅小而振動不劇者，其音弱。聽覺機關對於聲音強弱之銳敏，亦人各不一，即同在一人，其左右兩耳亦往往有銳鈍之不同。

音色　有甲乙兩音，其高低強弱雖一，隨其所自發之樂器種類不同，而因以生差異者，曰音色。音色之起，起於振動形狀之不同。蓋發音體當振動時，僅作單一之振動以生單純之樂音者，幾等無有；大抵之發音體，於固有之振動外，又作他種之振動。例如有每秒一百振動之弦於此，當振動時，於一百振動外，亦作二百三百四百等振動。此一百振動之音曰主音（Principal Tone），二百三百等振動之音曰上音（Overtone）。主音極強，為吾耳所能明辨，上音極微，非耳所能聞，驗以共鳴器，始能知其存在耳。音色之差異，即起於上音之差異。例如 Piano 之音，其所帶之低級上音較強，高級上音極微，又如 Violin 之音，其高級上音極強；故兩者之音，即使高低強弱相同，其音色猶大異，使人聞之，即能辨其為何種樂器所發。

　　二音之複合現象　　兩個發音體同時振動時，二音相合，則生種種特異之現象。如二音之高低相同，則複合所生之音仍係原音之調子，不過其音加強耳。若二音之高低略異，則二音波時或相助，時或相殺，其所合成之音仍與原音之調子甚近，但其強弱時有變化，成升沉之現象。若二音之振動數去略遠，耳中所聞，猶是一音；此音之高低處於二原音之間，而升沉之回數視前更增。二音間之振動數相去愈遠，則升沉之回數愈多，而合成之音愈弱，卒至合成音之外，合成之之原音亦同時為耳所感覺矣。

　　二音間之振動數相去過遠，則生差音（Difference Tone）、加音（Summation Tone）之現象。例如有每秒三百振動與每秒四百振動二音於此，吾人於聞此二音外，又聞每秒一百振動與每秒七百振動二種之樂音。前者適合二原音相減之數，故曰差音；後者適合二原音相加之數，故曰加音。加音極微，非常人所能聞，故於感覺上不如差音之重要。差音之數不限於一。原音之間，固可以生差音；差音與原音之間，亦可以生差音；差音與差音之間，又可以生差音。凡二樂音間差音之數少，則音調諧和，使人聞而生快；若差音甚多，且各具特異之調子，則音調不和，使人聞而生厭。

第六章
視覺

視覺機關 視覺以以太（Ether）之振動為刺激，以眼球為機關。眼球之構造與照相機略同，故學者往往以照相機為喻，然其構造之巧，作用之妙，迥非人造之照相機比也。眼球球狀而前突，外部裹以堅韌之鞏膜與角膜，內部實以視神經與屈折之媒介體。視神經發自大腦，穿鞏膜而入，蔓延其纖維於眼球內部，組成一薄膜，是曰網膜（Retina）。外界之刺激經數種之屈折體，以達於網膜，而於網膜之上喚起生理的化學變化，更緣神經纖維傳入腦際，於是視覺生焉。

照相機之主要部分為乾板，眼球之網膜猶照相機之乾板也。網膜成自十層之細胞，其中與視覺尤有密切之關係者，為棒狀細胞（Rod）與錐狀細胞（Cone）。錐狀細胞聚集於中央，棒狀細胞分布於四圍。而網膜之正中點獨有錐狀細胞，故較周圍略低，是曰中央小窩（Fovea），視物最明，非周圍所能及。然不辨色而徒辨光，周圍不讓於中央故知錐狀細胞適於感受色彩，棒狀細胞適於感受光耀。

盲點 視神經入眼之處，無錐狀細胞，亦無棒狀細胞。凡外界形體之投影於此點者，非吾人所能感覺，故心理學上名此點曰盲點（Blind Spot）。此點之存在，可以實驗證之。試閉左眼，而以右眼凝視上圖之十字，初置圖於眼前極近之處，逐漸移遠，則必有黑圓隱匿不見之一境，蓋是時黑圓適投影於盲點上也。漸移漸遠，而凝視十字如故，則必黑圓漸現，而黑方漸隱，蓋一出盲點而一入盲點也。

　　眼之調節作用　照相機之照相也，常移動其乾板以應物之遠近，故物體之投影於乾板上者，莫不鮮明。眼中之網膜不能如乾板之自由移動，顧別有他法焉，亦足以致物像於鮮明，而與照相機之作用相等。蓋角膜之內，有水晶體（Lens）。水晶體之為用，所以集外來之光線，使映其焦點於網膜之上；其體能隨外物之遠近，張弛厚薄，變化其屈折之度，以使焦點不先不後，常在網膜之上，而構成明瞭之像。目視遠物時，水晶體略作扁平狀，目視近物，則增其厚度，而復其自然之形態，是曰水晶體之調節作用（Accommodation）。夫惟水晶體能自由調節，故物像常明，使一旦調節失其用，則成遠視或近視，非借助於人工之眼鏡，不能睹遠近之諸物矣。瞳孔之大小亦能時時變化，以加減光線射入之分量。光線強時，則瞳孔縮小，光線弱時，則瞳孔張大；此又瞳孔之調節作用也。

　　眼球之運動　眼球運動之迅速，身體諸部中殆無其比。蓋眼球之為物極小，而所以運動之之筋肉有六，力大而質微，其速也宜矣。而此六筋中，水平運動之筋二，上下運動之筋四，故眼球運動時，左右與上下，其難易有不同，又從可知也。網膜自中央小窩外，視物恆不甚明瞭；而中央小窩極小，勢不能物物盡映其中；得此眼球迅速之運動，足以補此缺點。外物一引吾人之注意，吾眼即移向之，使之投影於中央小窩；其為體雖大，吾眼得次第移向其各部，使各部次第盡投影於中央小窩中。惟其動也至速，故吾人視物時，但覺一視即見，不自知次第視而次第見也。視物時眼球之運移，隨物之遠近而異其道；物處近地，則兩眼內向，作輻輳之狀，物居遠地，則兩眼外移，作平行之形。

　　視覺之性質　視覺機關所生之感覺，可以分為二種；一曰光覺（Sensation of Brightness），指黑白之感覺而言；二曰色覺（Sensation of Color），則指青黃紅綠之色彩言也。光覺與色覺大抵相並而起，然光覺可離色覺而獨存，色覺則必依光覺而後顯，故天下有無色之光，而無無光之色。

　　光覺　光輝之強度漸滅，則初時純白者，漸變而為灰，光愈弱，則

灰愈深，終見底於純黑之境。故黑與白為光覺系統之兩端，而此兩端之間，有種種灰白之階級，以成光覺之性質。人之言語雖未有種種名詞，以表灰白之濃淡，然據精密實驗之結果，純白與純黑之間，吾人所可辨別之感覺，實有六百六十種云。

色覺 光覺之系統成一直線，色覺之系統則成一個圓形，試以三稜鏡分析日光，可以得紅橙黃綠青藍菫之七色。而此七色者，又可以相為變化，循環以成一圈。例如有綠色於茲，一方面變為黃綠色，經黃色橙色等以復歸於綠，他方面又可變為青綠色，次第經青色藍色等以復歸於綠。此循環之圓圈曰色圈（Color-circle），而色圈上色質之差異曰色調（Color-tone）。試用精密之實驗，以檢查視覺機關所能辨別之色，色調之數當不下百六十種云。

色調又有明暗之別，故同一色調，其所被明暗度（Degree of Brightness，或略稱明度）不同，則其色調亦因以異。例如紅色，其所被明度甚弱，則近於黑，明度漸增，則紅色漸顯，終且底於大紅之色，明度更增，則大紅之色復經種種淡紅色，以底於白。一切色調處於明度絕無之地，莫不純黑，處於明度極強之地，則莫不純白。右圖自圓周上一點引至圓錐體頂點之線，即示此變化者也。

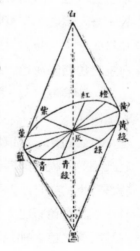

色調於明度之差別外，又有飽和（Saturation）之性質。飽和之色云者，指最純粹之色而言，申言之，即明度適當，正足以顯其色調之謂也。自是而明度漸增，或明度漸減，則飽和之度亦隨以減，減之又減，終且失其本來之色，而入於黑白光覺系統之中。一切色彩皆有色調明度飽和三方面，而色彩研究之要目，亦即此三方面也。

飽和達於極致時，其所需明度，因色調而有

異，例如紅色於明度強時飽和，而青色於明度弱時飽和。故當紅色飽
和之時，青色猶未飽和也，及明度既減，紅色已漸即於黑，而青色始飽
和。薄暮之際，極目遠眺，紅色者已昏不可見，而青色者猶歷歷可辨，
即是故也。

　　色彩混合（Color-mixture）　色圈上之色調互相混合時，或變易其
本來之色而成他色，或喪失其色彩之痕跡而入於光覺之系統。凡互為補
色（Complementary Color）之色相合，則喪失色調而成灰白。試取紅
與青綠二色，各作半圓形，合成一圓形，中央綴以灰白小圓形，而以機
械旋轉之，則紅與青綠二色亦融合作灰白，與中央之小圓形同。其有非
補色之二色互相混合，則不成灰白，而成介於二者之間之色彩。例如紅
色與黃色，以某種比例相混合，則成橙色，而比例不同，則色調又隨以
異。

　　餘像　光與色刺激網膜而生感，既感之後，刺激雖滅，感覺不與之
俱滅，為之稍留餘像（After-image）焉，餘像有積極的（Positive）與消
極的（Negative）之別。積極的餘像，如暗室之中，驟然滅燈，數瞬之
間，猶若有燈存焉。又以石子縛於繩之一端，手持他端而旋轉之，視之
若成一圈。是蓋前刺激所引起之感覺，其餘像未滅，而後刺激又繼之引
起感覺故也。活動影戲亦應用是理，其影片各像未必緊接，徒以餘像之
故，吾人視之始有意味耳。消極的餘像者，補色或反對色之餘像也。如
在日光之中，凝視白紙上之黑點約二十分鐘後，試更轉眼視白壁，則覺
白壁之色略變灰色，而其上有白點焉，是即消極的餘像也。或凝視紅色
之後，轉眼視白壁，則初時見紅色之積極的餘像，繼又見青綠色之消極
的餘像。

　　色之對比　試以黑白二紙並視，則黑者益黑，白者益白，紅綠二色
之紙相並而視，則紅者益紅，綠者益綠，此以鄰色之對比而益顯其色之
特質者也。亦有以與周圍色彩對比之故，取得他種色調者。試取灰白小
紙片置諸有色彩之大紙上，而上復蔽以無色透明之薄紙，則灰白小紙片
現其所置之色之補色也。例如灰白小紙片之周圍為紅色，則灰白紙作青

綠色，周圍為黃色，則帶藍色。

　　色盲　光覺健全而色覺有缺陷者曰色盲（Color Blindness）。色盲有全部與一部之別。患全部色盲者，但知明暗，不辨顏色，試以色圈置之眼前，亦但見濃淡異度若干種之灰白而已。一部色盲但對於某種顏色，無色彩之感覺，其他色覺猶極完全。Hering 分一部色盲為紅綠盲與青黃盲二種，此二種色盲各對於紅綠青黃之色調，但見其為灰，而無色彩之感覺。然患紅盲者非必患綠盲，二者非必相兼也。色盲以全部色盲為最少，而以一部色盲中之紅綠盲為最多。

　　視野　吾眼注視一點，不稍移動，當此之時，所能及見之範圍曰視野（Visual field）。視野之大小，可以實驗測定之。即預使吾眼凝視一物，而以所欲實驗之刺激置諸凝視物之附近，漸向外移，使之出於視野之外；繼又置諸視野外，漸向內移，使之入於視野之內。經此二重實驗，吾人可以得刺激乍見乍不見之一點。左右上下，均以實驗測定此點，而連結之，則該刺激之視野得矣。據實驗之結果，視野之大小因刺激而有異；光之視野較大，色之視野較小。同為色覺亦有區別。試以Hering 之四色實驗之，青黃之視野較大，紅綠之視野較小。而色彩之入視野也，非一躍即現其所具之色調；當其自遠內移時，吾人初但覺有灰白之物入於視野，未見其色彩也；繼復內移，經過他種色調而後始現其色。例如紅色初入視野，始而帶黃，繼而帶橙；又如綠色，初亦帶黃。由是觀之，眼之網膜一若成自內中外三層，而各異其職掌。

　　（1）內層　光覺及一切色覺皆可發生之部分。

　　（2）中層　但見青色黃色與二色之混合色而不見他色之部分。

　　（3）外層　不論有無色彩，一切物體皆作灰白之部分。

　　自進化論觀之，網膜之有內中外三層，即視覺進化三大時期之遺跡也。發達較低之下等動物，其眼但能見光，而未能見色，故但有光覺而無色覺。稍進，網膜之中央部乃有感受青色黃色之元素，然猶未能感受紅色與綠色也。更進，青色黃色之元素漸自網膜中央部擴展至網膜之周圍，而紅色綠色之元素新發現於網膜中央部。新作用之元素逐漸發現，

則舊有元素漸移極邊，蓋亦自然之勢也。

Helmholz 之視覺說　此說倡自 Young，而成於 Helmholz，以為一切色覺莫不起於根本色覺之混合，根本色覺有三：曰紅，曰綠，曰菫。此三種色彩各以種種比例相配合，便可生種種色彩，若三種色彩同時混合，則成無色之灰白。而此三種色彩生於各異之神經，蓋網膜上有三種視質（Visual Substance），與紅綠菫三色相應也。若二質同時興奮，則成色彩之混合感覺，三質同時興奮，則成無色之光覺。Helmholz 此說，雖或可以說明一部色盲之事實，然不足以說明全部色盲者之光覺，其他問題，亦多有不能解者。

Hering 之視覺說　Hering 假定網膜之上，有三種視質：第一種曰黑白質（Black-white Substance），但能感光，第二種曰青黃質（Blue-yellow Substance），第三種曰綠紅質（Green-red Substance），各能感受青黃綠紅之刺激。而三種視質各有二種相反之作用；一曰同化（Assimilation），二曰異化（Dissimilation）。第一種視質當受光之時，其同化作用占勢，則成黑，異化作用占勢，則生白。在第二種第三種視質中，青與綠為生於同化作用之感覺，黃與紅則生於異化作用之感覺也。青黃紅綠為四種原色（Elementary Color），互相混合，可以生其他種種之色調。Hering 之說似較勝前說，對於消極餘像，亦能為充分之說明。然紅與綠出於同一視質，此質喪失，宜紅綠兼盲，而事實上有僅患紅盲或綠盲者，似非 Hering 之說所能解也。

Wund 之視覺說　網膜中各細胞雖以順應之故，發達微有不同，如錐狀細胞適於感色，棒狀細胞適於感光，然此種細胞實無精密之分業。當外界刺激入眼時，各細胞實生兩種作用；一為有色，一為無色。有色無色兩作用雖生於同一之刺激，然因刺激強弱之不同，兩者之興奮互有優劣。刺激強或極弱時，無色作用占勢，故成光覺，刺激中和之時，有色作用占勢，故生色覺。外界光波之長短有差異，則有色作用亦有差異，故各種色覺皆有其特異之生理的基礎。外界之波長愈異，則有色作用亦愈異，卒至互相反對，互相抵銷，以成無色之感覺，此即所謂補色

者是也。Wundt 欲以此說說明視覺上一切之現象，然猶有未能一貫之
虞。

第七章
感情

感情之意義　精神作用之第二種元素曰感情（Feeling）。當外物刺激有機體之時，有機體不徒被動的受其印象以生感覺而已，其受之也有一定之形式。有機體感受刺激之形式，不外快樂（Pleasantness）與不快樂（Unpleasantness）之二途；此快樂與不快樂，即感情之性質也。至於快樂不快樂之為何物，則絕非言語所能明，惟有求諸學者之內省而已。當目視耳聞鼻嗅口嘗之時，必有快樂不快樂之感情隨之而起，幾若影之隨形，莫能或離；人但當追憶既往或默察當今，則感情斯得，固無煩贅為解釋也。

感情與感覺之異　學者之中，或有以快樂不快樂為具有特別感覺機關之特別感覺者；例如 Goldscheider 初主張身體之中，有傳導不快樂之神經，繼又主張皮膚之上，有感覺不快樂之點。顧此種主張，絕無生理上之根據，不足為吾人措信也。感情之於感覺，雖若影之於形，未嘗或離。然語其性質，則截然不侔。試舉其異點如下。

（1）感情感覺，自其同為精神現象言之，皆主觀的（Subjective）也；若更於主觀之中，設為程度而比較之，則感覺較近客觀（Objective），而感情純屬主觀。何則？感覺起於外，感情存於我故也。

（2）感情多變化，而感覺較少。故對於同一刺激，今日所起之感覺，與昨日所起之感覺，雖其細點不能盡符，而大體常同。至於感情，則視當時精神狀態之如何，其差異至巨。同此事物，悲者見之，愈增其悲，樂者見之，愈增其樂，或昔悲而今樂，昔樂而今悲，其所發感情，至不齊也。

（3）感覺之時，愈加注意，則感覺愈明瞭，而其遺存於吾心之記憶亦愈精確而久長。感情則異是；試於吾儕快樂之際，澄心息慮，一探吾儕內部之感情，則快樂之情頓時消滅，其遺留於精神中而可以供吾人之觀察者，惟若干感覺或觀念而已。感情之為用，不易為直接注意之對象，此所以感情研究之困難，視他種精神作用尤甚也。

快樂不快樂之性質　古之學者大抵有厭世之思想，以為不快樂之感情，有積極之存在，而快樂云者，不過不快樂之消極狀態耳。Plato 嘗託 Socrates 之辭，以立說曰，有機體滋養不足，則生不快樂之情，補以食物，快樂始起；是快樂者，不快樂暫時消滅之謂也。及 Aristotle 出，始知此說之謬。Aristotle 曰精神之活動，不為外物所妨，亦不為外物所強，申言之，即精神活動既自由復完全之時，則快樂之情油然而生；反之精神欲有所活動，而為外物所妨，或本不欲活動，而為外物所強，則不快樂之情起矣。故 Aristotle 之思想，已以快樂為有積極之存在。然自 Aristotle 以來，學者每以感情為不足輕重，甚且視為危險之作用，而務為抑制之謀，感情之研究益以不振。及近世 Hobbes、Rousseau 具論感情生活之重要，Kant 採用智情意三分法，於是感情始與智意並重。Spencer、Bain 之徒出，且以感情為一切精神活動之根本，以反抗當時風靡一世之唯智主義（Intellectualism）。

Spencer、Bain 又連絡感情與進化論，以為說曰：快樂之情與生活活動之增加相平行，不快樂之情與生活活動之減退相並驅；故快樂者進化之徵，不快樂者退化之兆也。Spencer 此論，每有舉良藥苦口利於病之例，以為反對之證據者；然此實誤解 Spencer、Bain 之理論，未足以為有力之反對證據也。Allen 嘗為 Spencer、Bain 辯護曰，一切行動予吾人以快樂時，當時必有利於吾身之生活活動，事後之有利與否，非所當問也，不快樂之有害亦如之。蓋神經系統非萬能之先知，所能報告於吾人者，特行動當時一瞬間之狀態耳。是故藥雖良，當飲藥時，必有害於吾口，故覺不快。若夫後此之能愈病，則固非當時味覺神經所能預知也。故 Spencer、Bain 之所謂生活活動增加則快樂，生活活動減退則不

快樂者，第可指作用之當時而言，非可包括有機體之一生而言者也。

Wundt 之感情三方向說　古今心理學者，大抵以為感情之性質，不出快樂與不快樂二種；近時 Wundt 於快樂不快樂外，復益以亢奮（Erregung，英譯 exciting or arousing feeling）、沉抑（Beruhigung，英譯 quieting or subduing feeling）、緊張（Spannung，英譯 tension or strain）、弛緩（Lösung，英譯 relief or relaxation）四種。快樂與不快樂，亢奮與沉抑，緊張與弛緩，各自成方向，故曰感情之三方向（Three dimensions）。此三方向者，互相混合，用以構成各瞬間之感情作用，非絕對孤立不相為謀也。是故同是不快樂，有緊張之不快樂，有弛緩之不快樂。同是快樂，有亢奮之快樂，有沉抑之快樂。雖然，當有機體感受刺激之時，其感受之道固不一端，有兼用三方向者，有僅用二方向者，是故感情三方向云者，非謂個個感情必具此三方向，不過謂感情之性質可有此三方向耳。Wundt 此說，於近時心理學界中頗受各方面之攻擊。蓋當感情發動之際，於快樂不快樂外，雖若有亢奮沉抑緊張弛緩之感；然亢奮沉抑緊張弛緩實為筋肉之狀態，故與其謂為感情之方向，無寧謂為感覺之性質。

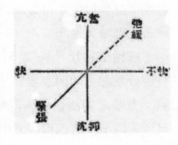

感情與刺激強弱之關係　有機體一遇刺激，便生快樂不快樂之感情。此快樂不快樂感情與刺激之間，究有何種關係，古之學者大抵以刺激之性質說明感情，今則改用分量之說矣。

性質的說明曰快樂不快樂之感情，起於刺激之性質，例如甘味生快樂，苦味生不快樂，此乃必至之事實，與其分量之多寡無涉也。

分量的說明曰，快樂不快樂之區別，起於刺激之分量。分量者，強弱是也。凡物莫不可以使人生快樂，亦莫不可以使人生不快樂，要視其分量如何耳。分量而適度則快樂，不適則不快樂。然則苦味之常足以致不快樂者何耶？曰，苦味之為物，其足以致快樂之度甚低，平時吾人所感覺者，大抵其度已高，已逾其可以致快樂之界限故也。假有物焉，

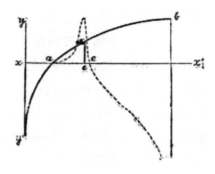

其苦極微，則食之者不特無苦，必且有快樂之感情相隨以起。致快之度高者，當其入意識時，猶未逾度，故吾人對之，常生快感。然刺激增強而逾其適當之度，則本足以生快感者，亦足以召不快之感。分量之說，切於事實，故今之學者咸用是說，不復以刺激之性質為說明之具矣。快不快與刺激強弱之關係，可以下圖表之。

　　圖中水平線 xx' 及曲線 ab 表示 Weber 法則所示之意義，斷續之曲線表示快樂不快樂感情之變化。a 點為感覺感情絕無之處，自是以往，感覺漸生，感情亦隨之以起。c 點表示刺激之強弱最適宜之處，時快樂之感情達於極度；自是以往，刺激過強，快樂之情逐漸消滅，至 e 而入於苦痛之域矣。

　　感情之對比　快樂不快樂之感情，不特緣於刺激分量之如何，抑且視分量之方向而多變異。是故刺激之分量雖同為若干，或方增，或方減；方增之刺激多予人以快感，方減之刺激則所生之快感較少，或甚且予人以不快之感也。例如病後少癒，雖未復元，而愉快之情已溢於顏色；平時少病，其健康狀態方與前此之病後少癒時相若，而四肢百體已覺困頓不堪矣。此感情以前後對比而異其苦樂之明徵也。夫惟感情有對比之作用，故人常當向前猛進，不可以退；一退，則苦痛萬端紛至沓來，不可以一日寧處矣。

　　快樂不快樂之感情，往往因對比而有所變易，是固然也。或有擴張此旨，以立說曰，快樂不快樂莫不因對比而後起，非絕對的也。故必有快樂而後有不快樂，有不快樂而後有快樂，人生數十年，合而計之，其快樂與不快樂適相等耳。故人生幸福之增進，可言而不可行者也。此其為說，尚多未全之處。夫快樂不快樂感情之所以生，非必盡生於對比，有雖無不快樂為之先容，而快樂之情可勃然而興者。浸假快樂不快樂之感情，果如論者所言，悉出於對比，則快樂不快樂配置之先後，大有影

響於人生之幸福。或先嘗快樂，後遭不幸，或先遇災害，後獲安寧，則人生之禍福，於焉立判，似未得謂為人生一世，兩情相抵，無快樂亦無不快樂也。

感情之表出　精神現象固無一不與生理作用有關係，而感情與生理作用，其關係尤為密切。感情起時，生理作用必生變化。此變化發現於身體外部，故曰感情之表出（Expression）。

感情發動時，血液循環與呼吸作用常蒙其影響，此固人人所習知，不待煩言而後決。例如羞恥之時，面赤耳紅，是即血液循環變化之證也。至於變化之如何，則非日常經驗所能決。近人以實驗之法，研究快樂不快樂時呼吸與脈動之變化，其所得結果如下。

快樂…………呼吸弱而速…………脈動強而遲

不快樂………呼吸強而遲…………脈動弱而速

Wund 之感情學說，既主張於快樂不快樂外，尚有亢奮沉抑緊張弛緩二方向；則此二方向之感情，亦必及影響於呼吸與脈動，而使其有別種之表出。茲將 Wundt 關於感情與呼吸脈動研究所得之結果，列表如下。

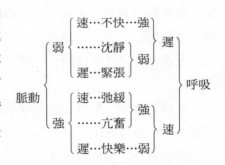

感情起時，體力亦受極大之影響。近時計力器（Dynamometer）實驗感情與手力之關係，實驗之結果，快樂時手力增大，不快樂時手力減少。

據 Münsterberg 之研究，快樂不快樂之感情，又表現之於身體各部之張縮。凡人當快樂時，於不知不識之間，有擴張其身體以作遠心運動之勢，當不快樂時，有收斂其身體以作求心運動之勢。徵之事實，殊非虛語。蓋小喜，則面部之筋肉伸張，故成笑容；大樂，則全身筋肉助之伸張，遂手舞足蹈，而不能自止。至於憂愁恐懼之時，小則蹙額顰眉，大則戰慄蒲伏，則又身體收縮以作求心運動之明證也。

身體各部之張縮，何以與快樂不快樂之感情相表裡？試以進化之說解之，在昔遠古，吾人類祖先猶在下等動物之狀態，遇敵獸之襲擊，則務小其體積，以避敵獸之視線；或時值嚴寒，則又務斂其四肢，以防體溫之散逸。襲擊與嚴寒，實為當時最不快樂之事實，而收斂身體，又為防禦之唯一方法。人之祖先，本有意的喚起此種收縮運動，以避災害，及遺傳至今，既無實用，而反擴大之，使與一切不快樂之情相表裡，成為無意識之運動矣。

感覺的感情與思想的感情　快樂不快樂之感情，有附隨感覺而起者，有附隨思想而起者。感覺上所起之感情，其強度較大，具有惰性之作用。夫以惰性活動者，不能遽止，故感覺的感情往往不能適可而止，有陷入過度之弊。活動一過度則感官疲罷，不快樂之情即隨以起矣。思想的感情，其強度較小，易於制止。夫惟易於制止故無過度之慮，而反動之力亦緣以減少。青年士女，逞非理之想像，用以招煩悶之結果者，固亦往往而有，然此種過度之事實，大抵限於青年之時期，且亦屬於疾病之現象。若專就常情而論，則思想的感情固少過度之事，亦鮮反動之力。

感情之冷卻　感情之作用與感覺思想常相即，未有有感情而無感覺思想者，亦未有有感覺思想而無感情者。蓋快樂不快樂之感情為有機體感受刺激方法之意識的方面，故無論何種刺激，莫不可以引起快樂或不快樂，絕不能引起感情之刺激，非吾人所能想像也。然徵之實際，有與此大相刺謬者。目所習見之器具，耳所熟聞之音聲，吾人對之，殆無絲毫之感情，抑又何也？曰，此神經順應（Adaptation）之結果也。此種結果，在生物進化上視之，極為重要。當吾人認識外物時，感情激揚，則易以致混淆；今以順應習熟之故，不動感情，而得為明瞭之辨別，於認識上誠有大功也。順應之起，有起於生物進化之悠久歷史中者，如視覺聽覺，於外物知覺上具有有力之活動者，大抵其所隨伴之感情較為和平；味覺嗅覺等，於外物知覺上無重要關係者，其所隨伴之感情較為激烈，是其例也。順應亦有起於短時日中之習慣者，如今日新游一地，

心曠神怡，不勝其愉快之情；及遨游數次，則快感漸減，不復若疇昔之甚。又如新入市廛，不勝車馬之煩；居之數日，則安之若素矣。

第八章
知覺及觀念

第一節　知覺及觀念之意義

感覺與知覺　知覺（Perception）者，感覺之複合作用（Compound process）也。蓋單一之感覺，實際上絕不能存在；外界之刺激雖純一，其所引起之感覺亦往往複而不純，而況純一之刺激實際上又極少乎？吾人日常所見所聞之事物，非成自一聲或一色，實成自聲色諸相之集合。山寺古鐘，聽官聞其聲，觸官覺其剛，視官睹其形且見其色，由茲數官所得之聲色形質彙集於吾腦，吾乃始知有鐘焉。故知覺必彙合數種感覺而後起，必待數種大腦作用而後成。雖然，知覺作用之中，有統一之性；故方人之知覺一事物也，不自覺其為若干種感覺之集合，而認定為一體之事物。知覺作用中又有類化之性；故方其知也，不徒映寫外物之形相而已，且能以過去類似之經驗，解釋新知之事實而認知之。

知覺與觀念　知覺與觀念（Idea）二語，在心理學視之，實無根本上之區別；而普通用語，分之為二。凡複合作用之元素，起於感官之受刺激者，曰知覺；複合作用之元素，起於大腦中樞之受刺激者，曰觀念。例如有花於此，張目見之，則為花之知覺，閉目而思所見之花，則為花之觀念。然因感官受刺激而起之感覺，與因記憶想像而於大腦中樞喚起者，在性質上初未有異；故知覺與觀念，在心理學視之，名異而實同者也。

知覺之種類　知覺（或觀念）之種類，大別有三：一曰性質的知覺（觀念）（Qualitative perception or idea），二曰空間知覺（觀念）（Spatial perception or idea），三曰時間知覺（觀念）（Temporal perception or idea）。此三種知覺，與其元素（即感覺）之性質廣狹久暫三相相應。性質等三相，既皆可以為觀念構成之中心，則強弱一相，似亦可以為中心，以構成強弱的觀念（Intensive perception or idea）。然知覺之中，獨無與感覺之強弱一相相應者，此緣強弱之相與他相有不同也。感覺之性質，為個個感覺獨具之相，亦為感覺絕對之相，其能獨立以造觀念，自屬當然之結果。廣狹與久暫雖為眾感覺所通有，雖是相對而非絕對，然吾人猶能抽象以思索之，且於人生實用上亦甚重要，故能獨立以造觀念。至於強弱，既屬通有相對之相，又不能如廣狹久暫離性質而獨立，於人生實用上亦較為不重要；強弱的觀念之不能成立，職是故也。

性質的知覺無詳述之必要，今但分空間知覺與時間知覺如下。

第二節　空間知覺

廣狹之相於視覺觸覺為最明，故空間知覺大抵起於視觸二覺，而以運動感覺補助之。

第一項　觸覺上之空間知覺

位置辨別力（Localizing power）　當外物接觸吾皮膚時，吾雖閉眼不視，亦略能辨別刺激之在何所。又以兩個刺激同時刺激相隔離之皮膚時，吾人亦能知所刺激之位置不同，而明辨其為兩點，申言之，即兩刺激之間，吾人能明辨其有空間延擴之存在也。然若兩刺激之距離過短，則吾人但知其為單一之刺激，不復能辨其為兩點矣。而此辨別力之精粗，各處不一。試以觸覺器（Aesthesiometer）之兩端，時時伸縮其距離，刺激皮膚以施實驗，即可得之。種種實驗之結果，舌端最精，雖僅距 1.1 Millimetre，亦能明辨其為兩點，指尖鼻尖唇等次之，背之中央最劣，非距 66 Millimetre 以上，不能辨別。

　　觸覺上此種空間知覺何自而生乎？對此問題，從來有生知經驗二說，分述如下。

　　生知說　生知說（Nativism）以為皮膚各部，生來本有空間之感覺，皮膚之下，有無數之感覺神經，而各神經各有其一定之空間封域。若外界之刺激僅與一神經相接觸，則此刺激僅於該神經之空間封域內為人所知覺。若刺激與二神經相接觸，則各神經所轄之封域不同，知覺上遂生位置之區別，而識其為兩點。是故皮膚各部神經密者，知覺較銳，神經疏者，知覺較鈍。

　　經驗說　經驗說（Empiricism）以為空間知覺因經驗練習而後發達，非與皮膚組織有直接關係者也。是故身體上不能自由運動之部分，如背如胸，空間知覺極不精確；能自由運動之部，即常與外物接觸之部，如脣如指，其知覺較為銳敏。又如瞽者之指，較常人更精，則以其用更廣也。

　　常人之空間知覺　生知經驗二說各有所偏，未足為完備之學說。夫空間知覺非單純之作用，乃若干元素所結合而成者也。皮膚各部所起之觸覺，雖生自同一之刺激，亦因位置之不同而性質略異，是曰觸覺之局部符號（Local sign）。然但有局部符號，猶未足以構成空間知覺；其在常人，必藉視覺作用為之補助。蓋平時物體接觸皮膚時，吾嘗目擊其被觸之處，而知其空間上之位置。經驗既久，則視覺與觸覺之間，生一定之聯絡；當物體接觸吾身體時，吾雖閉眼不視，而意識之中，猶約略有視覺之印象。此視覺之印象與觸覺之局部符號相聯合，乃生空間知覺。是故觸覺上之空間知覺，本非觸覺所固具，乃與他元素聯合而生之複合作用也。

　　先天的瞽者之空間知覺　天生之瞽者，初未嘗見物，故其意識之中，自無視覺印象可言；而彼輩猶能明辨刺激之位置者，則藉運動感覺之助也。彼輩於初受刺激時，必運動其手足，以探索被刺激之部分，而後始能辨刺激之位置；及習久而慣，則亦不煩——運動其手足，意識之中，自能喚起運動時所具之感覺，與觸覺之局部符號聯合，以生空間知

覺矣。

手足位置之知覺　吾人當運動手足之時，雖閉眼不視，而當時運動之方向，以及運動後手足之位置，亦為吾人所能明辨。當此之時，外部觸覺，幾等無有，其為空間知覺之基礎者，蓋運動之感覺也。而常人於運動感覺外，又有視覺之印象為之協助。是故此項空間知覺，與皮膚上之位置知覺，大體相同，不過此以內部觸覺代彼外部觸覺耳。運動感覺似亦有局部符號，與觸覺同；蓋不有局部符號，則雖有視覺印象，莫由與之聯合也。至於天生之聾者，則又以觸覺代視覺矣。

全身姿勢及運動之知覺　全身之姿勢與其運動，吾人亦能知覺之。其為知覺，大抵以頭部之位置為標準，即吾人關於頭部之位置，先有一定之空間的知覺，而後根據觸覺與運動感覺，以知覺身體各部之位置也。關於頭部之位置，耳內之三半規管，實為主要之感官；而隨頭部筋肉之運動以發生之內外觸覺，為之補助。三半規管之用，據近時生理學家言，其中充滿液體，因頭部之轉側而生變化，變化生感覺，乃因以知頭之位置與方向。

形狀大小之知覺　物體之形狀大小，亦可藉觸覺以知覺之。當此之時，吾人若僅被動的以感受外物之刺激，則不能得明瞭之知覺，必也能動的運動其手足，而後始能無曖昧之憾。設有物於此，吾人以手撫之，則生觸覺；今更運動吾手，則觸覺相連續外，又有運動之感覺。而此運動感覺與觸覺，因物體之大小形狀不同而大異，故吾手在物體上往來運動時，吾能審其形狀大小也。其為知覺不僅能識平面之形狀，兼能知立體之狀態。而物之小者，但以手握之，即可以知其形狀大小之何似，固無待運動而後識也。

方向距離之知覺　方向距離之知覺，亦緣於手足之運動。蓋吾人手足運動時，其運動感覺，大小有別，性質有異，吾人乃緣是以識物體之方向與距離。

第二項　視覺上之空間知覺

視覺與觸覺之優劣　觸覺上之空間知覺,莫非直接之知覺,然吾人四肢所能接觸之距離與範圍,本甚狹小,以之知覺外界,不免猶有不全之憾;幸賴視覺上之空間知覺以補其不逮。視覺之為用,不僅能識吾身近旁之物體,雖遠隔之物,猶能一見而知覺焉;且一瞬之間所能知覺之範圍,亦較為廣大。故視覺上之空間知覺與觸覺上之空間知覺相比,其優劣相去,固甚遠也。

視覺上空間知覺之學說　對於視覺上之空間知覺,亦有生知經驗二說。二說雖各具一方面之真理,然均不能有完全之說明。眼之網膜與皮膚同,外界之刺激雖一;然因其所刺網膜之位置不同,感覺之性質亦隨以略異,是曰質的局部符號。質的局部符號為構成空間知覺極重要之元素,然僅有此種符號,空間知覺猶未能完全成立。眼球不徒能感受刺激,且能運動以感受之。當眼球運移之時,眼筋之伸縮狀況,頗不一致,因之運動感覺遂異其強弱。此運動感覺強弱之差異,乃知覺空間延擴之元素,是曰強弱的局部符號。此兩種局部符號相合,空間知覺乃以完成。

位置辨別力與外射作用　若有二個有光之刺激,同時投影於網膜上相隔離之部分,則吾人亦能明辨其為空間上相離之點,不致混而為一。然若兩點間之距離過近,則但知其為一點,不復能辨別矣。網膜之中央部辨別力最銳,僅距 0.005 Millimetre,已能辨別;去中央愈遠,則辨別力亦隨以愈鈍。而網膜上所映之點,方知覺時,不知覺之於網膜之上,能投之眼外,置諸空間一定之位置而後知覺之。不特刺激之來自眼外者如是,即刺激在眼內者,亦必外射而知覺之。發光體之光線,刺激網膜而成像,此網膜上之像,復沿射入之線還原於空中,是曰網膜之外射作用(Projection)。網膜上所結之像,照物理學之理,本作倒像,而以沿射入線外射之結果,投上於下,投左於右,吾人遂能正視而無誤矣。外射作用能沿射入之方向以外射,無傾斜之弊,故外射後之所見,與刺激

之所居，必能一致。是故有外射作用，而後物之方向可定，方向之知覺可成也。

倒像正視之理由　眼球猶照相機，外物之投影於網膜上者，莫不顛倒，而吾人當知覺時，何以能投上於下。投左於右，正視而無誤乎？申言之，即外射作用何以能不誤其方向乎？或謂網膜上之細胞，各有其先天的固有之方向，故能無誤。此為生知說之所主張，殊難深信。昔者 Berkeley 為之解曰，人之所以能知外物之上下，實有藉於觸覺之經驗。蓋外物映入網膜時，其上半部之像，雖映於網膜之下半部，然以手捉之，則在上而不在下。屢試如是，乃始知實在上部，若在下部者，幻也。初時雖一一以觸覺之經驗訂正視覺，及經驗既久，則無煩手捉以證，自能倒網膜上之像，以定上下，且不自覺其倒矣。近時 Wundt 之說曰，吾人之視物也，常移其中央小窩以就之；外物上部之投影，雖在網膜之下部，然吾人欲明視此部時，必移中央小窩向上。因此眼球之運移，或上或下，吾人自能辨別實物之上下，似不必待觸覺之經驗為之訂正也。網膜上之細胞，常為某方向之光線所刺激，順應既久，浸成習慣，遂若持有固具之方向。然若內部或外部起有特別變化時，各細胞又能順應新起之方向；以此見各細胞本無固具之方向也。

單像重像　聞聲以二耳，嗅臭以二鼻孔，視物亦以二眼。而耳之所聞無重聲，鼻之所嗅無重臭，惟眼之所視，時或單像（Single image），時或重像（Double image）。

凡刺激吾兩網膜之中央小窩者，吾常覺其刺並存於一處。設兩刺激同出於一物體，則其生單像也，固不待言；即出於兩物體，但使該物體形狀盡同，而各投影於各網膜之中央小窩，則亦融合而生單像。此可以實驗明之，置上圖於眼前，而以不透明體隔其中，使右點不入於左眼，左點不入於右眼，則吾人所見，惟一黑點而已。

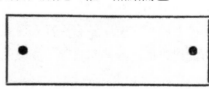

在中央小窩周圍之網膜部，則以刺激兩網膜之幾何學的相當（Geometrical similar）部為生單像之必要條件。蓋外物之投影於網膜上也，莫不顛倒其像；是

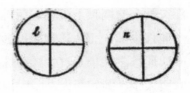

故刺激網膜上半部之物體，吾人恆覺其在水平線下，刺激下半部者，覺其在水平線上，刺激左半部者，覺在右，刺激右半部者，覺在左。

假 rl 為兩網膜上之幾何學的相當點，設一物體所發之光線同時刺激此兩點，則在各眼視之，此物體固在同一方向，故融合而生單像，不足異也。是以凡刺激兩網膜之中央小窩，或其幾何學的相當點者，則無論該刺激之出於一物體，或出於二物體，必融合而生單像。反之，不刺激其幾何學的相當點者，則亦無論出於一物體或二物體，必分離而生重像；蓋各眼所擬之存在方向不同故也。例如方凝視近物 O 時，兩眼略內向，使 O 投影於各中央小窩上；同時設有自某星射來之平行光線，刺激兩網膜之 LR 。此時兩眼既內向，L 與 R 必各在網膜之近鼻處。申言之，即僅能刺激幾何學上之相稱（Symmetrical）點，而不能刺激其相當點。故映於左眼之像，若在 O左，映於右眼之像，若在 O 右；方向既異，自不得不生重像矣。凝視遠物時，則近物之生重像者，亦如之。

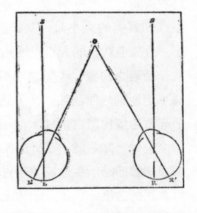

據上述之理而言，則凡凝視一物時，在此物前後之諸物體，應莫不生二重之像。顧日常經驗與此相反，蓋吾人對於此種重像，已養成不注意之習慣。物之與吾人趣味利害有關係者，吾必移轉中央小窩以就之，使之生單一之像；若徒刺激網膜之不相當點，而長存於中央小窩外，是其與吾人之趣味利害無密切關係，概可知矣。既無關係，則其存於一處與否之問題，更不值吾人之注意矣。

形狀大小之知覺 形狀大小之知覺，起於質的局部符號與強弱的局

部符號。蓋網膜上視力之銳鈍，各處不一，吾人欲明視一物體時，不得不運移眼球，而使該物體投影於中央小窩上。當眼球運移時，運移之方向與運移之大小，實生種種殊異之感覺，吾人即藉此感覺以知外物之形狀與大小。例如吾人之視點自甲點移至乙點時，甲乙線之方向與大小，即可自眼球之運動感覺以知之。然吾人雖不運移吾眼，吾人亦能知覺物體之形狀與大小。蓋眼球運移之時，不僅有強弱的局部符號而已，物體各點之像漸次經過中央小窩移向極邊時，於一一位置引起視覺之質的局部符號。此兩種局部符號必同時並起，經驗愈久，則關係愈密；後此外物之點映入網膜上某點時，眼球雖未運移，而當時之質的局部符號已能喚起其所關聯之強弱的局部符號，而知該點設欲移入視點，眼球當向何方作幾許運動。

網膜上之印像乃外物之縮影，印像之大小與物體之大小相去甚遠。是故視覺非能真知物體之大小，不過因與觸覺聯合之結果，自代表的大小推知實際的大小耳。又網膜上之印像，因物體去吾之遠近而異其大小，故欲自代表的大小以推知實際的大小，亦非加以距離觀念不可。

距離之知覺　視覺之知距離，不若觸覺之直接。蓋物體之遠近，本為手足運動之所測知，吾人見一物體，而謂其去吾幾何者，不過消費若干筋力始接物體之謂耳。

視覺之知距離，要皆以某種感覺為距離之符號。試先就一眼而言，則眼球調節時所生之感覺，實距離之符號也。蓋水晶體隨外物之遠近，變其屈折之度，以構成明瞭之物像。而當屈折變更時，張弛厚薄，各有其相當之感覺；此感覺之強弱，即知覺距離之符號也。更就兩眼而言，則兩眼視線所作之角度，緣物體之遠近而異其大小。視近物時，兩眼輻輳，故其視線所作之角度大；視遠物時，兩眼略平行，故其視線所作之角度小。此角度之大小，用以生眼球運動感覺之差異；而此運動感覺之差異，又即距離知覺之符號也。當水晶體隆突，而兩眼輻輳時，其所視之物，或伸手得取之，及水晶體扁平，而兩眼略平行，則非行若干步不之及。本係聯合觸覺而知之距離，及經驗既久，則無煩舉手投足之勞，

但藉此二種之符號，已可判斷大抵之遠近矣。

立體之知覺 物體之投影於網膜上也，莫不作平面之像，而吾人猶能識其為立體者，其故何哉？立體之知覺，生於兩眼物象之差異。凡平面之物體，於兩眼網膜上生同一之印像。立體之物體則不然，其印入兩眼之像，左右稍異。蓋當正視一物體時，左右兩眼之所見，各有所偏；左眼偏重左，右眼偏重右側。兩偏相合，於是網膜上平面之印像，始成立體之形。試居略異之位置，攝二紙之照相，置諸實體鏡（Stereoscope）之下，而使左右兩眼視一紙，則照相幻成具有遠近之實體，不復作平面之形。此實體鏡之現象，足以證明此立體知覺說之真確無誤也。

運動之知覺 運動知覺之成，成於二種之方法。其一以眼球追隨運動之物體，而常置諸視點是也。當此之時，眼球運動感覺與網膜上物像連續之感覺相合，以知物體之運動。其二則眼球不動，以知覺視點外物體之運動是也。此時雖無運動之感覺，但緣網膜上質的局部符號之連續，亦可以知物體之運動。

視覺與觸覺之聯合 視覺上之空間知覺，本不完備，必聯合觸覺而後成，大小遠近之知覺，莫不如是。今試更研究嬰兒知覺之發達，則聯合之理益可明已。嬰兒生未浹旬，對於外界之事物，殆未有絲毫之知覺；及遭遇種種之刺激，發生種種之感覺，各種感覺互相聯合，而後知覺作用始底於成。感覺聯合之中，以觸覺視覺之聯合最為重要。當觸覺視覺未能精密聯合時，伸手捉物，往往誤其距離，及經驗既積，兩者之聯合日漸密切，於是一見外物，即能知覺距離而無誤。

知覺作用發達之後，吾人專恃視覺以知覺物體之形狀大小位置距離，觸覺則廢置不復用矣。故知觸覺者，不過於經驗未全視覺未能獨立時一用之耳。

第三項　聽覺上之空間知覺

聽覺本無廣狹一相，故聽覺上之空間知覺，其用甚劣，斷不能與上
二者比。關於音之位置，吾人之知覺甚不完全，惟音之方向，其知覺稍
真確耳。蓋左右兩耳所得之音響感覺，不能常同；發音之體處於吾右，
則右耳之感覺較強，處於吾左，則左耳之感覺稍強。惟處於吾之正面，
兩耳之感覺始能同耳。因此種種差異，吾人乃能辨音響之方向。然若物
處過遠，兩耳感覺之差異不著，則方向之知覺亦因以不全。

第三節　時間知覺

時間知覺之性質　時間知覺有兩種，一曰時間之繼續（Duration），
二曰時間之間歇（Internal）。此兩種時間，事實上斷不能分離。精神作
用一方面必有時間繼續之性質，他方面亦必有時間間歇之性質。空間的
性質，非一切精神作用所必具，至於時間的性質，則無論何種精神作用
均不可不備。無時間性質之觀念，固不能有，無時間性質之情與意，亦
不能存。時間觀念通於一切精神作用，此時間觀念之特色也。

時間知覺之發生　或有以時間為單純之感覺，而以耳為時間之感覺
機關者，此蓋生知之說，於理有未當。時間知覺實為複合之作用，分析
之，可以得若干種元素。各種感覺雖皆可以為時間知覺之元素，而聽覺
與運動感覺最為精確。

吾人身體各機關之運動，皆有定期運動之傾向。例如心臟之鼓動，
肺臟之呼吸運動，皆一種之定期運動也。即如手足之運動，其構造上亦
有定期運動之性質，當吾人有意運動時，固可使手足生不規則之運動；
若任其自然，不加之意，則手足之運動，亦自有一定之規則，而運動之
時間亦略相等。此種定期的運動，於時間知覺之成立，極有關係。

聽覺亦為時間知覺之基礎，例如先聞甲音，次聞乙音，此先後兩音
之間，吾人覺有時間之進行。使聽覺之刺激復具一定之規律，經一定之

間歇以連續，則其補助時間知覺之功用，尤為偉大。然辨別時間，與刺激起伏之遲速大有關係，大約在一秒與 0.2 秒之間，最為精確。

　　雖然，僅有運動感覺或聽覺，猶未足以構成完全之時間知覺；時間知覺之構成，尚有待於他種精神作用以助之。試就步行運動而言，當舉足前進時，右足方離地，吾人精神中便起一預期作用，預期此足之復著於地；此預期之感與足之前進並進，至右足方著地之一剎那，達於最劇之度，及既著地，則預期易而為滿足，右足著地，左足繼舉，則預期復起，及左足復著地，則又變而為滿足。此預期與滿足之變遷，極有規則，與運動感覺相合，乃生時間之知覺。聽覺時有此種變遷，與此正同。

　　現在過去未來之區分　現在果何存乎？吾方欲注意之，則已流而沒於過去之中，一若甚不可捉摸；然在心理學視之，現在亦非極僅之剎那，實含有一定之時間的延長。在此時間的延長內之印像，皆為吾人直接所知覺。而其中最為吾人所注意之一點，其知覺最為明瞭；逆溯而上，其明瞭之度漸減，終至絕不明瞭，則已脫直接知覺之範圍而入於記憶範圍矣。直接所能知覺之時間的延長，因外部條件而有異，大抵在二秒左右云。

　　直接所知覺之現在，其形式雖常同，至其內容，則猶奔流之水，一方面舊元素徐徐以去，他方面新元素源源而來，各元素變化其時間係數（Time-coefficient）以相奔逐，新陳代謝，靡有底止。其徐徐以去也，謂之過去，其源源而來也，謂之未來。而過去未來之所以得與現在區別者，精神之中，亦自有其標準。居現在之中心者，知覺最為明瞭，去中心愈遠，則明瞭之度愈減，及脫直接知覺之範圍而入於記憶範圍，則絕無所謂明瞭矣。然一旦既出直接知覺範圍者，經若干時後，得復現於此範圍中；當此之時，吾心中有曾經經驗之感。此二種作用，即現在對於過去區別之徵也。本來絕無明瞭者，初入直接知覺範圍內，其明瞭之度尚淺，漸近則漸增，終且達於極明之境。而將入未入者，必有入居中心之一日，故吾人對之，略懷預期之感。此預期之感與明瞭之增，即所以

區別未來與現在者也。

時間之忖度（Apprehension）　吾人直接所能知覺之時間，不過數秒，過此以往，惟有借助於數目之計算，時鐘之指示，或他種符號的概念，以忖度之而已。對於一月一季，吾人無從想像其全體之延長，惟有視之為一名詞，或通覽其所含之日數，而思惟之而比較之耳。自第一世紀至今日為止之時間，與自第十世紀至今日為止之時間，孰久孰暫，誰能知之。平時以為前者久於後者，乃藉世紀之數目以為判斷，或藉歷史的事實之多寡以推知之，非真能感其久暫也。

同此時間，因忖度之時不同，而其久暫有異。某時間中所含之內容，變化多端，饒有興味，則經驗當時，覺其甚暫，事後追思，覺其甚長。反是，某時間之內容空無所有，則經驗時覺其久，回憶時覺其暫。例如春日閒遊，心曠神怡，耳目所接，變化無窮，一日光陰，不覺易暮，而事後追思，恍若數日。又如病榻呻吟，無所事事，有度日如年之慨，及病癒回思，病中一月等於平時數日之久而已。由是觀之，經驗當時主觀上時間之久暫，與經驗內容之多寡成反比例，回憶時主觀上時間之久暫，與經驗內容之多寡成正比例。

第四節　知覺之錯誤

人之知覺，時或不能得事物之真相，而生誤謬之知覺者。誤謬之知覺有二：一曰錯覺（Ilusion），二曰幻覺（Hallucination）。

錯覺　知覺之性質與對象之性質不相符合者，曰錯覺。錯覺之原因，固不一端，有出於精神狀態之異常者，如杯弓蛇影草木皆兵之類是也。此種錯覺，乃偶然之錯覺，不過於精神異常時，偶一有之，非人人如是，亦非時時如是也。亦有精神並不異常，徒以拘於習慣的判斷，或生理的構造，因以喚起錯覺者，此種錯覺，乃人人所同具，非一人一時之偶

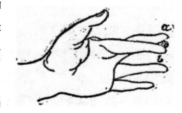

誤也；舉例如下。

觸覺上之錯覺 試交錯食指與中指，以小圓物夾其中而轉之，則吾人所覺，若有二物，蓋此二指與物接觸之兩側，平時於空間上不能同居一處，故亦不能同接一物。今一物而同時刺激其兩側，則吾人所認之方向各異，宜其誤一為二也。

重量感覺上之錯覺 今有物理上輕重相等而大小不同之二物於此，試以手舉之，必覺大者較輕而小者較重，蓋平時同類之物，其體積大者，其分量亦隨以重，吾人知之既審，遂以物之大小斷物之輕重。今既舉大者而生一定之重量感覺，及見小者，必預期其較輕；乃舉之，而其重量逾於所期，於是遂誤斷小者重而大者輕矣。

視覺上之錯覺 視覺上之錯覺，其例更多。蓋視覺之知空間，頗有賴於眼球之運動感覺。而眼球之運動，上下與左右，其難易有別，運動之際，又易為他種刺激所牽引；因此種種，遂生錯覺。

眼球之運動，左右較易而上下較難。是故雖有等長之線，使一係橫線，而一係豎線，則其知覺時之運動感覺不能無異，其所知覺之長短即亦不能無異。正方之形，視之若長方形，而平時視作正方形者，其實反為長方形，即是理也。

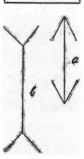

右圖 ab 兩線之端，一向內，一向外。眼球運移時，不能遽止，便欲順兩端之線而進行，故兩線雖同長，而視之若有長短之差。

　　上圖左側之線與右側之線本屬一直線，徒以有物中隔，遂若不相聯屬。在 B 圖，右側上線反若與左線相聯。

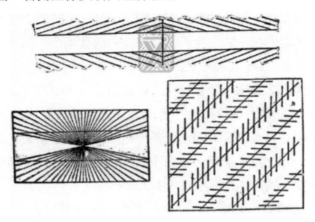

　　上三圖中，主要之線，均係平行直線，因受短線之影響，視之遂若非平行者。A 圖中 a 與 b 均屬正方形，而視之皆若長方形：a 長而狹，b 短而廣。B 圖中自 a 至 b，與自 b 至 c 本屬同長，而視之若 bc 長於 ab。此無他，兩點之間，

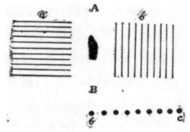

有種種障礙物，則眼球一一為之牽引，運動甚勞，故覺其距離甚長；否則運移自由，毫無阻力，逸則覺其距離短矣。

　　列子曰：「孔子東遊，見兩小兒辯鬥，問其故。一兒曰，我以日始出時去人近，而日中時遠也。一兒以日初出遠，而日中時近也。一兒曰，日初出，大如車蓋，及日中，則如盤盂，此不為遠者小而近者大乎。一兒曰，日初出滄滄涼涼，及其日中，如探湯，此不為近者熱而遠者涼乎。孔子不能決也。」列子所云，固屬寓言，不必實有其事；今但就晨如車蓋午如盤盂之事實而一究其理。夫太陽之為體，非能晨伸而午縮，而吾人之距太陽，亦非晨近而午遠；其所以猶有大小之差異者，由今觀之，蓋上述錯覺為之基也。日之初升，猶在地平線上，是時吾目與日之間，樓也，閣也，山也，林也，介居之物，不可勝數，吾目一一為

之阻礙，故覺日之所處頗遠。亭午至中天，長空一碧，礙眼無物，故覺日之所處頗近。而吾人判別物之大小，又以距離之遠近為斷，雖網膜上所映之像無大小之別，設吾人知甲物所處較遠乙物，則吾人即不知不識之間覺甲物大於乙物矣。今既誤認日初出遠而日中時近，復以平時據遠近以判斷大小之法推測日之大小，於是又誤認初出大而日中小矣。

幻覺 錯覺之為用，不過主觀的變易刺激之性質，其所識內容與實物之性質不相符合而已，猶有實物存焉；至於幻覺，則外界並無實物，而視之若有物存在，易辭言之，即創造刺激，非徒變易之而已。此為錯覺與幻覺普通之區別，然錯覺幻覺非可嚴密區別者。精神病者大抵多幻覺。然試探其幻覺之起源，其始大抵因精神之異常而生錯覺，及精神愈紛亂，錯覺更進而成幻覺，於是不待外界之刺激，而有實物存在之感矣。例如精神病者中，或迷信有鬼為祟；其初不過誤認身旁之人為鬼，以為害己來耳；其後雖無人在旁，且誤認他種物體，以為鬼魅；其極也，卒至無人無物，而鬼之容貌，猶歷歷目前，不離須臾。故知錯覺與幻覺，特程度之差耳，非有顯然之界限者也。

精神病者，其精神異常，故多錯覺與幻覺；至若普通健康之人，或心身疲罷時，或感情激揚時，或服藥飲酒之後，亦往往多有。而神經銳敏想像豐富之人，其平素所經歷之幻覺，視常人尤多。天才之詩人，宗教之始祖，其奇行偉跡，固多後世附會之談，亦有為當時之實事，而出於幻覺者。試略舉數例，Descartes 被釋出獄，嘗聞有人呼於後曰，探究真理，勿撓勿懈。Goethe 曾見與己容貌同樣之人，自對面而來。

錯覺幻覺之喚起 錯覺幻覺於精神異常時自然發生外，亦可以人為之法喚起之，近時催眠術（Hypnotsim）供吾人以豐富之例。當催眠之際，術者施行暗示（Suggestion），可以指白為黑，指輕為重，被催者之知覺一如其暗示。此種錯覺，猶屬催眠未深時之現象；及催眠益深，則術者可以自由喚起種種幻覺，以無為有，以虛為實矣。亦有不借術者之力，自己催眠用以喚起幻覺者，西洋之所謂透明體幻影（Crystal vision），其一例也。

第九章
聯合作用

觀念之聯合　平時所云聯合作用（Association），大抵指觀念之聯合（Association of ideas）而言。蓋精神之中，一觀念起時，此觀念往往以某種關係，牽引他觀念，使之隨入意識之中，是曰觀念之聯合。觀念聯合之作用，Aristotle 已研究及之。Aristotle 謂觀念之類似者，相反者，同時經驗者，同地經驗者，有易於互相喚起之功。及近世英國之聯想學派（Associationalism）興，此種研究益見進步，且以聯合作用為精神作用之根本大法，欲以此說明精神中一切現象。James Mill 曰，聯合之法，乃精神現象中普遍之法則；非徒觀念然也，感情意志等一切精神現象，亦皆可以此法說明之。

聯想學派研究之結果，彙類一切聯合作用，分之為二：一曰類似聯合（Association by resemblance），二曰接近聯合（Association by contiguity）。

類似聯合　類似聯合起於種類之近似。如言 Napoleon，則思及項羽，以其同為失敗之英雄故也；言義和團，則思及白蓮教，以其同為左道惑眾以亂天下故也。此種聯合，但得觀念之性質上有相同之點，即可以起，至於經驗時間之先後，則毫無關係也。故一觀念為數年前所經驗，他觀念為數日前所經驗，其時間相去雖遠，倘性質相同，便可互相聯合。

接近聯合　經驗甲乙兩觀念時，其經驗之時間，或經驗之空間，互相接近，因以聯繫而觀念者，謂之接近聯合。申言之，即本以接近而經驗之甲乙兩觀念，其後遂相聯合，故喚起其一觀念時，其他亦不得不繼

之以起也。如言北京，則思及清宮，言南京，則思及明陵；又如言義和團，則思及德使之被戕，言丁汝昌，則思及中東之戰役；凡此諸例，皆接近聯合也。類似聯合以性質之類似為基礎，接近聯合以時空之接近為條件，此兩聯合作用之異點也。

同時聯合與繼起聯合　古人之聯合法則中，有同時聯合（Association by simultaneity）與繼起聯合（Association by succession）之別。同時聯合者，言觀念之於空間上相並經驗者，可以互相聯合也。繼起聯合者，言觀念之於時間上相繼經驗者，可以互相聯合也。然屋與門，相並為吾人所經驗，自空間上觀之，具有接近之關係。春與夏，相繼為吾人所經驗，自時間上觀之，亦具有接近之關係。故同時聯合與繼起聯合可以約為接近聯合一種，不必分立。

對比聯合　古人聯合法則中，又有對比聯合（Association by contrast）一種。對比聯合者，言觀念之性質相反者，可以互相聯合也。如言飢，則思及飽，言寒，則思及暑，言白，則思及黑，言廣廈，則思及茅屋，此皆對比聯合之例也。對比聯合雖若具有特質，然實可以類似聯合或接近聯合說明之。蓋觀念之相反而可以對比者，必屬同類，類不同，則無由相反也。又觀念之相反者，當吾人經驗之之時，往往於時空上互相接近，故亦可以歸入接近聯合。

一種聯合之主張　古人之類似對比同時繼起四種聯合，近人約而為類似接近二種，似已底於極簡，而不可復約矣；而近時學者中，有以為類似接近二種猶可約為一種者。於是學說分為二派：或以接近聯合歸入類似聯合，或以類似聯合歸入接近聯合。

接近聯合歸入類似聯合說　主張此說者，以為聯合法則唯有類似一種，所謂接近聯合者，實亦類似聯合耳，即或不能絕對廢棄接近聯合，然接近聯合要不能不預想類似之聯合。吾人自甲觀念聯想及於乙觀念時，非甲觀念能直接喚起乙觀念也，乃甲觀念先喚起其類似之觀念，而後間接以及於乙觀念耳。例如座上之果，使吾人回想 Adam 及 Eve 者，吾人必先認座上之果類於知識樹上之果。故知類似聯合實為接近聯合之

基礎。

類似聯合歸入接近聯合說 主張此說者，以為僅有接近聯合而無類似聯合。蓋平時所謂類似聯合，試分析言之，莫不可以歸入接近聯合，例如言牛，則思及馬，通常以為牛馬同屬家畜，同屬四足獸，同屬足以任重致遠，其性質相類似，故名之曰類似聯合。雖然，牛馬之為家畜，為四足獸，為足以任重致遠，乃同一性質，非特類似而已。既屬同一，而猶謂由牛之家畜四足，以喚起馬之家畜四足，得非誤乎？今夫牛，舍家畜四足與夫任重致遠而外，猶有他特質，馬亦如之。

$$甲-乙-牛$$
$$\|$$
$$甲-丙-馬$$

試以甲表示四足家畜與任重致遠之觀念，以乙表示四足家畜與任重致遠外牛之他種特質，以丙表示四足家畜與任重致遠外馬之他種特質，則牛之全體性質為甲乙，馬之全體性質為甲丙。試就吾人之知覺而言，當見牛時，既見甲，復見乙，甲乙同時經驗，故能接近聯合。是故牛之觀念實成於甲乙之接近聯合，馬之觀念成於甲丙之接近聯合。見牛思馬時，由甲至甲，乃同一原則之結果，非聯合之作用；由甲至丙，則又為接近聯合，而非類似聯合。故曰，接近聯合外，別無聯合法也。

Wundt 之聯合學說 Wundt 反對聯想學派之聯合說，而別樹新義。Wundt 之言曰，聯想學派以觀念為不可分割之單位，然今日分析研究之結果，知觀念實成自綜合作用，據此事實，可以推知觀念聯合之先，別有原始的聯合作用（Elementary association），用以聯合觀念之成分。又記憶時觀念之再生，斷不能與原觀念絲毫無異，新起觀念之成分，大抵取材於若干舊有之觀念。據此事實，又可推知平時之所謂聯合作用者，不過原始的聯合作用之複合作用耳。由是觀之，聯合作用之概念中，不包含原始的聯合，殊非正當之論。是故 Wundt 之所謂聯合，其義較廣，與普通之聯合不同。Wundt 分聯合為四種：（1）融合（Fusion），

（2）同化（Assimilation），（3）混化（Complication），（4）繼續聯合（Successive association）。

融合作用　融合作用者，聯合精神的元素以造複合現象之作用也。一切複合現象，如觀念，如情緒，莫非融合之結果。融合可分二類：一曰內涵的融合（Intensive fusion），二曰外範的融合（Extensive fusion）。內涵的融合，成自單一系統之元素，且諸元素中，必有一主要元素，分外明瞭，而他元素從屬之。外範的融合較為複雜，大抵成自異種元素之結合，然諸元素中亦有主要之元素，與內涵的融合同。

同化作用　同化作用，乃性質的觀念空間的觀念構成時恆有之作用，亦融合作用之補助作用也。同化作用之最易證實者，莫若同化所得結果之諸元素中，其一部來自感覺，其他部屬於過去觀念之時。當此之時，觀念之某元素，或本非客觀所固具，或與觀念當時實際所具者絕異，其必為過去觀念所補充，所訂正，不容疑議；故足以知同化作用之必存在也。諸元素中，亦必有主要之元素，以定聯合之形態，故其主要元素有變化，則同化之結果亦因以異。平面之畫，識其有遠近，暗中摸索，知其為某物，熟讀之書，不易發現其誤字，皆同化作用之例也。

混化作用　同化作用為同類元素之聯合，故必行於同一感官範圍之內；混化作用乃異類元素之聯合，故行於異類感官範圍之內。方言語之時，於直接的元素字音之外，又有再生的元素字形與之相合，此即混化作用之例也。混化作用之結合，不及同化作用之堅固，故直接元素與再生元素易於分離。然諸元素中亦有占主要之位置，而逐其他元素於意識中不明之境者，故混化作用猶能保持其統一。

繼續聯合　繼續聯合非與同化混化有根本之區別；同是同化或混化之作用，不過因受各種妨礙，其進行之間，不能不經過若干時間，遂成繼續之形式耳。是故繼續聯合非特別之形式，乃同化混化之含有時間的經過者也。繼續聯合又可分為再識作用（Recognition）、認知作用（Cognition）、記憶作用（Memory），今述再識與認知之義如下。

再識云者，言一度曾經知覺之物，第二次遇之，識其與第一次所遇

為同物，合而一之也。其全體作用因受妨礙之影響，分為先後二部，而其間有若干時間上之經過。再識之時，有曾經相識之感，是謂親密之感情（Feeling of familiarity），乃再識作用之特色也。若今所見之物，為平時所常見者，則再識作用成於頃刻，而親密之感情亦頓減少。

再識作用引新知之物以合於舊知之物，認知作用取新知之物以屬於舊有概念，此兩作用之區別也。認知作用之時，新知物所屬之概念愈尋常，或新知之物與其所屬之類愈近似，則認知作用愈近同化。認知作用之易明者，厥惟同化被阻之時；或因所知之類非人所常見，或因所見之物有特異之性質，於是同時聯合遂分而為二，以成繼起之作用。

觀念聯合之細則 設有甲乙二觀念，同與丙觀念有可以聯合之性質，則吾人當念丙時，甲與乙均可繼丙以入於意識之中，而時或甲觀念繼起，時或乙觀念繼起者，其故何歟？據近時研究之結果，思想轉移之法則，可得而舉者有四：

（1）吾人觀念聯合之際，常轉移於其所熟習者，是以觀念之繼起，與人之職業境遇嗜好等大有關係。例如突然向人言菊，則詩人且因菊而思及陶淵明，園丁且因菊而思及灌溉，植物學者且因菊而思及菊之構造，歷史學者且因菊而思及日本皇室之徽章。其職業不同，其起之觀念亦隨以異。

（2）新得之觀念，雖不習熟，亦易喚起。例如平時言《莊子》文，必思及其〈逍遙遊〉、〈齊物論〉，如昨夜新讀〈馬蹄〉、〈胠篋〉諸篇，則不喚起〈逍遙遊〉、〈齊物論〉諸觀念，反喚起〈馬蹄〉、〈胠篋〉諸觀念矣。又如言動物，平時必喚起牛馬雞犬諸觀念，如昨日新遊動物園，見彪耳兔而奇之，則反喚起彪耳兔之觀念矣。

（3）過去經驗之中，予吾以激烈之感情者，或與吾以強大之印象者，易於聯合。故試追念往事，必其所最痛心者及所最得意者，首潮於心，次者次之，又次者又次之；絲毫不帶有感情者，往往不能喚起焉。

（4）觀念聯合當時之興趣不同，則其所喚起之觀念亦異。心中愉快，則所思者為樂事，心中悲哀，則所思者為恨事，雖欲勉思樂事亦甚

難也。性之憂鬱者，每觀一事，但見其暗黑之方面，而遺其光明之方面；性之快活者，又但希望之一面，而遺失敗之一面，亦是理也。

以上四則，足以說明甲乙觀念繼起之理由。然此特意識作用放任自若時為然耳，即意志作用處於極弱之度，或沉溺空想，或逍遙夢境，此等法則之運行最為顯著。若持有目的，加意思辨之時，則與是稍異。蓋是時之精神作用中，注意甚強，具有能動之力，以所欲達之目的為中心，而選擇與之有關係之觀念，合者留之，不合者去之。然此時之精神作用，亦非真能破壞觀念聯合之法則，不過於所喚起之諸觀念中，能加以選擇作用耳。

觀念聯合之應用方面　觀念聯合之法則既如是，故凡熟知某人之精神狀態者，即可以預知其人繼起之觀念；反之，觀於其人繼起之觀念，亦可以推知其人性行之如何。蓋人之境遇嗜好各有不同，而繼起觀念之如何，又各依其人之境遇嗜好以有異同。當從容不迫之時，固可於所可喚起之諸觀念中，加之選擇，不以真面目示人；若限以時刻，無使有從容選擇之暇，則其所喚起者，不能不依觀念聯合之法則，群趨於其日常所思所念之觀念，而莫能自隱。故兒童之觀念界，可以是法測之，犯罪嫌疑人之素行，亦可以是法驗之。

男女觀念聯合之異點　觀念之聯合，男子與女子大異。大抵女子智力之發達不及男子，而感情較盛，故女子聯想時之所喚起者，具體的觀念多，而抽象的觀念少。接近聯合，但求事物空間上時間上之機械的接近而已足，類似聯想，則須分析觀念以求其類似共通之點，是故女子之聯想偏於接近聯合，而少類似聯合。又以女子之感情較盛，故彼輩之聯想，往往為感情所束縛，而乏合理之傾向。

第十章
記憶與想像

記憶觀念　有物於此,一旦緣知覺作用認而知之,以構成觀念之後,外物雖遠離吾身,不能有直接之知覺,而知覺所得之觀念,時或復現於吾心。此復現之觀念,謂之記憶觀念,以別於知覺當時之觀念。記憶觀念出自知覺,所以代表外物於吾心,故記憶觀念之性質,不可不與知覺相符合,亦不可不與外物相符合。雖然,徵之實際,知覺作用本不完全,不能平等知覺外物一切之性質;出自知覺之記憶觀念,更變本加厲,與外物相去益遠,不過大體尚是,故猶有代表之價值耳。

記憶作用之性質　記憶觀念復現於心中,是曰記憶。記憶作用中,不可不含有保存(Retention)及再生(Reproduction)二作用。假使緣經驗所得之觀念,隨得隨失,則經驗雖多,永無記憶;必待保存作用取經驗所得之觀念,保而存之,庶觀念有復現之基礎。但有觀念之保存,而無觀念之復現,猶不足以成記憶;故再生作用又為記憶不可缺之作用。又記憶之時,大抵帶有曾經經驗之意識。此曾經經驗之意識何自來乎?或謂再生之觀念,不若實際知覺時之明而且強,故有此感。雖然,此未足為充足之說明;蓋觀念之再生者,有時甚明且強,殆與實際知覺時相等故也。凡吾人追思一事,與此事有關係之諸觀念,必相繼隨起。例如偶然憶及某友,則友之聲音笑貌,言語舉止,必皆歷歷吾心,恍若目睹。甚或某年某時,曾與同游某處,某年某時,曾與共論某事,當時情景,亦相與同入意識之中。記憶時過去經驗之感,即緣此聯想以生者也。

記憶作用之生理的基礎　保存作用與再生作用之生理的基礎,雖未

有充足之說明，要之起於神經系統之習慣性，則可斷言也。保存云者，言神經活動有一定行程之傾向也；再生云者，言神經活動遵一定之行程以進行也。今試以圖為解，甲為吾心現在所有之觀念，乙為過去所經驗之觀念，丙為乙所關係之諸

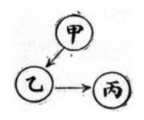

觀念，更以圖中之甲乙丙為此等觀念所關係之神經中樞；則自甲至乙自乙至丙之線，即為神經活動之行程，而此活動行程之存在，即乙觀念之保存也。神經活動遵此行程以進行，則又此觀念之再生也。是故觀念之保存，乃純粹生理之作用，而觀念之再生，則生理的亦心理的也。然人之精神常與外界相接觸，故新經驗新傾向之增加，無時蔑有。新得經驗於神經系統中新造行程，則舊經驗所遺之傾向，或漸就衰弱，或變易而與他傾向相混淆。

記憶之條件　記憶之生理的基礎既若是，故其善惡良否，當視下列諸條件為斷。

（1）記憶之良否，與刺激之新舊為比例。凡新得之觀念，其再生較易，其印象較明。若經驗之時與再生之時相距過久，則再生甚難，而再生之觀念亦不能明瞭。據實驗研究之結果，再生困難之度，在刺激後數小時內進行最速，經時愈久，則進行之度反稍遲，例如一小時之後，忘卻原刺激二分之一，二十四小時之後，忘卻三分之二，六日之後，忘卻四分之三，一月之後，忘卻五分之四。

（2）記憶之良否，與刺激反復之度相比例。凡反復回數愈多者，則其記憶愈善；此固人人所同知，無待舉例以證者也。故雖有記憶力極弱之人，但能人一己百，人十己千，未有不能記憶者也。但同此反復之度數，分配適宜與否，亦大有影響於記憶之良否，大抵同時反復，其利較小，分次反復，其利較大，

（3）記憶之良否，又與注意之強弱有關係。凡知覺時之注意強者，其記憶必善。恐怖歡娛之經驗，其易於記憶者，蓋以此也。恐怖經驗之甚者，或至變更腦神經之組織，以引起變態之現象，雖欲忘之，而不能

忘矣。

（4）記憶所有過去之意識，乃觀念聯合之結果，既如上述矣；故觀念聯合實為決定記憶良否最有力之條件。設有觀念於此，與之聯合之觀念愈多，而其聯合愈密者，則此觀念之保存愈久，而其再生亦愈易。人當追思既忘之事，往往先喚起與之關聯之諸觀念，蓋欲藉聯想以憶往事也。

記憶之個人的差異　觀念之保存，乃純粹生理之作用。故記憶力之良否，因人先天所具之神經組織而大異。普通所云記憶之良否，大抵以記憶耐久與否，真確與否，範圍廣大與否為斷。然三者非必兼具，儘有範圍不廣，獲得成偉大之學問家者。個人記憶之發達，有至足驚者。昔希臘人之中，有人能記憶亞典全市人民之姓名，而不少誤。痴呆之人，其記憶力大抵甚弱，然其中亦有關於特別之事，記憶力異常發達者。

或謂成人長於論理的記憶，兒童長於機械的記憶；然據近時實驗之結果，殊不盡然。關於無意味之文句，成人之記憶亦勝於兒童。平時以為兒童長於機械的記憶者，以成人緣意義以記憶之事，兒童亦機械的記憶之故也。

記憶法　記憶作用既以觀念聯合為最有力之條件，故欲圖記憶之發達，宜使聯合之觀念益富，聯合之關係益固。而欲聯想愈富，聯合愈固，又宜自各種方面詳加考察。如此，則所欲憶之事，自能保存益久，而再生益易。無論何人，關於自己之職業，必具有極良之記憶。物價之高下，商業家能一一道之，訴訟之程序，裁判官能一一憶之。蓋亦由於注意專，經驗多，其所能聯想者眾，而智識遂因以具整齊之系統故也。智識之系統愈堅固，則新入之觀念為此系統所扶助，其保存亦愈堅固，而一旦保存之後，其忘卻亦愈困難。專門學家對於其專門之學術，往往具有可驚之記憶力，即此理也。學生當試驗之前，倉卒強記，事後便忘；蓋臨事匆忙，無暇詳思默察，以與多數事物作聯想之關係故也

世所稱記憶法，不外借聯想之助，使所欲記憶之事物，與其所熟知者相聯合而已。記憶法中，有機械的方法（Mechanical method），有

論理的方法（Logical method），有人為的方法（Artificial method）。機械的方法者，取無意味無線索之事，勉強連屬，使人硬記；故非時加練習，不能為功。論理的方法者，記憶有意味有線索之事，如名文傑作，如學說上因果之關係是也。人為的方法者，取本無意味無線索之事，造成文句，使之略具意味，略具線索，申言之，即使機械的記憶略變為論理的記憶者是也。

　　以上三法，自其保存方面言，欲藉此以圖觀念保存之久且堅也。再生之際，亦有方法，足為再生作用之補助。其法有二：一曰驅除障礙之作用，二曰利用全數之刺激。學生應試，心懷恐懼，則握管作答時，曩所明白記憶者，至是悉遺忘無餘；蓋恐懼之情為之阻，所欲憶之觀念莫從現也。是故驅逐障礙之作用，為記憶時不可忽視之條件。又追憶往事，猶搜求失物，搜求不遍，物或難得。故能利用全數之刺激，藉以搜求既失之觀念，則再生亦較容易。

　　遺忘　以上既述記憶之積極方面，今更轉而述記憶消極方面之遺忘（Forgetting）。遺忘為記憶之反對，然轉足以補助記憶。吾人一生所感受之刺激，為數無窮；若一一保存之而無遺，則實際上之不便利，殆與毫無記憶相等。當吾人追思往事之時，假往事所經之情形，悉數再生，鉅細無遺，則追思所須之時間，不能不與經驗當時之時間相同。其阻礙智識之發達，沒卻記憶之效用，不待辯而明矣。是故適當範圍內之遺忘，不特非記憶之障礙，轉足為記憶健全之證明。

　　記憶之力與俱衰，大抵神經之保存力，少壯之人強，而老衰之人弱，故呈此記憶變化之現象。而老年時記憶消滅之順序，始自具體之觀念，以次及於抽象之觀念。蓋抽象觀念關聯之處廣，聯想之事眾，故不易消滅，而具體觀念與之相反，故先遺忘也。若就言語上之詞類而論，則專有名詞當首先遺忘，而形容詞聯繫詞等之遺忘，當在最後。

　　記憶之變態現象　記憶作用有極奇妙之變態現象（Abnormal phenomenon）。大抵頭部受創，或精神罹病，往往發生此種現象。而變態現象之中，有對於特定一事失其記憶者，有對於若干時期內之經驗

失其記憶者。其最甚者，則一生所歷之經驗，全部喪失，靡有孑遺，其精神狀態遂反於嬰兒之初。Carpenter 嘗舉例曰，有某外科醫自馬顛墜，一時昏絕；及其醒也，遂忘其妻子，而其他記憶，則依然如故，未嘗喪失。又有某婦難產，痛苦萬端，致喪意識；一星期後，意識狀態始行回復，不特難產之事未能記憶，即昔年結婚之事亦遺忘無餘。當時以二十七歲之婦，其精神狀態乃返處十六七歲之時，其十年間之經驗，竟煙消霧滅，不復稍留痕跡。以上二例，所遺忘者，猶非經驗之全部。若 Hanna 之疾，其尤奇者也。Hanna 亦以顛墜傷腦，喪其意識；其後意識作用雖回復，而平生所儲之記憶，則全部滅亡。Hanna 固亦嘗受高等教育者也，乃病後並字母而不能識，國語而不能道，宛然成一初生之嬰兒，心地潔白，如素紙也。

　　上述三例，為變態現象之終於遺忘者；亦有平素不能復憶之事實，於催眠之時，或精神異常之際，突然出現於記憶之中，而印象甚鮮明者，此亦記憶變態之一種也。由此種現象以為推測，可知觀念所能再生之範圍，較吾人實際上記憶之範圍甚大。故學者或主張凡吾人所感受之刺激，必於神經系統中喚起一種之變化，而長保存於其中；苟遇適當之條件，無有不能再生者也。申言之，即吾人一生所得之經驗，未有絕對的遺忘者也。

　　想像　吾人所保存之記憶觀念，歷時久遠，則漸離析，分而為若干種之要素。而吾人於此離析之要素中，能取甲觀念要素之一部分，使與乙觀念要素之一部分互相聯合，以造種種新觀念。此新造之觀念或觀念之群集，即心理學上所謂想像（Imagination）是也。故想像者，分析既得之觀念，更綜合之，以造新觀念之謂也。

　　自其觀念再生之點言之，想像與記憶本同，自其有無過去經驗之意識言之，則想像與記憶大異。想像既無過去經驗之意識，故不受時間空間之約束。例如追思某日某處所見之山水，此特記憶而已；若能離卻過去經驗之關係，以結構一特別之山水，始足稱想像也。記憶之遺存於今日者，固不能完全保持其經驗當時之原形，而想像之為用，亦必以舊有

觀念為材料，非能與過去經驗絕無關係。然記憶之職，在遵循聯想法則以追思既往之經驗，想像則在利用經驗，以造新觀念。故記憶以能與外界之事物符合為貴，想像則符合與否，非所計也。

如上所述，完全之想像作用，必含有三種之程序：一曰再生（Reproduction），二曰分析（Analysis），三曰綜合（Synthesis）。再生者，喚起既得觀念之謂。分析者，取所喚起之觀念，分析為若干要素也。綜合者，更取分析所得之要素，合成一觀念也。

想像之種類　想像之中，種類甚繁；機械學者用想像以造機械，文人學士用想像以作詩詞，丹青家用想像以圖風景，其他因想像以成事者，不遑枚舉。故曰，精神之活動有若干類，想像之活動亦即有若干類，非過言也。茲若語其大別，約有兩種：一曰所動的想像（Passive imagination），二曰能動的想像（Active imagination）。所動的想像者，言想像作用之程序甚不明瞭，殆無意識的以再生分析綜合諸作用也。常人之想像，屬於此類者甚多，而尤以兒童之想像為然。能動的想像者，言其再生分析綜合三程序較為明瞭之作用也。文藝上之創作，技術上之發明，大抵屬於此類。

美術文學諸方面，想像為其主要之作用，固人人所公認者。至於科學之研究，或以為無待於想像，甚且謂想像轉足以妨害科學之研究者；此實誤解想像之性質有以致之也。夫逞非理之空想，以當真正之事實，此固為科學研究之罪人；然心理學上之所謂想像，非必憑空結撰，荒唐怪誕，與現實絕無關係也。各種科學莫不有假定（Hypathesis），此所謂假定者，即想像之結果。誠以吾人所不能直接經驗者，說明上不得不藉想像以為補助。至若研究普遍原理之哲學，不能專恃經驗的說明，其有待於想像者尤多。觀於古來有名之哲學家若科學家，莫不具有豐富之想像力，亦可以想見想像作用之足貴矣。

想像者，意志實行之準備也；胸有想像，表而出之，乃成事實。大工藝家之發明，其初不過一想像耳，大政治家之政績，其初亦不過一想像耳。想像之中，有切於事實，可以見諸實行者，有怪誕而不可行者；

是又理想與空想之辨也。然所謂切於事實與否，人之智識不同，則其見解亦異。故有甲之視為理想者，乙以為空想，乙之視為理想者，丙或以為空想。

Galton 之研究　吾人於心中想像一事物，或追思既往之經驗，果藉何道以想像以記憶乎？英之 Galton 為欲研究此事，嘗設問以求世人之回答。據其統計之結果，記憶想像之道，人各不同。約而舉之，可得三類：一曰視覺類（Visual type），二曰聽覺類（Auditory type），三曰運動類（Motor type）。

視覺類　屬於此類之人，當記憶想像之時，其所憶所想事物之形狀色彩，歷歷於心，恍若目睹。例如心中暗算，加某數於某數，等於某數，則數字之形，恍若印刷於空中，目能一一辨之。此類之人，舉凡一切之記憶想像，可以形之於視覺者，皆以視覺表而出之。即有非視覺的性質之思想，亦必形之於視覺，以便其領悟。例如統計表之所載，出生若干人，死亡若干人，男子若干人，女子若干人；此本非目所能睹者，而列之於表，或形諸曲線，則一目瞭然。

視覺類之中，有極奇妙之現象，所謂數形（Number form）者是也。有數形之人，當記憶或想像數目之時，覺一一數目於空間上各有一定之位置，或高或低，或左或右，其甚者，則次序整齊，成一有系統之排列。

聽覺類　屬於聽覺類之人，當記憶想像之時，專以言語之聲音為助。其讀書也，書上所印刷者，雖屬文字之形，然其深印於腦而深入於心者，則為文字之音。藉文字之音以理解，亦藉文字之音以記憶。當其暗算也，加某數於某數，等於某數，一一數目，恍若於耳畔作聲；算者借聲音之助以演算。

運動類　屬於此類之人，大抵藉運動感覺或觸覺之心像，以營記憶想像之作用。例如當暗算之時，書寫數字時，其在運動感覺，於心最明，乃藉此感覺以演算。人之既聾且盲者，既不能聽，又不能視，當不得不屬於此類。

　　三類之中,對於記憶想像等作用,何類最為有益,實為難決之問題;且三者各有所宜,似又不可作概括之論。個人之中,固有偏屬一類,以某種感覺為主者,而大多數之人,則混屬各類無所偏頗。此混屬各類者,可稱之曰雜類,或曰不定類。個人之中,既有不偏屬一類者,則三類之外,益以雜類,似猶未足以盡之。Netschajeff 於上述四類之外,更加三類,共成七類:一曰視覺類,二曰聽覺類,三曰運動類,四曰視覺聽覺類,五曰視覺運動類,六曰聽覺運動類,七曰不定類。

　　個人之類既有差異,故腦髓罹病時,同屬某部之損傷,其損傷之結果,人各不同。有雖受損傷,而對於精神作用,無重大之影響者;亦有一罹此病,精神作用即因之以衰退者。類之差異,足以左右疾病之結果,使不生同一之影響。

第十一章
情緒及情操

第一節　情緒

感情與情緒　感情乃單純之元素作用，情緒（Emotion）乃若干感情所結合而成之複合作用。然此種結合，非同時的結合，其間必有一定之時間的經過。感情大抵起於感覺之反應，情緒亦起於反應，不過其所反應者，較為複雜耳。感情不能與感覺觀念等截然分離，而情緒對於觀念之關係，尤為密切。情緒發生之初，必有知覺觀念或記憶觀念以引起之，情緒經過之際，亦必有種種觀念伴之同起。吾人見貧民凍餒無告而不禁同情者，以吾人目睹其慘痛，更由直接所知覺者，聯合種種觀念，推得其窘況故也。是故智識不發達者，其情緒亦因以鈍。例如孩提之童，臨極危之境，猶怡然以嬉，毫不知懼。

情緒之發達　情緒之發達，一由先天之遺傳，一由後天之境遇。人之生也，受父母之遺傳，亦既具有情緒之萌芽。孩提之童，時或發露恐怖憤怒類似之情緒，固人之所熟知也。遺傳之中，有一般的與特殊的之區別。兒童見素不相識之人，則懼而避匿，此蓋人類進化中所得之習慣，而遺存於今日者，為一般人類所共有者也。特殊的遺傳，所以構成兒童之氣質，與其所具之體質大有關係。例如易怒之兒，一不協意，即放聲號哭，膽怯之兒，略見異常之事，即戰慄恐懼；是皆由遺傳來也。經驗境遇之結果亦大足以左右情緒之發達，蓋感情作用與智識作用同，凡同一情緒經驗之次數愈多者，則其發達亦愈甚。故兒童之久處逆境者，大抵富於悲哀之情。誠以每接一新經驗，必聯想及於過去之經驗，

聯想之觀念愈豐富，則情緒亦因之愈強盛。

情緒對於智識作用之影響　情緒之發達與智識作用之發達相並而進，既如上述矣；今更轉而論情緒對於智識作用所及之影響。

情緒之為用，實足以妨害觀念之聯合。設有觀念於此，有情緒焉與之有密切之聯合，則當此情緒有相當之強度時，足以妨害其他類似或接近觀念之聯想。凡人思考之際，必澄心息慮，務抑制其情緒者，職是故也。以情緒妨害之故，而於智識上生偏狹之見解者，世間不乏其例。古代希臘人目國外之民族為蠻夷，中國人亦以華夏自居，而夷狄其四鄰。若是者，類皆愛國之情與敵愾之心有以致之也。亦有智識上雖明知其非是，而情緒上未能厭惡，猶因循隨俗，不遽加改革者。故知智識上之維新易就，而情緒上之改革難成，非經悠久之歲月，情緒莫由改也。然智識上之維新，不過表面上之變化，不能並情緒而變化之，未足言根本之改革。

雖然，情緒一旦而蒙變化，則情緒又足為新觀念維持保護之具，是情緒以有保守的性質之故，一方面足以妨害智識之發達，他方面轉足以助長智識之進步。當吾人新得觀念之際，設有極強之情緒，以為觀念聯合之媒介，則此新得之觀念，必能堅固保存，而永為吾之智識。

凡觀念而伴有強盛之情緒，則此觀念與他觀念之關係必因是而有所變易。蓋觀念之伴有強盛情緒者，常為吾人思想之中心，凡與之不能調和之觀念，皆為所擯斥而放逐於意識之外。申言之，即強盛之情緒有選擇觀念之力也。

要而言之，情緒及於觀念之影響有三：一曰妨害觀念之聯合，二曰維持觀念之聯合，三曰選擇觀念。

情緒之表出　單純感情有身體上之表出，既如上述矣；情緒感情為主要元素，其同有身體上之表出，自不待言。凡感情作用時所能引起之變化，如呼吸之變化，血液循環之變化，筋肉活動之變化，亦不莫發生於情緒作用之時；且此等變化之強度，大抵情緒時較強。而情緒作用影響之所及，兼能引起分泌機關與內臟之變化。

　　情緒之表出，古之學者亦嘗注意及之。及十九世初葉漸有取科學的態度以研究情緒之表出。Bell 著《情緒表出之解剖及哲理》（Anatomy and Philosophy of Expression，1806）一書實為情緒表出專書之嚆矢。其後 Darwin 比較人獸情緒之表出以研究表出運動之起源。Darwin 設有三原則，用以解釋一切表出運動。

　　（1）**有益的聯合習慣之原則**（The principle of serviceable associated habits）　此言情緒之表出，於現時之作用上，雖無實益，顧此種表出運動，對於他種精神狀態嘗有直接間接之利益；後此藉習慣與聯想之力，凡遇類似之精神狀態，雖無實益，亦不期而作同一之表出運動也。例如人當反對他人議論之時，往往閉其目而搖其首，一若不欲見此物，而意存驅逐者。當贊成之時，則點其頭而張其目，一若欲明睹此物者。又如人當追憶既往之事，往往張目直視；此緣知覺時非張目不足以明辨，遂相聯而於記憶時亦作此態也。

　　（2）**反對聯合之原則**（the principle of antithesis）　此亦言表出之運動，本非生存上不可缺之作用，徒以其反對之情緒有某種之表出運動，遂引其相反之運動以為其表出之形式耳。例如犬遇主人，必俯其身，搖其尾，柔其毛，帖其耳。此緣遇敵之時，有昂尾闊步，藉以示威，兼備攻擊之必要；而遇主人時之情緒，與敵愾之心適相反，故遂引其反對之運動以作歡娛之表出。

　　（3）**神經構造相應運動之原則**（the principle of actions due to the constitution of nervous system）　此言表出之運動，起於神經系統之構造，與意志固無涉，與習慣亦無甚關係，徒以神經力興奮過度，或過被阻抑，乃發而為此耳。例如恐懼之時，身體戰慄，羞恥之時，面赤耳紅，此皆神經構造上必至之事實，非有他故也。

　　Wundt 亦設三原則，以說明情緒之表出。

　　（1）**神經亢奮直接所生變化之原則**（Das Prinzip der direkten Innervationsänderung）　此言表出之運動，直接生於運動神經之亢奮，申言之，即內部之勢力表現於外部之謂也。羞則面赤，恐則失色，又若

哭泣則成聲，皆是類也。

（2）**類似感情聯合之原則**（Das Prinzip der Assoziation verwandter gefühle）　此言表出之運動，本無實際上之必要，不過因聯想類似之感情，遂與之作同樣之表出耳。例如不快之際，常作食苦味時之容貌，快樂之際，作食甘味時之容貌，即其例也。

（3）**感覺心像運動關係之原則**（Das Prinzip der Beziehung der Bewegung zu Sinnesvorstellungen）　此言表出之運動，指示其所懷觀念之意味。例如呼人之時，以手為招，言天則上指，言地則下指，皆此原則之例也。屬於此原則之表出，其範圍甚廣。

情緒表出之運動，其種類繁，上述諸原則，或猶未能說明一切。

動物之表出情緒也，以聲音為最著，昆蟲鳥獸，莫不以聲音表示其哀樂之情緒。人之聲音，亦為其表情重要之手段。至於容貌上之表情，則為人所獨有。蓋人類面部上之筋肉較為發達，故能變化隨意，以表現其心中之所感。面部而外，四肢百體，幾無一不可以為表情之具，不過其象較微，不易辨認耳。

情積於中，必發於外，喜怒哀樂不能自掩。而人之面部又為表情重要之部分，故觀於人之容貌，可以察知其人當時之情緒。不寧惟是，吾人基於先天後天之原因，其情緒之發達，人各不同。而其所發達之情緒，必時時發動以表現於其人容貌之上。故觀於人之容貌，不特可以察知其人當時之情緒，兼可以推知其人平日之性情。精於相術（Physiognomy）者，觀人之容貌，約略可以判斷其人之性情與事業，即是理也。若夫關於未來之事，而預言休咎，則術士愚人之談耳，非有科學上之價值。

James-Lange 之學說　情緒發動之時，必有身體上之表出為之伴，既如上述矣。近時生理的心理學發達之結果，有一部分之學者，反抗舊說，以為身體上之變化非受情緒之影響而始生，實際上適與是相反。情緒之生，反以身體上之變化為基礎，申言之，有機體認識刺激，即引起身體上之變化，而身體上起變化時之感情，即是情緒。始倡此說

者，為 James 與 Lange，故曰 James-Lange 之學說。James 有言曰：「吾
人非因悲而哭，乃因哭故悲也。」James-Lange 之學說，於心理學者中
雖占一部分之勢力，然猶未足為定說也。

James-Lange 之倡此說，其根據有二。（1）情緒所伴之表出運動，
若胥引而去之，則情緒亦隨以消滅。例如當哭泣之際，若止其聲而拭其
淚，使不得有悲情表出之運動，則悲哀之情亦漸消滅。（2）飲酒服藥，
可以喚起情緒。例如飲酒者別無可樂之理由，而手舞足蹈，不知所措。

Wundt 批評 James-Lange 之學說，以為有三大難點，足以破壞其
說。（1）據 James-Lange 所說，身體上之表出運動應先起，心中之情緒
應後起，然徵之實際，情緒在先，表出在後，身體變化尚未顯著時，
情緒已甚明確。（2）使 James-Lange 之說而真，則情緒之區別，當與表
出運動之區別相一致。然喜悅時與憤怒時，情緒雖相反，而身體之表出
相同。生理作用同，而心理作用異，此非 James-Lange 之說所能解釋者
也。（3）James-Lange 之學說，又與心身並行之理相背。情緒與表出，
兩相並行而已，非表出運動能生情緒也。

James-Lange 謂身體上之表出，為情緒之原因，其說固不足盡信，
然抑制身體上之表出，足使情緒衰退，若任其表出，則表出之後，更能
反響於情緒之上，以強大之，此固極明確之事實也。例如將哭未哭之
際，面帶悲容，猶未舉聲，則悲哀之情尚可抑制，及放聲大哭，情益難
禁，愈哭而愈悲矣。又如忍笑之時，尚能自制，及笑聲一舉，則愈不可
遏。

身體上之表出，可以反響於情緒之上，而強大之，故日常之起居
動靜，亦為進德修業者之所不可呼。正襟危坐，則心自恭，跣足箕踞，
則心自肆。繁文褥禮之宜有與否，是別為一問題，若專自心理學言之，
則禮儀之設，正所以利用身體上之表出，以強大其情緒也。史稱劉邦馬
上得天下，群臣飲酒等功，拔劍擊柱；及叔孫通制朝儀，而群臣莫敢喧
嘩。蓋身為禮儀所拘束，則心自畏敬，不復敢任意妄為如疇昔之日也。

情緒進行之形式　情緒進行之際，其形式頗不一致，Wundt 所舉，

共有四類。

（1）**急進式**（Irruptive mode） 急進者，言情緒之升進甚速，而減退甚緩。例如突然聞喜信，則頓時大樂，或突然接凶耗，則頓時大悲。悲喜之達於極點，進行甚速，而既達極點之後，其漸就式微，則甚遲緩。圖中 A 之曲線，即表明此意。

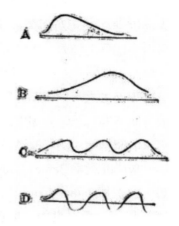

（2）**漸進式**（Gradual mode） 此式正與第一式相反，升進較緩，而減退較速。如希望未來之樂境，或憂慮切己之災難，當時之情緒即屬此式。B 之曲線，即是表明漸進急退之意。

（3）**起伏式**（Remittent mode） 情緒進行之際，其強度忽增忽減，變化起伏，成山谷相間之形，如 C 圖者，曰起伏式。凡情緒於心中繼續較久，往往有此形式。例如耽於希望之時，或抑鬱無聊之時，皆有此種情景。

（4）**動搖式**（Oscillatory mode） 此為最特別之形式，言吾心往來於兩個反對情緒之間，動搖而無一定，圖如 D。希望與恐懼迭相起滅，所謂一喜一憂，即是此境。

情緒之分類 情緒之類共有若干，欲彙而別之，大非易事。心理學上雖有種種分類之計畫，然尚未有完全成功者。故現時學者中，頗有主張情緒不能分類，但能列舉而研究之而已。從來計畫分類者，其分類之主義，大抵不出下述二種：

（1）不以情緒之精神上性質為分類之標準，而以情緒所關係之事情為標準。例如分情緒為利己的（Egoistic）情緒與社會的（Social）情緒兩種。所謂利己的情緒者，關於個人之利害禍福，而以自己保存自己發達之本能為基礎；如恐怖憤怒等情，即屬是類。所謂社會的情緒者，關於他人之安寧幸福，而以社會的交誼為基礎；如同情愛情等是也。

（2）以情緒之精神的特質為分類之標準，如 Wundt 之分類，其一例

也。Wundt 自情緒之性質上分情緒為二類。一曰快不快之情緒，二曰緊張弛緩之情緒。情緒成自種種感情之結合，故實際上純粹成自一方向之感情者，未必存在。然情緒雖屬混合之形，而其中必有一方向為主，較他方向更為顯明。茲所云某種情緒者，乃借主要方向之名以為名。如喜樂與悲哀，是快不快方面之情緒，如希望與憂懼，是緊張弛緩方面之情緒。

　　情緒分類，未得完全之方法，故今茲所述，但雜舉重要之情緒而論之，不復強為分類。

　　憎惡憤怒及悲哀　不快之感情與其原因之觀念相聯合，則成憎惡或憤怒之情，人之懷此情者，無非欲除去其對象，或自遠於對象而已。Darwin 述憤怒之發達曰，憤怒之情始於何時，殆未易決。一小兒於生後八日，啼哭之前，恆皺其眼畔之皮膚；此或因苦痛使然，未必即為憤怒也。至十星期以後，飲以冷牛乳，則額上之膚為之稍皺，如成人之被迫而為其所不欲為之事然。逮生後四月，遇有不快之事物，則憤怒之情大顯，而血液恆充滿於面部。至七月後，雖極小之原因，亦足以致怒。至十一月，則玩物之不如其意者，彼輒推之或擊之，此一擊殆為憤怒之本能的記號，未必即欲傷此玩物也。二歲之後，苟有觸其怒者，則投擲敲擊，殆與成人無異矣。

　　嬰兒性質之稍弱者，見盛藥之杯，則轉首而泣。此時之情緒，則有被動的性質，而近於悲哀。吾人於悲哀時，不快之感情亦為其原因之觀念。其所以異於憤怒者，或以其原因不明，無可反動，或其原因雖明，無力為相當之反動，故有悲而無怒。

　　與人相接，而懷憎惡憤怒之情緒，則此等情緒且導之使以所惡所怒者之苦痛為快樂，而以其快樂為苦痛；於是有怨恨嫉妬之情。

　　喜悅及愛　快樂之感情，亦經過同一之變化，而變為喜悅與愛。即觀念之與快樂之情相聯絡者，亦與之混合而示以一定之方向；於是事物之喚起快樂者，吾人無意中恆欲保存之。所謂喜悅者，不過此期望之被動的方面，而愛則表其能動的方面，常與欲保存此事物之動作相伴者

也。

希望及恐懼　希望恐懼，關於未來之情緒也。預期喜悅之事物，則為希望，預期憎惡之事物，則為恐懼。預期之事既達，則又易而他種之情緒，希望恐懼不復存焉。預期與實際有相符合者，有不相符合者。論者或曰，希望之時，雖甚愉快，若至實際，則愉快之情必不若希望時之甚；恐懼之時亦如之。雖然，此事似未可一概而論。過當之希望，固為人所難免，意外之幸福，亦社會所常有，要而言之，希望恐懼，為關於未來之情緒，故希望恐懼之時，與實際遭遇之時，未必盡能符合。

希望恐懼之情，由其所預期事物所示之喜悅憎惡而定。如所預期之事物，其可以喜悅憎惡之度相等，而其引吾人之想像也，其勢力亦相同。於是吾人之精神分為二，二者交爭於意識中，而莫知其雌雄之所定，則有疑惑之狀態起焉。疑惑之特質，乃一種不得休息之苦痛，故必進而求其所決，但使不得休息之苦痛因之而止，則其所決者之在何方面，非所問也。人之由此種苦痛而至於殺人或自殺者，無非欲精神達於安寧之域故也。

同情　見他人之喜怒哀樂，而於自己之精神中亦反射的喚起同樣之感情，是曰同情（Sympathy）。同情者，即所謂社會的情緒，而 Darwin 等視為道德之基礎者也。同情之起與模仿（Imitation）本能有密切之關係，或以模仿為本，因以說明同情，或以為否；蓋同情與模仿之關係，正與情緒與表出之關係相同，孰因孰果，不易論定。模仿之用，殆與物理學上之共鳴同一原理；動物之初，即有是種本能，其發達甚早。Binet 謂極微之有機體中，已發現模仿之活動；夫有模仿之處，必有同情，同情發達之早，可以知矣。

同情之最單純者，但見他人情緒外部之表出，即反射的喚起同一之表出運動。例如小兒見他兒哭，則亦哭。當此之時，小兒未必真能知他兒之所苦，而後同聲一哭也。同情之較發達而高尚者，則必知他人之所苦所樂，而後為之悲為之喜。即先見他人情緒之表出，次乃緣過去之經驗，喚起種種觀念，以想像他人之境遇，而後始與之作同樣之情緒。是

故經驗缺乏之人，想像力薄弱之人，其同情之範圍必較常人為狹。

夫同情與模仿不能相離，而模仿又與共鳴同其作用，故必兩體之間，類似愈多，則其模仿同情之起亦因以愈易。是故同情之所被，先於所親，以次及於所疏。人之對於動物也，尚有憐恤之心，及其對於植物，則攀折斫伐，曾不絲毫介意。故同情發達之際，必始自小範圍而漸擴於大範圍，推家族間之同情以及於鄉黨國家，於是四海之內，皆兄弟也已。同情發動時，不徒與人同其怨樂而已也，且進而取相當之行動。故見人勝利，則歡呼以賀之。見人困窮，則賑濟以救之。

愛情 愛情（Love）與同情稍異。悅者愛之，不悅者不愛之，此愛情之自然法則也。諸凡物理上之活動與精神上之作用，類皆愈強而愈廣。例如攪水之力愈強，則水波之範圍愈廣，又如憤怒之情緒愈強，則憤怒所及之範圍亦愈廣。惟注意與愛情，與是相反，其強度與範圍適成反比例。注意愈強則愈狹，愈廣則愈弱，愛亦愈摯則愈專，愈淡則愈散，此又愛情與同情不同之點也。又愛情淡薄時，對於所愛之人，不生依戀之意，愛情漸濃厚，則漸起專有之欲望；有妨害其專有者，務去之而後快，雖有後災不顧焉。故愛情與嫉妒相並而進；一方面對於其所愛者之愛愈深，則他方面愈恐他人之奪其愛，而嫉妒之念愈切。愛情之形式因其對象而異，而母子之愛與男女之愛，為愛情中最顯著之現象。

同情愛情之利己性 同情愛情，皆普通所目為社會的情緒，而含有利他（Altruistic）之性質，學者且欲以別於恐怖憤怒等利己之情緒。雖然，此豈探本窮源之論哉？同情愛情，今日雖似蒙有利他之假面，若探其本源，則莫非利己之作用。其所以然者，等於觀念之遺忘，即一觀念既喚起他觀念後，能隱而不見，而他觀念反得勢力。此例於吾人視金錢為有獨立之價值時，最為顯著。蓋金錢之為物，本不過購物之手段，而貪夫忘其所以，竟以金錢之故愛金錢，甚且盡拒其所能致之物以貯之；此則感情之自目的移於手段，而旋以手段為目的者也。

同情之時，與人同作悲喜之情緒，故見他人之困窮而思所以救之者，其初本不過欲去自己心中之悲感耳。何以言之，見人可憐之態，則

己之心中亦起可憐之情；若能藉吾力以去人可憐之態，而起其欣悅之狀，則吾心亦得同時轉悲為喜。故曰，同情之初，亦利己的也。

愛情之中，以母子之愛，男女之愛，為最有利他之性質；然試推究其原委，則亦未始非利己的也。

母之愛子，時或甚於愛己。人往往見動物保護其子時之勇氣，及其喪子時之哀戚，遂益信母之愛情中，無有利己之性質。夫子之於母，本屬一體。古人有言，成長者即生殖之繼續作用，而生殖之作用，亦不外成長之始基。是母之視其既生之子，猶其未生之胎兒，即猶己身之一部，故母之愛子，即愛其己身之一部也。且母之 子，大抵在其子未能成立之時期；人情愛順己者而惡逆己者，子未成立，不能有逆母之行為，故母愛之。試觀動物之母子，此事甚明。當子獸未長成，母獸之愛之也，甚摯且專，及一旦長大而能成立，則母子之間疏若路人矣。

上來僅述母之愛情，而不及父之愛情者，以父之愛情於進化之高階級中始能發現之，而其摯與專，遠不若母之愛情，不能並列故也。太古之初，知有母而不知有父，反言之，即母知有子，而父不知有子也。既不知有子，復何來愛情之可言。動物之中，或有父子相知者，然雄與牡，鮮有保護其子者，且往往為其子之仇敵。及婚姻之制既行，夫婦之間有一定之關係，有一定之住居，於是父之愛情始克發生，然父之愛子，其所具求報之心，視母尤甚，其發達較遲，故其利己之跡亦較顯。

男女之愛，即以手段為目的之一例也。愛情之始，不過求所以遂吾之大欲；所愛之人，乃其目的之手段，既而移手段為目的，遂以所愛之人為其愛情之對象矣。故男女之愛，為利己主義之所擴張，尤彰明較著也。Plato 嘗以神話解釋之曰，神嘗截一人為兩，故其兩半嘗相慕相求而不已。近時之生物學，亦可與吾人以同樣之說明。蓋動物之生殖，其最簡單者，為無雌雄之生殖，稍進乃始具雌雄之別。而在雌雄生殖之最低形式，其雌雄兩器生於一體，此半雄半雌之體，即代表其種族之全體。及更進而為高等動物，其種族之全體必以相異之二體為代表。然則此二體者，亦如母子之區別，可視為一吾而分為二部者也。

第二節　情操

情緒與情操　情緒之少表出的運動，而多含知的作用者，曰情操（sentiment）。然情緒情操之區別，不過因襲用語之舊習而設，非科學上嚴密之分類也。

情操之分類　情操可別為四類：一曰知的（論理的）情操（Intellectual or logical sentiment），二曰美的情操（Aesthetic sentiment），三曰倫理的情操（Ethical sentiment），四曰宗教的情操（Religious sentiment）。

知的情操　吾人遇有不可解不可知之事，則必起奇異之念，而生不快之感。夫奇異之念，非必不快，方其在適當程度也，或轉足以生快感，然因奇異而求解，求解而不得，則不快生焉。於是吾人知識之欲望益熾，而求解之念益切，一旦豁然而解，則滿足之快感油然而生。而此快感之強弱，恆視求解當時所遇困難之大小為斷；是故心有所疑，不求自釋，而乞解於人，其釋疑之功用雖同，其所感之快樂則大相逕庭。

奇異之念既起，而未得滿足之解釋，心往往為之不樂。雖然，此亦比較之辭耳；雖未得滿足之解釋，方其步步進行漸即於解釋也，亦伴有種種之快感。蓋吾人之知的活動，以辨別事物之差異，而發現其類似為其主要之作用，當此作用未生疲勞之時，固亦帶有快感也。

美的情操　妙樂接乎耳，則心焉好之，醜色遇於目，則心焉惡之。凡音樂繪畫等美術品所引起之感情，曰美的情操。

美的情操，吾人生命之維持發達，無直接之關係，此美的情操之特質也。職是之故，有倡為美之為用，無益於人生，而美的鑑賞，徒為精神上之遊戲者。雖然，此豈篤論哉？夫有益與無益，匪易言也。美的鑑賞誠起於吾人精力之有餘裕時；顧生物所貯之精力，於生命維持所費外，猶有餘裕，而不以適當之方法為之排泄消費，且大有害於生命。美的鑑賞既足以消費其餘力，又足以潤沃其生活，廢物利用，豈無益之業哉？

　　美的情操以己身為目的，此又美的情操之特質也。所謂以己身為目的者，即言非別有目的，而自為之手段也。此項特質，實為美的情操與倫理的情操大異之點。凡吾人對於行為而稱善，蓋稱其得達某項之目的，而吾人對於美術所生之快感，則美感以外，別無他項之目的。

　　美的情操經過緩慢，而其繼續較久，且易再現，此美的情操之第三特質也。例如聽樂觀畫，歷時稍久，尚不致遽生不快之感。要而言之，美的情操，其度雖弱，而其移於不快也緩；他種感情，其度較強，而其移於不快也亦較速。

　　何者為美？何者為醜？美醜之區別，實本於個人之趣味；故甲之所謂美，在乙視之，或未必以為美也。此種美的趣味，皆緣個人之境遇教育習慣遺傳而生差異；故吾人設以學術上諸種手設，增益吾人之美的觀念，而切磋吾人之美的判斷，則吾人之美的趣味，必可日趨於發達，是美的趣味之可以藉修養而進步，實與智力同也。

　　美麗之感情，已發現於動物界。何則，方禽獸之求偶也，常以顏色音聲臭味及合律之運動等為修飾之具，以獻媚於其所求之偶。是禽獸之已有美麗感情，可想見矣。野蠻人好以羽毛珠玉文飾其身，以為快樂；其稍進也，則以裝飾武器及用具為樂。此等器具，往往施之彫刻，飾以圖繪。是知最低級之民族，其美的感情，早經發達，且能以人為之力造作種種美的裝飾矣。

　　美的情操之要素　美的感情之簡單者，止於感覺的感情，其複雜者，則於感覺的感情外，又含有他種要素。所謂感覺的感情者，例如色彩之鮮明音調之瀏亮等所生之快感是也；他若表面之平滑，輪廓之曲屈，亦屬於此。雖然，徒有感覺的感情，猶未足成真正之美的情操；必也於感覺的感情外，復益以觀念的感情，而後真正之情操始成。所謂觀念的感情者，即是種錯雜之感覺，遵從規律，相為統一時所起之感情也。例如物體之各部，距一定之間隔以為配置，或左右相稱以為排列，皆足以起吾人之美感。而其起美感也，純藉乎感覺配置排列之形式，與以感覺之材料喚起感情者大異。故學者或呼感覺的感情為美的情

操之實質的要素（Material element），而以觀念的感情為其形式的要素
（Formal element）。

實質的要素形式的要素之外，尚有第三種要素，亦大有造於美的情
操之構成，是曰聯想的要素（Associative element）。今試遊名山大川，
其山光水色，固甚足以賞心而悅目；然試更一聯想其歷史上之事蹟，則
其喚起吾美的情操也，必倍蓰於尋常。詩歌藝術之喚起美感，其由於直
接的影響者固多，其有待乎間接影響之聯想者亦復不少。味覺觸覺與美
的情操之關係淺，而視覺聽覺與之深者，其主要之原因，亦在聯想之多
寡。

倫理的情操 有一行為，必有善惡，善其善而惡其惡，於是倫理的
情操生焉。倫理的情操屬於社會的情操，此實與知的情操美的情操大異
之點也。蓋誠偽美醜之觀念，不待與人交際而後生，而善惡之觀念，必
待營社會的生活而後起，誠以人之行為，緣社會而有價值；使吾人寂處
孤島，與世隔絕，則倫理的情操，且以不起。倫理的情操之中，含有為
善去惡之義務的感情，此實為倫理的情操之特點。職是之故，倫理的情
操對於意志最有密切關係，且常欲遵循一定之理想，發表行動於外部。
而當吾人行善之際，衷心常有滿足之感，行有不善，則悔恨羞愧，衷心
為之不安。見他人之行善也，則讚嘆焉而思所以仿效之，見他人之行不
善也，則憎惡之而思所以自戒。

試取倫理的情操而解剖之，其組成之要素，亦可得而考焉。（1）倫
理的情操雖屬於社會的感情，然其由來之根本，實為利己的感情，徒以
便於己者為善，而以不便於己者為惡耳。（2）第二要素或可謂為半社會
的感情，即好人之譽，而懼人之毀是也。（3）第三要素最為高尚，以人
之利害為利害，即同情是也。

倫理的情操起於善惡判斷之際，故倫理的情操之發達，以道德觀念
之發達為條件。使善惡之觀念而不明，則倫理的情操亦必因之菲弱無力
也。

宗教的情操 宗教的情操者，對於宇宙實體所表示之崇信皈依之情

也。在今日進步文明之社會，人人所有之宗教的情操，與倫理的情操既密接而不可離；溯之原始之社會，或考之野蠻之人民，則宗教的情操與倫理的情操，猶截然二事也。蓋在原始之社會，或野蠻之人民，見有偉大之勢力，奇異之事物，則一方面恐懼嘆異，尊為宇宙之實體，他方面諂事崇奉，欲藉以求一己之安寧。此宗教的情操之最單純者，亦宗教的情操之共同要素也。世運漸進，則人之視所崇奉之實體，昔日僅以為一己之福星，今且視為社會上道德之砥柱。於是宗教的情操乃益高尚，而倫理的情操且與之合矣。

第十二章
意志

意志作用之意義　意志作用（Will）非精神作用之元素，乃精神作用中之複合作用也。精神作用之元素，僅有感覺與感情兩種，此外更無可以為第三種元素者。意志作用亦成自感覺感情等之複合，未嘗含有特異之元素。意志作用有一種特質，即吾人行動之際，常有活動之感（Feeling of activity）與之隨伴，此殆為他種精神作用所無者。然活動之感雖為意志所特有，亦非特別之元素；試分析而考察之，不難發現其為元素作用所複合而成。

吾人有所知覺，或有所記憶時，而心懷不安，則欲於心中引起一變化，以驅除此不安之情。因不安之故，欲於心中引起變化者，曰動機（Motive）。動機引起變化之結果，使不安之情易而為滿足之情，此全體之精神作用，曰意志。動機之中，含有兩種元素：一為觀念的元素，一為感情的元素，例如貓之捕鼠，鼠之觀念乃其觀念的元素，飢餓之苦痛或種族之惡感，則其感情的元素也。Wundt 稱觀念的元素為運動理由（Beweggrund，英譯 Moving reason），稱感情的元素為衝動彈力（Triebfeder，英譯 impelling feeling）。

心有所志，則發為運動；而意志作用以動機為基礎，故身體上之運動大抵出於動機。然實際生活中，無動機而發生運動者，亦未嘗無之，如反射運動是也。反射運動者，對於外界刺激作無意識的反應，不知有刺激，亦不知有反應，但於運動之後，始自覺其運動耳。反射運動雖屬無意識，而極有益於人生，是蓋長時期進化之結果也。

意志作用之分類　以動機之形式為標準，意志作用可分為三

類：（1）意識之中，僅有一個動機，用以規定意志者，曰衝動作用
（Impulsive process）。（2）意識之中，同時有數個動機，而其一最強，
足以壓倒一切而規定意志者，曰有意作用（Volitional process）。（3）數
個動機並存於心，而其勢力之強約略相等，於是互相爭雄，其中一動機
卒戰勝他動機，而規定意志者，曰選擇作用（selective process）。衝動
作用別無可以制止其動機者，其動機一現，即成意志而發為運動，故有
為外物所左右不能自主之感。動物之動作，大率屬是，見食物則趨而食
之，初未嘗有利害之見也。有意作用與選擇作用，因有數個動機，各欲
規定意志，以表現於運動，其決定較複雜，故有我自為政不受外物束縛
之感。

　　意志之名有廣狹二義，自其廣義言之，則選擇作用，有意作用，衝
動作用，以至反射運動，莫非意志之作用；自其狹義言之，則雖衝動作
用，猶不得入於意志之範圍內。蓋古人以為意志作用，必出於若干動機
之選擇，唯一動機斷不足以使意志成立。由今觀之，動機之多寡，乃程
度之差異，不得據是以判其異同，故以廣義之說為當。

　　意志作用之發達　當精神作用未甚發達之時，動物之經驗隨得隨
失，不能藉記憶以指揮其行動；故對於當時之刺激，但以一個動機反
應，不有動機之競爭。其後精神作用逐漸發達，過去之經驗能留其結果
以成記憶，於是對於當時之刺激，有若干動機同時並現，以相牽掣。是
故精神作用發達之結果，本是極簡單之衝動作用，遂一變而為複雜之有
意作用。衝動作用雖於運動之際，自覺其動機，於運動之後，自覺其結
果，然當未運動之先，結果如何，不能有明瞭之預知。選擇作用時，有
動機之競爭，身體上運動不能即時發現，經時較久，故從前運動結果之
記憶觀念亦出現於心，於運動未起之先，已明示運動結果之如何矣。能
預知結果而比較其利害，誠意志作用之大進步也。衝動作用發達為有意
作用，有意作用發達為選擇作用，自簡單以至於複雜，故此種發達曰前
進的發達（Progressive Development）。

　　意志發達，又別有一途徑，與上述者相反；自複雜之作用逐漸發達

以底於極簡單之作用，是曰後退的發達（Retrogressive development）。有意作用選擇作用等，初時須努力而後得發為運動者，其後反覆既久，則努力漸減，遂一變而為衝動作用。人之行走運動，即其一例，初學行走，異常困難，及習練既久，則無用之運動逐漸減少，卒至一有行走之觀念，兩足便能運動，而成衝動的運動矣。既經退為衝動之運動，使益加練習，則雖無意識之參與，一遇外界刺激，即能發為運動，而成無意識的機械的反射運動。行走之初，尚有意識，其後變成純然之反射運動，此又衝動作用退步而成反射運動之例也。選擇作用退為有意作用，有意作用退為衝動作用，衝動作用退為反射運動，自複雜退為簡單，故曰後退的發達。

後退之途徑又有兩種。意志之進步與退步，皆以衝動作用為出發點；衝動作用一方進步為有意作用，他方退步為反射運動。下等動物未有複雜之意志作用，一切動作出自衝動，及反覆既久，遂退而為反射運動；此後退的發達之一種也。在高等動物，自選擇作用或有意作用出發，經過衝動作用，變成反射運動；此後退的發達之第二種也。後退的發達之結果，利益甚大，可以節省精神，使之不浪費於無用之地，而移以對付新遇之事實。反射運動是機械的運動，故對於刺激之反應，極適當亦極迅速。

本能 本能（Instinct）者，衝動之一種，對於一定刺激，以一定之運動為反應，生而既具，未嘗預受教育，亦未嘗預知目的，而能行之以達一定目的者也。有貓於此，見鼠而逐，見犬而遁，見木而升，見火而避。方其發為此種運動，初未嘗對於生死利害問題，有一定之觀念，亦未嘗對於運動之結果，有明確之預知；不過當時有欲罷不能之感情，驅迫之使不得不作此種運動耳。蓋其種族所經驗者遺傳於個體，造成一種牢不可破之反應法；於是鼠之形體一映眼簾，則不得不馳而逐之，一睹猙猙之犬，其在遠處，則不得不趨而避之，其在近處，則不得不怒以威之，其反應之法既定，未可如何也。

或謂人之所以異於禽獸，以其富於理性而少本能；或謂人生之初，

本能雖眾；及成人之後，逐漸減少，關於生殖的情緒之外他種本能的動作不數數覯。其實不然，人之本能與年俱增，大抵入青年期後，始克全備。當此之時，人類所具本能之數極眾；雖高等動物如猿類，其本能之數猶遠不及人之本能也。人之本能，於兒童期內較易辨認，且不若動物本能之明確者，非因本能之數較少，正以為數極眾，互相牽制，遂不現其真面目耳。

本能之變化　衝動之外，具有記憶聯想推理預期諸作用之動物，其天賦之本能雖極完備，苟一旦與經驗相結合而受其影響，則必變易其動作，而與本來之形式大異。例如動物對於甲事，本有作丙行動之本能，則一旦遇此甲事，當然發為丙行動。今假甲之出現，為乙事接近之符號，而該動物對於乙事，具有更強之丁本能，與丙相反；則動物遇甲事之時，直接的衝動（丙）與間接的衝動（丁）兩相競爭，而丙行動或終為所否決矣。鼠之竊食，其本能作用也，苟有因竊被獲之記憶，必且阻止其本能，使不復發。人之記憶聯想推理諸作用發達尤甚，其本能之變化亦隨以愈甚；故人之本能錯綜複雜，不易認知。

人與動物對於某種刺激，往往有若干種本能，均可發現；及一旦喚起某本能而成為習慣，則先入為主，足以制止他種與之相反之本能使不得復發。例如兒童對於動物，本可發現恐怖及愛撫兩種互相反對之本能。今假兒童初次遇犬，為犬所咬，或犬吠而驚，恐怖之本能既發動，則數年之間，必制止其對於犬之愛撫本能；使不復發。又人與動物之本能，其所固定者，僅本能之形式，非必本能之內容也。本能之內容，大抵得自後天之經驗，故因人之際遇而有異同。例如就恐怖本能而言，恐怖之情緒及若干普通之內容，為人人所同具外，其特別之內容則不必盡同。或於幼時多聞鬼怪之談，因而畏鬼，或於幼時身遭覆溺之慘，因而畏水，其遭遇不同，其所畏亦異。

大多數之本能，成熟於一定時期內；故於此時期，遇有適當之刺激，則發現本能以反應之，漸成習慣，遂得永存於日後。若於本能可以發現之時，不遇適當之刺激，或竟摧殘其萌芽，則時機一過，日後雖有

可以喚起此本能之刺激，亦不復能喚起之矣。例如人之遊戲本能，極盛於兒童之時，使於兒童期內禁止其遊戲，則此人必終生不喜運動；後雖有學習遊戲之好機會，亦復興趣索然，不能熱心從事矣。本能之發達首尚圓滿，而忌偏頗；如於某本能可以發現之期內，以未遇事物可以喚起此本能之故，遂使精神組織生有缺陷，則後雖多積經驗，終難補救。所謂受完全教育與否，質言之，即本能之發達圓滿與否之謂也。受完全教育者，當其在兒童時代，身體上精神上趣味可以發生之際，教育者必授以適當之事物，以喚起之，或以實物，或以遊戲，務使不誤時機，以遂其發達。故成人之後，對於人間一切生活，能以一身而兼味其真意。未受完全教育之人，在兒童時代，既失寶貴之機會，成長之後，遂不能復具圓滿之趣味。

有意作用及選擇作用 複雜之意志作用，必有二個以上之動機，同時並作，各欲指揮身體之筋骨，以發表於外部。然一身不能兼數事，不得不於諸動機中擇一以行之。若諸動機中有強有力者，足以壓倒其他之動機，則不待競爭，而意志已定，是為有意作用。若諸動機勢均力敵，各不相下，則動機之間，遂生競爭之現象。爭而勝者，始克規定意志，以引起動作，是曰選擇作用。動機之競爭（Condict of motives）既起，吾心乃審察諸動機而比較之，是曰審慮之作用（Deliberation）。審察比較之結果，擇其善者而從之，是曰揀選之作用（Choice）。揀選既畢，定於一尊，是曰決定之作用（Resolution）。動機之競爭，有時異常激烈，使人躊躇而不能決，甚且因此引起煩悶者。意志作用步步進行時，咸具有相當之感情；躊躇未決，則有疑惑之感情，揀選既定，則有決意之感情，及進而實行其所決，則有實行之感情，動作既畢，則有滿足之感情。

有意作用選擇作用於動作未起之先，已能預知動作之結果，此結果之觀念，曰目的觀念（Idea of purpose）。目的觀念，與目的觀念所關聯之過去經驗，參與動機，知其有利而勸之，知其有害而阻之，於是其所決定者，遂益能滿足其期望。若目的觀念受外界之阻力，不能直接實

現，則不得不求第二目的觀念，用以驅除阻力，以期實行其目的。此第
二目的觀念，即所謂手段觀念（Idea of means）是也。是故手段觀念，
亦意志實現時之重要作用，而取最經濟之方法以實行，則又手段觀念之
要點也。手段觀念至人類而大發達，且人之目的極為複雜，大欲在前，
不能驟躋，於是有暫置目的於不顧，姑以手段為目的，孜孜以求達者
矣。

　　動機之競爭，為狹義意志作用中最重要之作用，及動機既定，發諸
外部，以成行為，則徒機械的作用而已。而內部之動機與外部之結果，
其善惡不能常同。有動機善而結果惡者，有動機惡而結果善者，於是倫
理學上當判斷行為之際，遂生二種之主義。重動機者，以動機之善惡為
行為之善惡，而結果之善惡不問焉；重結果者則反是，以結果之善惡為
標準，用以判斷行為之善惡。近人有調和二派之間，而為之說曰，動機
之善者，必具有先見之明，故其結果必佳，苟不能先見，則其動機亦既
惡矣。

　　意志作用之發達與知的作用　觀上所述，可以知意志作用之發達，
必與知識作用之發達相並行，是故孩提之童，其知識未發達，其所行多
衝動，但求外界之刺激與吾以快感，則不問其有害與無害，便對之有所
動作。及經驗既積，知識既富，知所取舍，不復妄動；雖一旦有某動機
崛起，勢將傳諸筋骨，發為動作，而吾能藉他動機之力抑制之，使不得
發。此所謂抑制者，自消極方面言也，若更自積極方面言之，即所謂揀
選作用是也。揀選作用，於意志之發達極為重要，必有揀選作用，而後
始有真正之行為，然揀選云者，非有揀選之標準不為功，何者宜取，何
者宜舍，所謂最經濟最方便之手段，又必待知識之發達而後能明也。

　　意志作用與感情　感情作用咸有形諸外部以成運動之趨勢，而此
種趨勢，實即意志作用之基礎也。故意志作用與感情作用亦有密切之關
係；意志作用之所在，必有感情為之伴，雖其強弱之度不能盡同，要不
能謂其無有也。感情之要素，於原始的意志作用中，其度為最強，及意
志發達，其度反減。故在衝動之作用，類有激烈之感情，其在高尚之選

擇作用，反若有若無，時或不能為吾心所意識，然雖不能意識，未嘗無也。

內的意志作用與外的意志作用 上來所述，以發表其結果於外部為意志作用之一條件；然意志作用非必發表其結果於外部，儘有心內決定之後，不喚起外部之運動，而內部自滿足者。以外部運動為必要者，曰外的意志作用（External volitional process），不以外部運動為必要者，曰內的意志作用（Internal volitional process）。內的意志作用，亦具有意志作用種種特徵，故雖無外部運動，亦不失其為意志。例如活動之感為意志作用所特具，而內的意志作用亦有之。又內部決定之後，亦有決意之感情與滿足之感情。是故內的意志作用與外的意志作用初無區別，不過一止於內而一形於外，是其異點耳。然內的意志作用中，亦有睽隔若干時日，而仍實現於外部者，如今日決定後，暫不實行，而於他日行之之類是也。

意志作用發達之結果，往往有外部意志作用一變而為內部意志作用者。例如動機競爭之時，甲動機制止乙動機，使不得發，而甲動機但以制止為事，不復表現自己於外部。此種發達，於人生亦大有利，蓋吾人於心內比較行為之結果，能於實際上預防危險故也。

意志作用之病的現象 吾儕常人，當行動時，常有行動自由之感，吾欲讀書則讀書，欲學畫則學畫，俄而拋書倦臥則倦臥，輟畫閒行則閒行；行動自由，莫能吾阻，亦莫能吾強也。是曰意志之自由（freedom），或曰選擇之自由。夫意志之自由與否，為哲學上之大問題。意志作用不受一切法則之束縛，絕對的自由乎？將與物質作用同遵因果之法則以作用乎？哲學上問題姑不具論，茲所云自由者，不過言意志作用能自行審察而揀選耳。

當意志作用健全時，動機之起也，吾能察其當否而揀選之，審其不可而禁止之，及一旦精神有病，則失其揀選禁止之能力，而不克自制矣。放火狂者之放火，殺人狂者之殺人，非有惡意也，不獲已也。世之作奸犯罪，其原於道義觀念之薄弱者固多，而以生理異常，意志失

用，無可奈何而為惡者，為數亦不少也，此種精神病者無揀選禁止之自由，迫於一種之強制，心或明知其非，而仍不能自已。所謂強迫觀念（Compulsory idea）者，亦其一例。患強迫觀念之人，例如心中忽生一兩手不潔之觀念，自視固潔也，而仍不能已於一洗而再洗，明知故犯，其情甚可哀也。

意志作用之有病的現象，不獨於精神病者為然，即常人之有健全精神者，驅於一時之感情，而失其揀選禁止之能力者，亦往往有之。

反應實驗　意志作用之形式及其發達，可藉反應實驗（Experiment of reaction）以研究之。實驗之法，予被驗者以感覺的刺激，使之反應此刺激以起一定之運動，乃從而測其自刺激出現迄於運動之時間。吾人利用此等實驗，一方面可以測定意志作用所要之時間，他方面可以內省的考察其意識之狀況。

反應實驗之最簡單者，但提供一定之刺激，而使之作一定之反應，是曰單一反應（Simple reaction）。若繁其刺激，或繁其反應之方法，則種種精神作用可以編入其間，例如提供多數之刺激，使被驗者辨別之，而後作一定之反應，或兼設多數之反應法，使被驗者對於某種刺激，擇某種方法以反應；如此則反應之外，更含有辨別揀選等作用矣。是故反應實驗之第一目的，直接以測定意志作用之時間，間接更以測定一切精神作用之時間。

反應實驗之第二目的，在於意志之分析的研究。而其所以得達此目的者，則以反應實驗能表現意志之發達故也。如前所述，刺激與反應之間，因條件之變化，得編入諸種精神作用，使簡單之意志作用變而為複雜之意志作用；此即反應實驗能表現意志之前進的發達也。又同一條件之反應，屢經反復，則本係複雜作用者可漸變而為簡單之作用，終且並刺激之知覺而無之，遂成純粹之反射運動；此反應實驗能表現意志之後退的發達也。要而言之，意志作用之一切形式，皆得以反應實驗使之發生。

反應之際，反應者之注意，或集中於將現之刺激，或集中於將起之

運動；其注意之所向不同，則反應時間大異。注意刺激時，反應較遲，注意運動時，反應較速，兩者相差。約 0.100 秒左右。Lange 稱注意刺激時之反應曰感覺反應（Sensorial reaction），稱注意運動時之反應曰筋肉反應（Muscular reaction）。Wundt 易其名為完全反應（Complete reaction）與縮短反應（Shortened reaction）。且於二者之外，更設自然反應一目，以網羅注意之無所偏向而自然者。單一反應之時間，因反應者注意集中之程度而有異，亦因刺激之種類而有異。即使此種條件盡同，而各人之遲速，又未必盡能一致。據 Wundt 實驗研究之結果，單一反應之時間如下。

	短縮反應時間	完全反應時間
光	0.180 秒	0.290 秒
音	0.120 秒	0.225 秒
電氣刺激皮膚	0.105 秒	0.210 秒

習慣練習及疲勞　對於刺激之反應，反復度數既多，則刺激之知覺次第微弱，而運動次第迅速，此實驗研究之所明示者也。此種事實，於日常之複雜意志作用中亦有之。蓋吾人日常遭遇一群同樣之刺激，則以一群同樣之意志作用反應之，及反應既久，自刺激迄運動，其間所含之諸種精神作用，遂次第為吾人所不注意，而運動之起有若反射。如此反復之結果，造成可以發生一定運動之傾向，是曰習慣（habit）之養成。是故習慣者，不外反復結果所造成之刺激與運動間之聯合也。習慣之行動，費最小之精神力，而收極精確極迅速之結果；故習慣之於人生，利益甚大。然人之環界，常有新事實發現，使人墨守舊習而不知改，則本以利人者適足以害人。是故吾人一方面不可以不成習慣，而他方面又不可以不破壞習慣。

為欲達某種目的，取精神上或身體上活動反復行之者，曰練習（practice）。練習之結果，固當與習慣有可以一致之性質，然吾人練習所欲得者，大抵非固定的關係，故僅有一部分之一致，申言之，即以習慣為其一部分之要素也。練習之結果，其利益之大，約略與習慣相等；

一方面足以使動作精確而迅速，他方面足以節省精神力，使之趨於有變化之方向，是故吾人所曾經練習之事業，即吾人所熟練者，於質於量，皆優於所未熟練者，熟練足以使精神上事業身體上事業化劣為優，可斷言也。對於異類之事業，熟練似不能相通，精於算者不必精於書，拍球之練習不能為賽跑之練習。然強記無意義之字或文句，足以使記憶力化劣為優，右手之練習有時足以生左手熟練；是則有共通要素之事業間，未嘗無熟練之波及也。熟練之可能性因人而異，亦因事而異。自大體言之，練習之效驗，初時最著，其後次第減少，終且入於停止狀態。故初從事一業者，進步較速，及既有相當之熟練，則進步較遲。又熟練之增進，往往不作直線之形，而作一進一退漸次增進之狀。故熟練增進途中，有時似已停止不能復進者，有時且漸就退步者，而練習不輟，忽又一躍而繼續其增進。

吾人無論作何事業，初時成績尚佳，及繼續既久，則成績次第不良，終且不能繼續其事業；是疲勞（Fatigue）之現象也。疲勞發生於精神的或身體的事業繼續之時，足以使事業化優為劣，其功效正與熟練相反。疲勞之時，自精神方面言之，注意之集中力減少，感受力遲鈍，觀念之再生遲而易誤，且有疲勞之感以阻事業之進行；自身體方面言之，動作遲鈍而拙劣，終且入於痲痺狀態，不能復動。疲勞與練習異，有普汎的波及；故一事業所引起之疲勞，往往亦足以使他事業之成績不良。欲消滅疲勞，而恢復疲勞前之狀態，不得不有俟乎休息與睡眠；疲勞淺者，一經休息，即可消滅，疲勞甚者，非睡眠不足以恢復。

疲勞之感與實際事業上之疲勞，非必一致。有時主觀的未覺疲勞，而客觀的已有疲勞之跡，有時客觀的未有疲勞，而主觀的已不勝倦怠。故事業上疲勞之有無，及其進行如何，必藉實驗的研究而後始知。據實驗研究之所示，勞動之初，疲勞即發生，初時增進至速，繼乃徐徐，其後復速。疲勞之增進與熟練之增進，有相殺之傾向，而其消長之關係，因熟練可能性而有差異。大抵多熟練可能性之事業，其生疲勞也亦大，少熟練可能性之事業，其生疲勞也亦較少。

第十三章
思惟

思惟作用之意義　思惟作用（Thinking）乃具有目的觀念之有意作用也；當思惟之際，必有可疑之問題為之動機，且必帶有不安之情，及疑問既解，則不安之情變而為滿足之情。今試舉簡單之例如下：遙望野外，隱約有黑點，心中不免起一此果何物之疑問；疑問既起，則與之有關係之觀念，遂遵聯合作用之理，一一出現於意識中，以求解釋。此野外之黑點，將為路旁之石乎？將為空中飛鳥乎？由其移動而觀之，知其非石也，由其位置與大小而察之，知其非空中之飛鳥也；詳加審察，而知其為耕田之牛，疑問既釋，則滿足之情油然而生矣。是故思惟作用之意義，更可敷述如下：有觀念於此，其意味漠然不甚明確，使人於意識中起疑惑不安之情，於是乃取聯合作用所喚起之種種觀念，同化之或異化之，漸以確定其意味，卒以某觀念之出現，而同化告成，意味確定，於是疑惑不安之情乃變而為滿足之情。

　　若專自觀念方面言之，則思惟作用者，乃全部的觀念發展為種種部分的觀念之作用也。雖然，但有觀念之發展，而無意味以貫通其全體，則亦不得謂為思惟。是故思惟者，全部的觀念分為部分的觀念，而因此以發展全部的觀念之意味且完成之者也。自觀念之發展言之，是分析作用，自意味之貫通言之，是綜合作用；分析兼綜合，綜合兼分析，此思惟作用之特色也。思惟作用當然以聯合作用為必要條件。不寧惟是，聯合之觀念，能於思惟進行之途中，取全部的觀念所本不含之分子，加入其中，以開拓其新方向；而他方面因同一思惟作用屢次反覆之結果，本以思惟作用為必要者，一變而成聯合之觀念。由此觀之，思惟作用與聯

合作用之關係，有可與有意作用與衝動作用之關係相比礙者。

　　以具體的觀念為內容者曰想像，以抽象的觀念為內容者曰思惟，此普通之區別也。然思惟作用雖以抽象的觀念為主要之內容，亦未嘗不可含有具體的觀念，故此種區別不能嚴格應用。

　　判斷　思惟作用之單位曰判斷（judgment）；判斷者，發展觀念不明確之意味以底於明確之境之作用，亦有意作用之一種也。如前例所述，野外之黑點，乃耕田之牛也，是即一判斷也。判斷之際，以所欲判斷之對象為中心，乃就此對象因聯合作用所喚起之諸觀念中，擇一觀念以規定其意味；是故一切判斷，於形式上，必成自二個觀念之結合。然判斷雖為二個觀念之結合，若如古之哲學家，釋判斷為結合兩概念之作用，則又非是。蓋判斷之為用，發展對象之觀念，於聯合作用所喚起之諸觀念中，施以同化異化之作用，以下斷定；是明明含有分析作用，非僅純粹之結合已也。又判斷之成立，非必具完備之形式，如論理學上之「甲是乙」；但求有觀念之發展，雖無論理上完備之形式，亦足以使判斷成立。

　　判斷作用之中，含有二種重要之作用；一以蒐集類似之點，一以辨別相異之點。如見一黃色有光輝之物，而下判斷曰，此金製也。當此之時，必以現在所目擊者與昔所經驗之金相比較，誌其類似之點，又必與銅鐵等相比較，辨其不同之處，而後始敢下判斷。凡此二作用愈精密者，即辨別愈明晰者，其判斷之價值亦愈高。

　　判斷而形諸外部之言語文字，則成論理學上之所謂命題（Proposition），所欲判斷之觀念即論理學上之所謂主詞（Subject），用以規定主詞之意義者即論理學上之所謂客詞（Predicate）。

　　概念　概念（Concept）者，抽象諸具體的觀念之共有性，概括以成之觀念也。蓋吾人所經驗之若干具體的觀念中，試分析其屬性，必有相異之點與相同之點，今擇其相同之普遍性聚為一觀念，則成概念。例如書之為物，其形有大小之殊，其文有東西之別，其內容有莊有諧有玄有史，至不同也；然其綴字成句，綴句成文，可以供人誦讀，且有一定

之裝釘者，則諸書盡然也。此成文可誦且有一定裝釘之同然，謂之書之本質的性質（Essential qualities），而其形狀文字內容之不同，謂之非本質的或偶有的性質（Unessential or accidental qualities）。今試舍其非本質的性質，而擇其本質的性質以造一觀念，則成書之概念矣。

概念之構成　昔之形式的論理學（Formal logic）以判斷為結合概念之作用，一若先有概念而後有判斷，此但就論理的推理之形式立論，非就概念構成之作用言也。若就構成之作用言之，概念之成立與判斷之成立，實無分先後；必有判斷之作用，而後精確之概念始能成立，亦必有概念之作用，而後緻密之判斷始能成立。學者往往以學術上精確之概念為論理的概念（Logical concept），以日常所用不精確概念為心理的概念（Psychological concept）；且以構成精確概念之判斷為原始的判斷（Primary judgment），以別於論理學上緻密之判斷。

構成概念之原始的判斷，其程序有四：一曰比較，就二個或二個以上之觀念，比較其同異之性質；二曰抽象，就所比較之諸觀念，舍其特異之點，而取其類似之性質；三曰綜合，搜集各觀念共有之普遍性質，以造一體；四曰命名，藉言語以表此共有之性質。以上四程序之經過，不過言其模範之形式，至於實際概念構成之時，此四程序之經過，不必甚明瞭，亦不必甚完全也。

如上所述，概念之為用，取材於經驗，構成於判斷，固吾心之所造，非真有外界之實物與之相應也。如曰馬，不有驪黃，無以形其色，不有牝牡，無以明其別；而牝牡驪黃，馬各不同，非馬之共通性質也。是故言馬而及於牝牡驪黃，則非復馬之概念已。然天下無無色無別之馬，而馬之概念中又不能含有驪黃牝牡之性質；故曰，概念者，心所造作，非有客體之物體與之相應者也。

範類觀念　概念既成自普遍性質之抽象，則當想像思惟之際，概念果能不藉具體的觀念，以起伏於腦中否乎？此古來之大問題也，或謂不依據一具體的觀念，則不能思惟概念，如言白，必想像白馬或白雪，始能思惟白之性質。或謂白馬之白與白雪之白乃普遍之性質，既為普遍性

質，則注意之，即可以為思惟之對象，固不必借助於具體的觀念也。由今觀之，概念之出現於精神作用中，固不能如具體的觀念之明瞭，亦未嘗不可為思惟之對象。蓋想像作用與思惟作用本不盡同，前者富於感覺的要素，而後者反禁止之；概念雖不能想像，至於思惟，固無害也。

概念之不能想像，既如上述，然則至不得不想像之時，又將奈何？概念至不得不想像之時，則借具體的觀念以為代表；此代表之觀念曰範類觀念（Type-idea）。是故範類觀念者，具體的觀念之足為同類之模範，而用以代表普遍性質者也。例如白雪之白可為白中之模範，則想像白雪，借其具體觀念，以代表白之全體。至於採用何種具體觀念，以為代表，則視當時之意識狀態而異，固無一定不易之觀念也。

概念之發達　概念之發達，始自中央，而漸向複雜與簡單之兩方面進行。夫由簡以之複，由易以之難，如學算數然，先習個位，繼習十位，進而習加減，更進而習乘除，此論理的順序也；而精神中概念之發達，與此大異。蓋吾人呱呱墮地，其所最先經驗者，必乃接近吾身之事物；而與吾身接近之事物，又未必皆簡單者也。圍繞吾身，日日接觸吾感官者，若家屋，若山川，若草木，若禽獸，有簡單者，有複雜者；而吾人皆一一經驗焉，未嘗以其複雜而遺之。接近於吾而為吾所經驗者，使其為物也簡，則吾且由是焉而至於複雜；使其為物也複，則吾先知其大體，而後漸行分析，以達於細點。亦有同為一物，吾人既經驗之，一方面行綜合作用，以達於複雜之概念，他方面行分析作用，以達於簡單之概念。譬如花，種類甚繁，牡丹也，芍藥也，玫瑰也，薔薇也，何莫非花也；而孩提之童不能辨焉，但知其為花而已。及長，智識漸進，乃始能辨之，知若者為牡丹，若者為芍藥，若者為玫瑰，若者為薔薇；又知牡丹之中，有洛陽種也，有非洛陽種也，芍藥之中，有豐台種也，有非豐台種也。是概念愈趨而愈細矣；此以分析作用而漸之簡單方面者也。他方面又知花卉草木同為植物，於是乃得植物之概念，又知植物與動物同屬生物，於是乃得生物之概念；更進而知生物與礦物同成於物質，於是更得物質之概念。是又藉綜合作用而漸進於複雜概念之方面者

也。故曰，概念之發達，始自中央，而上下行以進於簡單複雜之兩方面者也。

推理 推理（Inference or reasoning）者，以既知判斷為基礎，用以構成未知判斷之作用也。例如知人為動物而吾又為人，以此既知判斷為基礎，以造成吾亦為動物之新判斷是也。

推理作用之簡單者，實已含於複雜之知覺作用中；蓋欲知覺之完全，不可以無辨別，而辨別之中，往往既含有推理矣。例如遙聞轟聲，而曰此大砲之聲也；是蓋以舊時所得砲聲之智識與現時所得之音響感覺為基礎，以推知其為砲聲也。此等作用雖未具論理學上所謂推理之形式，然依據一定之事實，由既知者以移於未知者，其實質上正不失為推理也。對於不常見之事物，推理作用較為明瞭，對於常見之事物，則推理作用已退化而入於不復意識之境。亞美利加之土人見 Columbus 之帆船，以為海上之大鳥，墨西哥之土人見西班牙之騎兵，以為半人半獸之怪物；此皆推理不當有以誤之也。

如上之推理，乃簡單而未完全者，其發達之完全者，即所謂論理的推理是也。三段論法（Syllogism）可為論理的推理之代表，取未有聯絡之二判斷，借其共有之媒介物，以綜合之而設一新聯絡。此媒介之物，論理學上謂之中詞（Middle term），新聯絡所生之判斷，論理學上謂之斷案（Conclusion）。

第十四章
意識及注意

意識之意義　事之至簡至明者，往往不可以言語形容，意識作用（Consciousness）亦是類也。蓋意識作用為人人所固具，而人習焉不察，或且忘其存在，即知焉亦以過於簡明之故，難得適切之言語以明其義。是以心理學家或自嘲曰，意識者，意識也，蓋言意識定義之難能也。

欲知意識之意義，試與其對待之無意識（Unconsciousness）相較，即可瞭然矣。夜深就寢，初時猶醒，時鐘叮噹聲，鼠子唧嚦聲，天籟人籟，莫不一一循聽神經而入於大腦；漸而隱約，漸而模糊，終則無聞焉。此清醒之時，即意識之境也，熟睡無聞之時，即無意識之境也。而隱約模糊之際，正由意識移於無意識之階梯也。睡而有夢，是意識作用未盡息，猶為一部分之活動，酣睡無夢，斯乃真入無意識之境矣。身被重創，一時昏絕，意識亦中止。及由睡而醒，或由昏絕而蘇，對於外界之聲色，初猶模糊，繼乃盡知，則又由無意識之境返於意識之境矣。然此云無意識者，不過意識作用暫時停止之謂，非真無有也。

下意識　往者觀察未周，實驗未精，以為精神作用無一非意識作用，意識與精神，其範圍之大小適相符合。近年以來，精神病學變態心理學之研究大盛，乃始知前此之謬。蓋精神之範圍實大於意識之範圍，儘有是精神作用而非意識作用者。此種作用，在平常健康之人格，潛伏於意識作用之下，故變態心理學家稱之曰下意識（Subconsciousness）。下意識之內容，非意識所能知，故在意識視之，純屬無意識之作用，然在下意識視之，則又意識的作用也。吾儕日常之行動，其受下意識作

用之影響者，正復不少。吾儕匆遽出門，忘攜其必要品，中途悵然若有所失，而不自知其何故；及細檢所攜，始悟出門時有所遺忘。此悵然若失而不自知其故者，正下意識作用之影響也。夜來惡夢，驚心駭目，晨起既忘之矣，而猶終日怏怏不樂者，惡夢所歷之經驗，潛伏於下意識之中，阻其興會故也。若更轉而觀察變態之現象，則下意識作用之存在，益瞭然無疑。酒後妄為，病中囈語，皆出自下意識作用，故酒醒病癒後，叩以所言所行，茫然不能自知。又如催眠之時，或能追憶既忘之經歷，或能知覺常人所不能知覺之事實，亦莫非下意識作用之力也。

意識之性質　James 謂意識有四大性質：一曰，諸狀態皆有為人格的意識一部之傾向；二曰，人格的意識內之諸狀態變遷不息；三曰，人格的意識連綿相繼；四曰，人格的意識常於其對象中，有所迎拒，有所選擇。今試取此四種性質，節述如下。

意識性質之一　意識狀態（Conscious state）者，指一剎那間所起之意識作用言也。良朋三五，同聚一堂，則一堂之中，一時之間，即有無數之意識狀態。而此無數之意識狀態，非絕對孤立，亦非絕對團結，諸意識狀態各屬於一定之團體，而與他團體相隔離。即甲之意識諸狀態相結為一體，而乙之意識諸狀態又別成一體，以構成甲乙二人之人格的意識。至於遨遊空中，無所歸屬之意識狀態，非吾儕所能經驗，亦非吾儕所能論證；吾儕所取以研究者，惟人格的意識之諸狀態耳。

一切意識狀態，莫非人格的意識之一部。而各人格的意識直接所能知者，不出乎自己所屬之意識狀態，至於他人之意識狀態，非所能知也。時間雖相同，空間雖相近，性質內容雖甚相類，既屬別個之人格，諸意識狀態即不能互相融合矣。人格相互間之隔離，實宇宙間最絕對的隔離也。

意識性質之二　意識狀態變遷不息云者，非謂諸意識狀態皆無時間上之繼續性也。此云變遷，蓋言現在所起之意識狀態，追溯既往，未嘗有與之同者，而逆揣將來，必不復起也。難者將曰，同一實物，不與吾儕以同一感覺乎？園中之芳草，一瞬前見之為綠色，一瞬後見之，亦猶

此綠色，必不致驟有變易也。雖然，是未詳察焉。試詳加考察，當知無論何種刺激，必不能使吾人生全同之感覺至二次以上。

同一實物，其聞見之時，距離有異，情狀有別，而吾儕平日不加詳察，但見其大體之相同，不察其細點之相異，遂以為同一實物所生之感覺，莫不同一耳。例如園中芳草，其日光所映之部與其日光不到之部，吾儕以為有同一綠色也，而畫工寫景，必異其淺深。又如人物在五十步外時，與在百步外時，吾儕以為同一大小也，而形諸圖繪，必異其分寸。此淺深分寸之異，蓋真正之感覺，而顏色大小之同，則主觀便宜所定也。且對於同一之事實，吾儕之感慨因時而大異，清醒時與朦朧時，飽滿時與飢餓時，活潑時與疲勞時，少年時與老年時，皆異其感。是故飢者甘飲食，飽者厭粱肉，少年喜遨遊，老年憚跋涉；外界之事實未改，而內界之情緒已變矣。

試更自腦髓中所起生理作用言之，亦足以證先後二感覺之不能全同。蓋一切感覺，必與某種腦髓作用相隨伴，而外界刺激一入腦中，雖其力至微至弱，亦必於腦中遺留痕跡，而使腦之組織略受變化。及此同一刺激第二次復循神經傳入腦際時，腦中所起之作用，與第一次腦組織未受變化時所起之作用，必不能全同。而欲真正同一之感覺二次發生，必發生於未嘗變化之腦髓始可。第一次刺激不留絲毫痕跡，既屬生理上不能有之事，故曾經發生之感覺，欲其以毫無變易之形態再次發生，亦事之必不能有者也。

簡單之感覺，尚不能以同一之形復現於心，則較為複雜之作用，其不能以同一之形復現也，益可知已。對於同一之事實，現有之思想與從前之思想，非不類似，特止於類似而已，同一則無也。蓋事實所處之情狀有別，而吾儕所持之見解亦有異，二異相合，前後之狀態遂不得不異。

意識性質之三　夫所謂連綿者，無間斷之謂也。意識之間斷，不外時間上之間斷與內容上之間斷。夜深熟睡，創巨昏絕，意識因之中止，此時間上之間斷也。前後兩意識狀態變化過激，不能有意味上之連絡，

此內容上之間斷也。James 所云意識狀態連綿相繼者，蓋言（甲）意識雖有時間上之間斷，然此間斷前後之斷片的意識，猶互相連續，屬於同一人格的意識，非絕對孤立也。（乙）又意識內容雖時刻變化，然變化之際，後先相接，有若干共同要素居其間，非能截然區意識為二部也。

（甲）假有甲乙二人，聯榻共寢，及其醒也，甲乙各以其現在所有之意識與其未睡前自己過去意識相連結，斷不致與他人之過去意識誤相繫也。中止時間之久暫，不足以勸阻其連結。故甲之過去意識，惟甲知之，乙之過去意識，亦惟乙知之。雖甲乙相將入睡時，其意識狀態，甲乙二人容或互相知之，然此不過間接之智識，與直接之所記憶者有別。直接所記憶者，常帶有溫暖親密之感，現在意識惟帶有此感，故知其屬我，過去意識既同有是感，亦必同屬於我。此自我共同之感，非時間所能斷絕，通過去未來而連綿無絕者也。

（乙）或曰，屬於同一自我之思想中，有內容上之間斷，隔絕前後二思想，使不相連續。例如端居默坐，突聞雷聲，必使吾儕之意識劃然中斷，不復能相連續。James 曰，是不然，迅雷之意識中，迅雷未聞前寂寞之意識，猶繼續潛在也。聞雷鳴時，吾儕所聞者，非單純之雷鳴，乃破岑寂而與岑寂相對比之雷鳴也。初鳴時與再鳴時，客觀之雷鳴雖一，主觀之感覺則異。客觀之雷鳴固與岑寂截然無涉，而初鳴時主觀上雷鳴之感覺，實亦過去岑寂之感覺也。故於人之意識中，欲求一意識狀態，僅限於現在之一瞬，而與方去一瞬間之意識狀態截然無關係者，蓋必不可得之數也。

意識性質之四　意識對於外物之興味有強弱，故與外物接時，或喜而迎之，或惡而拒之，不能以平等遇焉，是謂意識之選擇作用。

人身之感覺機關，不外選擇作用之機關。夫客觀之外界，成自無數之運動，而各感覺機關於諸運動中，但擇其若干而反應之，對於其他之運動則無見無聞焉。耳不能見色，目不能聞聲；諸感覺機關各擇其合於自己者而貢之意識，既不能相為用矣，而各感覺機關對於自己所能反應之刺激，又或應或否，不能以平等遇焉。蜘蛛蝴蝶，日常習見之物也，

然非對於昆蟲有特別之興味者，類弗能道其形態。夫昆蟲之形態，非不刺激吾目，吾目接之而不見者，是不為也，非不能也。

外界之刺激，既投合感覺機關之興味，為所感覺而入於吾心，吾心復行選擇焉。即吾心於諸感覺中，擇某感覺以為足以代表事物之真相，而視他感覺為一時偶發之假現象。試以方桌為例，在某處視之，固為方形，在他處視之，則為鈍角銳角相交而成之種種平行形。然吾心以此種種平行形為遠景的形狀，而以方形為其真形。又如白雪，在日光下視之固白，在紅燈下視之則赤，吾心乃以日光下所得之視覺為真實，而以紅燈下所得之視覺為偶然。夫方形也，平行形也，白也，紅也，其為感覺均也，而吾心於此無數之感覺中，擇一以為真正之性質，以別於其他偶然之現象。

意識選擇之道，自大體言，人皆一致，其所留意而命名者，及其迎拒輕重之道，類皆一也；逮夫細點，則不能盡同矣。

意識之遲速　意識狀態成立之遲速，因人而異，亦因時而異。聰穎之人速，魯鈍之人遲，有教育者速，無教育者遲。同在一人，則少壯時速，老衰時遲，清爽時速，疲困時遲。同一人，同一時，則作用之遲速，視其作用之複雜與否為衡，例如目受刺激，識其有無，即以手反應之者，需時少，既識其有無，兼欲辨其顏色者，需時多。

意識轉移之遲速，亦各不一；有時如風馳電掣，倏起倏滅，有時如滯水閒雲，久而不移。大抵氣質活潑之人，或中心舒暢之時，則意識狀態之轉移速，氣質憂鬱之人，或中心煩悶之時，則其轉移遲。試觀精神病者之意識狀態，其轉移遲速之差，甚相懸殊。患躁暴狂者，轉移奇速，一語未畢，一語繼發，使人聞之，不能捉摸其意義之所在。患憂鬱狂者，其意識狀態之轉移奇緩，向之問詢，催逼至再，亦不易得其回答。

各種意識狀態成立之遲速，可藉反應實驗以知之。例如提供多數之刺激，使被驗者辨別之而後一定之反應，則於單一反應時間外，兼可以知辨別作用（Discrimination）所要之時間。計算之法，於所得全部反應

時間中，減去被驗者所要之單一反應時間，則其剩餘之時間，即為辨別時間。Wundt 嘗以黑白紅綠四物實驗人之辨別作用，初以黑白二物實驗三人，其結果如下。

　　　　0.050 秒

　　　　0.047 秒

　　　　0.079 秒

繼加紅綠二物，以四物實驗前三人，其結果如下。

　　　　0.157 秒

　　　　0.073 秒

　　　　0.132 秒

　　又如觀念聯合時間，亦可以是法實驗得之。據 Galton 實驗之結果，見一未嘗預期之字，因以喚起其所聯想之觀念，約需一秒之六分之五。Wundt 以單節字實驗，使被驗者聞字聲而喚起其所聯想之觀念，即以手反應；並減去其人單一反應所要之時間，以其餘為觀念聯合時間，其所得四人實驗之結果如下。

　　　　0.706 秒

　　　　0.723 秒

　　　　0.752 秒

　　　　0.874 秒

　　意識之範圍　英之聯想學派曰，人之精神現象，不外觀念之推移，而數個觀念不能並存於意識之中；其有若並存者，徒以意識之推移極速故耳。信如是言，則意識之範圍極狹，吾人日常比較之作用，又何能成立，似無可據以為說明之理者。或曰，比較之作用，原於記憶。雖然，觀念既不能同時並存，則所謂記憶者，又何益於比較之作用。近時實驗之結果，知吾人於一瞬之間，猶能辨別數個之感覺的印象。故知數個觀念固可以同時並存於意識中，不過其數之多寡人因人異耳。

　　意識之生理的條件　意識之作用，有賴於生理的條件；而生理的條件中，尤以周流腦中血液為最要。此血液之變化，足以左右意識作用

之強弱遲速。例如動脈之血不入於腦，則意識作用因之中止，或僅有不潔之血灌輸腦際，則意識作用亦且為之紊亂，其範圍驟縮，其強度速度銳減。蓋意識每一活動，必破壞大腦組織之若干部分；其愈速而強者，其所破壞者亦愈多。而恢復此破壞之部分，以供後之意識作用者，端賴血液之營養。是故營養愈足，則意識之作用愈活潑，非然者，則愈遲鈍耳。

　　意識之分類　昔者 Plato 區精神為三部。一曰欲望，二曰意志，三曰理性。Aristotle 以生物之特性為精神，故精神分為營養精神（Nutritive mind）、感覺精神（Sensitive mind）、合理的精神（Rational mind）之三部。合理的精神又分能動與被動二方面，能動方面即後世之所謂意志，被動方面即後世之所謂智識。自 Aristotle 以來，心理學家皆承用此智識意志之二分法，而以感情為不足重。及 Hobbes Rousseau，論感情生活之重要，心理學上之分類漸呈變動之兆。Tetens 始創智情意三分法之說，大哲 Kant 又採用之；三分法遂為世之學者所公認，流傳以至今日。感情之為用，不過內界苦樂之轉移，與智識意志比，去客觀尤遠，且感情深劇時，往往不能與智識作用並存，其研究為最難。古之學者以感情為暗昧不明，而不及深加注意，蓋有由也。

　　然智情意三分法，在近時心理學界，已漸失勢力，不甚流行。蓋按之實際，分精神作用為智情意三種，殊不確切。自精神作用之元素方面言之，Wundt 舉感覺與感情兩種為一切精神作用之元素，其他學者亦多數贊成是說。若以感覺屬於智，感情屬於情，是精神作用之元素僅有智情兩種，於此兩種之外，未有能發現意志可以為第三元素者。如前所述，平常所謂意志作用，亦成自感覺感情之結合，故意志作用乃精神作用之複合作用，非精神作用之元素也。由是言之，智情意三分法不足為精神作用元素之分類，可以無疑矣。若謂一切複合的精神作用，可以分屬於智情意三類，亦與事實不合。吾人任取何種精神作用，試細細分析而考察之，未有純屬於智，或純屬於情，或純屬於意者。即平時所稱為純粹智的作用，不過以智為其主要成分而已，實亦含有情與意焉。是故

智情意三分法，亦不足為複合的精神作用之種類的分類。智情意三分法不合事實，現時雖以說明上便利之故，猶往往有引用者，終將退為歷史上之學說也。

注意　注意（Attention）為精神活動中普通之事實，而亦精神活動中重要之作用也。注意云者，意識集注之謂，古來或以注意為意識中特別之能力，蓋未知意識之範圍與注意之範圍常相一致故也。吾人之神經系統常被內外之刺激，而刺激之蒙吾人注意者，始入意識範圍之內，其未經吾人所注意者，皆不為吾人所意識。

意識之集注也，時或專一，時或散漫。俗謂專一之注意為注意，謂散漫之注意為無注意。殊不知無思無慮無見無聞之時，注意未嘗喪失，不過其度極弱，而不專一耳。俗又以一事為主體，謂不注意此事者為無注意。殊不知受誨於弈秋，一心以為鴻鵠將至者，雖不注意弈，猶注意射，其注意在彼不在此，未嘗喪失也。是故吾人精神作用之中，無時無注意，不過其度有強弱，其範圍有大小，時時不同，乃生專一與散漫之差耳。

注意之二方面　由內外界以刺激吾神經系統者，不可勝數，而吾人於此不可勝數之刺激中，僅取其若干而注意之。蓋無窮之刺激，非能一一入大腦半球，以喚起其作用，不能喚起其作用者，不得入於注意範圍之內。注意時大腦之作用有二：一方面積極以集注，他方面消極以禁止。今試以視聽二神經為例。方注意視覺的刺激時，視覺中樞與視覺機關間視神經之路大開，其餘勢波及於大腦之四方，四方之勢力（Energy）緣是來會，以助其活動。而大腦半球中所儲之勢力本有定量，今既集注於視神經一隅，則他處之勢力必減；勢力減，則活動之路塞矣。是故方聚精會神，以察毫末者，雖語之不知答，呼之不知應。大腦之勢力既集注某處，清道潔宮以迎某刺激，某刺激既入，則他種刺激或入門見阻，或戶外見擯，而不得與之俱入；然雖不得俱入，猶復徘徊戶庭間，乘機伺隙，思繼之入也。

注意之強度及其範圍之關係　注意猶視野，視野之中有甚明瞭之

部分，有不甚明瞭之部分。明瞭之部分，物理學家謂之視點（Visual point），刺激之登堂入室者，占注意之視點，其他入門見阻者，則散處視點之周圍，為之烘托點綴。注意之範圍與其強度，適成反比例。蓋大腦中所儲之勢力本有定量，集注於某處者愈眾，則留守故處者愈寡，活動之路因之愈塞；集注者寡，則留守者眾，活動之路猶賴以存。是故視點愈明，即注意之度愈強者，其散處視點周圍者愈寡，即其範圍愈狹；反之其度愈弱者，其範圍愈廣。人當深思默察時，目若無見，耳若無聞，撾之不知痛，抓之不知癢，蓋所注者一，盡排他事於範圍外也。及雜念紛起，則惘然無所歸宿，雖勉強誦讀，亦不知其意之所在，故專一之注意而狹，散漫之注意弱而廣。

注意之種類　注意可以種種關係為種種之區別。自其對象言之，注意可分為感覺的注意（Sensual attention）與智的注意（Intellectual attention）。感覺的注意以感覺的刺激為對象，智的注意以觀念記憶概念等為對象。自其與對象之關係言之，則有直接注意（Immediate attention）與間接注意（Mediate or derived attention）之區別。直接注意，注意於自身有興味之事物，無待與他事物相關聯，間接注意，則注意於自身本無興味之事物，必待與其他有直接興味之事物相聯結，而後始得蒙吾人之注意。更自注意發生之方法言之，則有有意注意（Voluntary attention）與無意注意（Involuntary attention）之區別。有意注意預定目的，故自喚起，無意注意則生於不知不識之間，非本有注意之目的者也。有意注意之作用為能動的，其原因存於吾人精神之中，無意注意之作用為被動的，其原因大抵存於外界。

無意注意活動之法則　無意注意為外界刺激所喚起，故刺激性質之差異，大有影響於無意注意之作用；試略述如下。

（1）**關於刺激之大小強弱**　刺激愈強大者，其喚起注意也愈易。設有強大之刺激與弱小之刺激同時並起，則人之注意必專集於強大者，而遺其弱小者。故置螢火於電燈之下，明者所易忽，奏妙樂於市聲之中，聽者莫能辨。新聞家商業家利用是理，其記事之標題，廣告之要旨，大

書特書，欲人一見而首先留意焉。

（2）**關於刺激之對比**　刺激之強弱大小或相等，或較遜，但能與同列之刺激外貌迥異，使人有意外之感者，亦易引起人之注意。例如眾長之中，雜以侏儒，眾白之中，雜以黑人，則人未有不於侏儒黑人處特加意焉。

（3）**關於刺激之變化**　人之注意，往往集於變化之刺激；其刺激過板滯而少變化者，即偶一注意，旋亦遺之。入鮑魚之肆者，久而忘其臭。故欲喚起人之注意，且長保持之，自非多變化不可。

（4）**關於刺激之新奇**　日常習見之物，其喚起注意之功用極弱，愈新而愈奇者，其引人注意亦愈易。殺人奇案，人莫不留意而察之，神鬼奇譚，人莫不屬耳而聽之。他若奇巧之品，人莫不悅，及其習也，則又厭之，此習久厭棄之情，尤足為新奇之物始能引人注意之反證。雖然，過奇而與人既有之智識無涉者，反足損其喚起保持之功用。呈妙義於眾愚之前，猶對牛彈琴，徒速其睡魔耳。

（5）**關於刺激之性質**　刺激之予人以快感，或與人之嗜好相投者，易引起人之注意。對名畫而恍惚，即美景而流連，人情所同也。至於好酒之人，隔室聞酒香，即為之心奪，嗜樂之人，隱約聞樂作，即為之神往。

（6）**關於人之利害**　刺激而與人之利害有密切關係者，亦易喚起人之注意。如地震火災時，告警之聲，足以醒熟睡之人於頃刻。

　　無意注意之原因，大抵存於外界，亦間有出於內界之精神狀態者，例如耽於想像，忘卻一切者是也。而人之沉溺於無意注意也，往往甚深且劇。Newton 熱心實驗，誤錶為卵而煮之，學問史上有名之佳話也。

　　有意注意　有意注意為吾人特別所喚起，非如無意注意之因勢乘便而起者也；故注意時，常有一種努力之感。察秋毫，辨同異，或於眾聲嘈雜之中，欲傾聽某人之語，或於神志困倦之後，欲思索無味之理，則人莫不有是感。蓋人之意識性好流轉，任之而不加阻，必且從無意注意之法則以為變化，有意注意抗此自然之法則，以納之於所欲趨之方向，

而禁其流轉，如水性就下，而強遏之，其需努力也不亦宜乎？

努力之感，蓋起於注意時之準備。有意注意之先，必有相當之準備。準備維何？一曰調節感覺之機關，二曰喚起與所欲注意者相聯之觀念。

感覺機關之調節，於知覺作用為最明；凡人欲見欲聞時，必先調節其耳目，欲味欲嗅時，必先調節其鼻舌。不特積極的調節其所用之機關而已，且亦消極的禁止其所不用之機關。例如閉目以辨味，殺呼吸以辨聲，蓋恐他種作用有以擾吾所欲喚起之注意也。此感覺機關之調節，不獨於注意外物時為然，即注意精神上之事實時，亦略具焉。例如心中想像一物體時，大抵之人，亦調節其眼球，與實際目擊時略同。

中樞觀念之喚起，於精神的注意為最明，而於外物之知覺稍遜。然當預期某物體之出現，其物體之形狀大小諸觀念，往往先入吾心。而諸觀念過強且明，即預期過切者，又往往所期之物未出現，而吾心已誤認其既起矣。或雖不至以無為有，而以準備觀念不同之故，因以異其知覺者，則比比然也。右邊二圖，第一圖中央之方形，可作突出觀，亦可作陷入觀，一視吾心中之想像如

何而定。第二圖之形，可作二個大三角形重疊之狀觀，可作六個小三角形相聯之狀觀，想像不同，更可作他種形狀觀之。

注意之起伏律 吾人方注意一事物之時，注意作用似始終如一，無有變化；實則時起時伏，有若山谷邱壑之形。試繪一灰色之圈於白紙之上，持至吾目僅能辨認之處而凝視之，則該圈忽焉而明，忽焉而昧。試復以錶試之，其錶聲之時聞時隱亦如之。此印象強弱變化之現象；名之曰注意之起伏律（Rhythm）。據實驗之結果，起伏之時間大約三秒乃至三秒半，此起伏之變化，非因疲勞而起，亦非人之意志所能抑制，其殆原於生理的狀態乎，其與何種生理的狀態有關係，學者之說未一，且多有未及研究之處。Lehmann 研究注意之起伏與呼吸之變化，以為二者之間必有關係，Lehmann 既製曲線以示注意起伏之時間，又據實驗，製為

呼吸運動時間之曲線，二線相較，適相符合，蓋一呼一吸亦三秒半也。據 Lehmann 之研究，注意之強度減少於吸氣之時，增加於呼氣之時，而呼氣將終吸氣將始之際，達其極點云。

第十五章
人格

人格之意義 人格（Personality）者，簡言之，即人之所以為人之資格也。人格二字，其用處極廣，而各處所用之意義頗不一致。心理學上之所謂人格，指意識之統一的形式言也。人之精神，時時有所營作，人之手足，時時有所舉動。當營作舉動之時，吾知其為吾之營作舉動也。及事後回憶，吾亦知為吾之營作舉動也。是吾之意識為自我（Ego）一觀念所統攝，而吾之人格即緣是以生。

人格為統一的形式；然各人所具之人格，往往有不能完全統一者。即顯著的意識之外，猶有他種精神作用，潛伏於意識之下，以經營他種之作用，而不與意識融合。精神之幽潛的活動，若因故而具整飭之統系，或曾經統一之意識，忽分裂而喪其統一，則人格病矣。

個性 人之精神作用雖大體相同，若語其細點，則又各異，所謂人心不同各如其面也。感覺之銳鈍，記憶之強弱，想像之精粗，感情之豐嗇，意志之強弱，莫不因人而異。各人精神作用之統一形式及其內容既不盡同，則各人之人格自難一致。各人人格之差異，謂之各人之個性（Individuality）。是故個性者，個人特有之性質，所以別於他人而以自樹者也。至於個性之所由生，其原因有二：其一為先天的原因，其他為後天的原因。先天的原因者，祖先父母之所遺傳，生理之所規定，得之於有生之初，而不易移易者也。後天的原因者，出於社會之影響與教育之感化，濡染較淺，故易以意志作用改變者也。個性之原因有二，故個性之類亦有二：出於先天的原因者曰氣質（Temperament），出於後天的原因者曰品性（Character），今分別述之。

　　氣質　氣質者，得之祖先父母之遺傳，而復規之以生理的組織者也。遺傳之說，為近今進化論者所倡導。雖堯之子為丹朱，舜之父為瞽叟，遺傳之說有若不合事實；然其理甚微，其因甚雜，斷不能據一二事實定其是非。今雖研究未詳盡，未能立數學的方程式以賅其一定之理，其說固未可厚非也。

　　據生理學家言，人之性質存於細胞核內絲狀之物質。而人之生也，出於父母生殖細胞之凝合，父母之生殖細胞各含有規定其性情之物質，及二細胞凝合為一，則其核內規定性情之物質亦凝合為一。細胞既凝合後，復次第分裂，每裂倍其原數，核內規定性情之物質亦隨之分裂。故組織吾身之細胞，其核內莫不含有得之父母之物質，即莫不含有父母之性情；此即遺傳所由生也。然父母之性情，不必盡現於其子體，顧雖不盡現，未嘗消滅也；隱於子體而現於孫體，或經若干世而後始現者，往往有之。亦有父母之性質不能並存於子體，一隱一顯，及孫而所隱之性質復顯者。據近時之研究，則所顯所隱，與夫隱而後顯之數，皆有一定比列也。

　　自祖先父母遞傳而來之性質，既錯綜雜居於吾身之細胞中，則吾人之性質，自不能不為吾身生理組織所規定也，明矣。昔人嘗因身體中所貯某物質之多寡肥磽，分氣質為四類：一曰多血質（Sanguine），二曰膽汁質（Cholerie），三曰神經質（Melancholic），四曰黏液質（Phlegmatic）。自現時之生理學觀之，此四分法之生理的根據殊屬誤謬，故其所立名稱亦非允當。惟人之氣質千差萬別，欲彙而列之於若干類之中，本非易事。而古人所立氣質之種類，雖不合現時之生理學說，然其所言區別，似亦嘗就實際上之事實，施以精細之觀察而後得，非徒架空之臆說也。後世言氣質之學者，大抵以此四種為基礎，不能出其範圍，故此四分法雖不完善，猶為今日學者所沿用。

　　（1）多血質　多血質之人即所謂才子派是也，秉性活潑，舉動敏捷，乃其長處。然無忍耐之力，稍久即弛，是故極其弊也，則輕舉妄動，而無毅力。

（2）**膽汁質** 具此質者，能堅忍不拔，歷久不渝，一旦決心所欲行之事，必行之而後已，其思想健全，其行事審慎，乃其長處。然此種人，大抵剛愎自用，傲慢不恭，則又其短處也。古來所謂豪傑之士，大抵屬此。

（3）**神經質** 神經質之人，工愁善病，歌哭纏綿，感情多變化，行事乏決斷。然智力透逸，想像豐富，則又非他種人所可及，騷人墨客，大抵屬是。

（4）**黏液質** 黏液質之人，不易為感情所激動，亦少感情之變化，故舉止安閑，能審察利害而後行，其弊在卑屈而無敢為之氣。

以上所述，不過就四種氣質各舉其重要之異點而言，未嘗確立分類之標準，非科學上精密之分類也。自 Kant 以來，欲確立分類之標準者，頗不乏人。近時 Wundt 以氣質為出於感情之個人的差異，遂以感情之強弱及其變化之遲速為標準，分氣質如下。

	變化速者	變化遲者
強者	膽汁質	神經質
弱者	多血質	黏液質

Elsenhaus 亦欲對於此四種氣質，確立其分類之標準，茲揭其分類表如下。

氣質	感情之興奮性	感情之變化	感情之強弱	感情之動機力
多血質	多	易	弱	少
				多
神經質	少	難	強	少
				多
膽汁質	多	易	強	少
				多
黏液質	少	難	弱	少
				多

此四種氣質，不過大體上之分類，非謂舉世之人，可一一分屬此類，而無間然者也。蓋有不專屬於一氣質，而跨屬於兩氣質者；同為跨

屬，其所跨之度又有多寡之不齊。即同屬一氣質，其所秉之厚薄又人各不同，不寧惟是，同一人也，亦每因其年齡之增加，而略變其氣質。大抵少年之時，血氣未定，近多血質或神經質；及壯，閱歷漸深，近膽汁質；逮老，血氣既衰，則近黏液質矣。

男女氣質之差異，固不可以一概論。試就其大體言之，則男子略近於膽汁質，而女子較近於神經質。

各國民族，亦各自有其特別之氣質，如個人然，法蘭西人屬多血質，英吉利人屬膽汁質，蓋章明較著之事實也。

品性　品性者，得之後天的教育境遇之個性也，質言之，意志活動之習慣性也。蓋意志活動屢經反覆，則成習慣，吾人當行事時，以其抵拒之力最少，遂不期而出於是途。例如有人焉，本甚疏懶，日夜勉為勤讀，習之既久，則雖欲不勤讀，且不可得矣。故品性者，行為之源泉，不可不慎也。孟母三遷，所以利用周圍之境遇以磨礪其子之品性，可謂得教育之真諦矣。然行為不必常與其品性相符，品性惡者可以勉為善，品性善者亦可以勉為惡，要在努力之如何耳。故慎毋徒恃品性之良善，怠而不加勉，卒使良善之品性滯而不進也。

品性固為行為之源泉，行為亦為品性之源泉。何以言之，溯品性之起，起自意志活動之習慣，則前乎今日之意志活動，皆所以造成今日之品性，而今日之品性，有所以規定今後之行為。今日品性所生之新行為，亦一意志活動，又附加於今日以前之意志活動，轉以改造今後之品性。互相為因，互相為果，是故欲修養品性者，遇事接物，宜審慎戒懼，如臨深淵，如履薄冰，則品性庶幾可以日進。

人格之病的現象　人之精神作用中，於意識作用外，又有下意識之作用，在平常健康之人，意識作用占據精神作用之舞臺，統一堅固，勢力充實，故下意識作用終生潛伏，不得一露頭角。若其人之意識作用，一旦實力衰減，不足以壓服下意識作用，或其下意識作用結成有系統之團體，足與意識作用抗衡；則兩相競爭，此起彼伏，遂生人格變換（Alteration of personality）之現象。或本是統一之人格，有時因

故分裂，喪其統一，易辭言之，即人格之某部忽離群而獨立。某部既獨立後，遂自成一體，自有活動，不復受普通人格之指揮，則成人格分裂（Dissociation of personality）之現象。人格變換與人格分裂，皆人格之病的現象也。

人格之變換 人格變換云者，言一人之身，具有甲乙二種人格，一起一伏，相為更迭也。甲之人格雖時間上有中斷，而內容上則後先相接，絕無間隙；乙之人格亦如之。至甲乙二人格之間，則又絕無聯絡，甲之內容非乙所知，乙之內容亦非甲所知。人格變換之現象，大抵因病而起，然亦可以人力喚起之。

因病而起之人格變換，往往於 Hysteria 病者見之。病發時，其人之性情舉動忽然一變，與平時大異，而素日自己之所經驗，至是亦盡遺忘，不復能憶。關於人格變換之現象，例證甚多，Binet 書中一例，可以為此類之模範。一八五八年 Azam 醫士診治一少女，自十三歲起患 Hysteria 病，時時陷於昏睡之狀態，每次昏睡若干分鐘後即醒，醒後，其人之精神狀態與前大異；平時憂鬱之性情忽一變而為快活，平時遲鈍之舉動忽一變而為敏捷。知覺判斷等作用雖無大變化，然從前所經驗者，悉數遺忘，不復有絲毫記憶之存在。如此繼續一二小時後，又昏睡若干分，及醒，復恢復本來之人格，快活之性情，敏捷之舉動，又易而為憂鬱遲鈍矣。病初起時，病之發作約一星期一回，其後病勢加劇，每日必發一次。又初病時，病的狀態之繼續，不過一二小時而止；其後逐漸加長，兩人格出現之時間約略相等，及三十二三歲後，反客為主，本來之人格反不常出現，即偶一出現，為時亦不甚久。

上述之例，為永續之變換，亦有偶起變換，一度而止，此後不復繼續者。如俗所稱鬼迷或野鬼附身之現象，一時胡言亂語，醒後毫不自覺者，是也。

以人力喚起之人格變換，即催眠時所起之現象也。人於催眠狀態所經驗之事實，往往於醒後不能自憶，及下次再入催眠狀態時，則又能一一追憶不少誤，而在普通狀態所經驗之事實，反不能記憶。又如催眠

之時，術者若予被催者以汝為農夫之暗示，則被催者自視宛若農夫，其言語舉動以至思想感情，無一不與農夫吻合。又或予以汝為六歲小兒之暗示，則其人雖屬成人，亦一變其態度，作種種小兒之舉動。

人格之分裂　人格分裂之現象，往往起於局部麻木之病人，例如 Hysteria 病者，其手或足，有時忽喪失感覺，雖刺之不知痛，抓之不知癢。然若予以相當之刺激，則病者亦能以無感覺之手足，遵刺激之指示，作種種之反應，而病者不自知也。是故對於此種患者，略施實驗，即可以見人格分裂之現象。假使病者喪失感覺之部分為右手，則於右手與眼之間，設一物為　，使病者不見其手，且 鉛筆於手中，使握之。然後俟病者方與人熱心談天，心有所專注時以針刺之，針刺甚輕，加以注意甚專，雖在尋常狀態，亦不易覺，而況右手本無感覺者。乃病者受刺之後，忽以手中所持之鉛筆，書一數目於紙上，與受刺之次數相應。若受刺三次，則書一三字，若受刺五次，則書一五字。若於病者之耳畔，低聲有所詰問，病者雖未聽明，而無感覺之手能於紙上作答。由此觀之，可知病者一身之上，同時有兩個人格，談話之人格與寫字之人格，各自獨立，不相干涉。

《迷信與心理》

目　次

序

　　中國本來是一個科學不發達，迷信極發達的地方，近來加以一班「士大夫」的提倡，迷信便越鬧越盛。什麼「孟聖臨壇」，什麼「某君死後，署理東嶽大帝」，胡言亂語，說的人自己不覺得害羞，聽的人也不覺得荒唐。還有人想把西洋的迷信輸進來，譯些《鬼語》一類的書，介紹些鬼相一類的無稽之談。迷信的人聽見了這種事情，一發高興，便想融合古今中外，造成一種東西合璧的鬼學。全國裡邊充滿了迷信的空氣，幾乎要把新近從西洋輸入的科學萌芽悶死了。科學是腳踏實地，要切切實實求出一種因果關係，來造成一種有條理的智識。迷信只是恍恍惚惚拿些不相干的事情聯合在一個地方，誤認做有因果關係；或者空空洞洞造出些幻想，不加合理的考驗，便認做實在的東西。科學和迷信實在兩不相容，迷信盛了，科學便不能發達，科學發達了，迷信自然便也衰下去。

　　科學的發達本來是懷疑批評研究等作用的結果。我們見了一件自然界或人事界的事情，覺得奇怪，便起了研究的心思，要想明白他的真相，找尋他和別的事情的因果關係。研究的時候，心裡一點成見也沒有，專以確實的經驗為基礎，從事實裡尋出一條法則來。對於前人所定的法則，我們也常常懷疑，於是取一種批評的態度，批評他的真偽。倘然覺得有不妥當的地方，便自己加上些研究，發現一種更妥當的法則去替代他。科學取這樣的態度，所以能一天一天的進步。至於迷信，沒有別的本領，只會束縛思想，閉塞聰明。思想束縛住了，聰明閉塞了，科學的進步也便沒有希望了。因為有迷信的人見了一件事情，可以用迷信

來解釋的，便不管他合理不合理，糊裡糊塗用迷信去解釋。不會有懷疑的心思，那裡還會去研究？倘然遇到的事情不是社會上傳下來的迷信所能解釋的，富於迷信的人也只輕率從事，不能有一種精細的研究。因為這種人被迷信籠罩住了，養成了思想浮薄的習慣，精細的研究力早已消磨盡了，所以遇到了一個問題，不免隨便取一件似是而非的事情來做說明。迷信的結果，減少研究的心思，消磨精細的研究力，使科學永遠不會發達。迷信的害處豈不可怕嗎！

至於行為方面，迷信的害處格外明顯，格外容易看見。為了父母的墳地只利長房，不利二房，兄弟各為自己的利益，做兄的要葬，做弟的阻撓，便打起架來，數年不肯罷休。為了姑娘的命不好，硬不許兒子和他意中人結婚，害得他們兩人失戀自殺，或雖不至自殺，少不了做一個終生不幸的人。這種殘酷的罪惡豈非全是迷信所造成的嗎？

迷信這件事情真是罪大惡極！要想科學進步，要想人在社會上做一個更有幸福的人，都非打破迷信不可。科學和迷信不能兩立，科學發達了，迷信自然會倒。所以要想打破迷信，普及科學是第一要緊的事。大家有一點天文學的常識，日蝕月蝕便算不了什麼災異，五星聯珠便算不了什麼祥瑞。豈但天文學是一種打破迷信的好工具，別種科學也都有這種效用。所以我常常想，我們倘然能編出各種通俗的科學書來，使大家得一點科學的常識，在社會上一定是很有益處的。心理學在這一點上——打破迷信——是和別種科學同樣的重要，或者更重要些。因為心理學不但能證明許多迷信的不合於理，並且能把迷信的原因說明，使讀的人恍然大悟一切迷信的由來。我本來有過志願，要做一部通俗的心理學，竭力攻擊迷信，盡我一點打破迷信的責任。只因為我又忙又懶，所以空有志願，到現在還不曾著手去做。

近來新潮社發行《新潮叢書》，勸我把登在《新青年》裡的〈關「靈學」〉和學術講演會的講演稿：〈心靈現象論〉和〈現代心理學〉合刊一冊，作為叢書中的一部。我想這三篇東西雖不算好，但於打破迷信上或者有點用處。我現在既不能做一部通俗的心理學，何妨拿這三篇來

暫時替代，所以我便大膽答應了。這部書的目的在於用心理學上的學說
來打破迷信，所以我便把書名定為《迷信與心理》。

　　〈闢「靈學」〉和〈心靈現象論〉兩篇本是為打破迷信做的，所以
處處對著迷信下針砭。〈現代心理學〉一篇雖不過為介紹現代心理學的
思潮而作，然對於打破迷信也不能說毫無關係。因為明白了生理作用和
心理作用的關係，便不至於相信有鬼。明白了人心和動物心的差異，便
不至於瞎想狐仙。雖不處處對著迷信下針砭，但對於打破迷信也未始無
益，所以也把他刊在這部以打破迷信為宗旨的書裡。

　　〈闢「靈學」〉和〈現代心理學〉是比較的舊作，都用文言記載，現
在暫依原文，不改白話，還望讀者恕我懶怠！

　　關於出版的事情，統由徐彥之君主持。徐君的盡力和好意，我是很
感謝的。

民國八年，十一月，二十六日，陳大齊

闢「靈學」

一

　　近日上海有人設壇扶乩，取乩書所得，彙刊成冊，名曰《靈學叢誌》。並設靈學會，以從事靈學之普及。吾所及見者乃該叢誌第一卷第一期，其內容之荒妄離奇，真足令人捧腹絕倒。（近來似已出至第七期，其荒謬與第一期等）據該誌所載，所設之乩壇曰盛德壇，由孟軻主壇，莊周墨翟二人為之輔，下置「四秉十六司」。此種說話已屬滑稽之極，而某日「聖賢仙佛」臨壇時，各有題詩，周末諸子居然能作七絕詩，孟軻且能作大草，又李登講音韻，能知 Esperanto（世界語）之發音，此真荒謬離奇之尤者也。答吳稚暉先生音韻三篇，該會中人自謂惑人之力最大，足以使科學家信服者，據吾友錢玄同先生言，亦復陳義膚淺，假使果有陸德明等鬼，斷不致作如此膚淺之文。此種荒謬之點，錢玄同先生別有詳論，見《新青年》第四卷第五號〈隨感錄〉中，足以盡發妄人作偽之覈。至如該誌所載，某日陸俞二人同扶，請陳仲瑀之鬼到壇所說一段，則扶者之肺肝益昭然若揭，不待智者而後知其詐也。嗚呼！處二十世紀科學昌明之世界，而猶欲以初民社會極不合理之思想愚人，亦徒見其心勞而日拙耳。

二

　　吾今姑退讓一步，靈學會諸君皆係有道君子，誠實無欺，斷無作偽

愚人之理。即以此項假定為事實，靈學會諸君雖無作偽之意，猶不失有作偽之實。蓋扶乩等現象，假使果非有意作偽，在現今心理學視之，純屬扶者之變態心理現象，精神病者優為之，固不待「聖賢仙佛」之降靈也。精神病者之胡言亂語，見神見鬼，精神病者自信以為真，而非精神病者必笑以為妄，何獨至於扶乩時之「聖賢仙佛降臨」而不敢妄之？嘗聞人說笑話，有藏金於某處者，自書其處曰：「此地無銀三百兩」：隔壁阿二見而竊之，更書於其旁曰：「隔壁阿二勿曾偷」。今假有人焉，見「此地無銀三百兩」而信以為真無藏金，見「隔壁阿二勿曾偷」而信以為真勿曾偷，則聞者必笑其為至愚。乩書「亞聖能到」，而信為真孟軻，乩書「武松到」，而信為真武松（聞無錫某處乩壇曾有武松黃興同時臨壇之事），此與信無金信未偷者又何以異，何獨不敢愚之耶？生民之初，人智未進，思辨力未發達，所見所聞，莫不信以為真，不能反省而考察之，分析而研究之，迷信謬說之多，不足深怪。時至今日，智力既進，科學研究法亦漸備，乃猶欲法愚妄之行，詡詡然以自建新學為得意，不知深思力索，求一合理之說明，不亦大可哀耶！

　　要而言之，若扶者故作乩書，用以惑人，是有意作偽也。若純出於扶者之變態心理，扶者不自知為己所書，而信為真有「聖賢仙佛」，是無意作偽也。作偽均也，不過有有意與無意之別耳。有意作偽，是奸民也，無意作偽，是愚民也。假靈學會諸君而有意作偽，我無執法之權，惟有期其良心上之反省，不與之辯可耳。若其不然，果出於無意之作偽，則吾輩略有科學智識者不可不聊盡提撕警覺之責。國有奸民，寧有愚民。今姑以君子待人，姑以扶乩為非有意作偽。本此意旨，以科學之理解釋扶乩，以明扶乩之為變態心理現象，而非真有「聖賢仙佛」之降臨。靈學會諸君或能因此稍加反省，不再鼓吹邪說，以蠱惑青年，不再摧殘科學，以種亡國之根，則吾之希望為不虛矣。

三

　　乩何以能動，扶者動之也。誠實之扶者聞之，必譁辯曰：吾未嘗動之，吾非故作虛言，吾實未嘗動之也。誠實之扶者固未嘗自覺其動，然而動之者仍是扶者，不過是扶者之無意識的筋肉動作耳。此種動作雖於扶者為無意識，然仍出於扶者之筋肉，仍以扶者為動原。人生有許多自動作用（automatic action），如心臟之跳動，胃臟之消化，雖屬生理一方面，亦是自動作用。方其運行也，人未嘗以意志支配之，亦未嘗知覺之。故自動作用是無意識作用，扶者動乩之筋肉動作亦此種無意識的自動作用之一也。因是無意識作用，故乩之動雖原於扶者手臂筋肉之動，而扶者不自覺其運動出於彼也。

　　筋肉之能發無意識的自動作用，於施行催眠術時，例證頗多。術者或手持有光輝之體，使被催者凝視，或以兩手按摩被催者之身體，為法雖有種種，要之施術若干分鐘後，即可使被催者發生自動之運動。術者使被催者兩手向前伸直，且告以手勿用力，任其自然，不自作運動，亦不故意抵抗運動；於是術者予被催者以兩手接近之暗示，則被催者之兩手自能漸相接近，至兩手相合為止，而被催者不自覺其動也。兩手既合之後，術者復予以兩手分離之暗示，則被催者之兩手又能逐漸分開，而被催者亦不自覺其動也。手雖運動，而動者不自覺，故為無意識的作用。當此之時，被催者若意存抵抗，不欲運動，則運動便不能發生；惟心無雜念，處於純被動之位置，始能發現動作。以此知被催者之兩手運動雖不意識，純屬自動，非術者自以手動之，亦非術者役使鬼神以動之。扶乩者手之動亦猶是也。

　　患 hysteria（歇斯推理亞病）者，有時身體某部忽喪失感覺。今假有病者，其右手喪失感覺，雖刺之不知痛，抓之不知癢；試於右手及目之間，設物為屏，使病者不能自見其手，乃以鉛筆納於右手之中，伺病者方注意他事時，竊以針刺其右手。右手本為無感覺之手，雖刺不痛，況值注意專一之時，而刺激又微，其不能知覺，固無待言。然而刺激之

後，其無感覺之手能作適當之反應。例如以針刺手三次，則手寫三字，刺五次，則寫五字。又或於病者之耳畔，低聲有所質問，其無感覺之手亦能作適當之回答。病者之手雖能運動作字，然病者不自知其所作何字，且亦不知其手有運動。扶乩者手之運動亦猶是也。

四

　　人手能發無意識的運動，方運動之際，不能自知，此理觀於上述諸例當可明瞭。今更轉而論扶乩之必出於此種運動，並借西人實驗之例，以證明之。

　　與扶乩相類之事，泰西各國亦頗有之。有所謂 planchette 者，以木板為之，狀如心臟，下有三腳；兩腳下有輪，故可推動，一腳中插鉛肇，可藉以留運動之痕跡於紙上。扶者置手於 planchette 之上，凝心息慮，則 planchette 能運動，有時且能作有意義之文句，而扶者固不自覺其動，亦不知其作何語也。又有以戒指或小球繫於線之一端，而以兩指夾持其他端，使線垂下，則線能作往來運動或迴旋運動，持者固亦未嘗有意使之動也。此種裝置，英人謂之 magic pendulum（魔擺）。若持擺立於中央，而四圍排列極大之字母，則擺能次第移向各字母，拼成字句，以答人問。昔羅馬之卜者嘗以此術愚人，遇有求卜者，則代禱上帝，藉擺之運動以宣神意。二千年前羅馬卜者之用意與今日中國靈學會諸君之見解，不謀而合。然西方學者早知擺之運動出於手之無意識的運動，非有神靈憑於其上。十八世紀 Grey 嘗研究此事，經種種實驗，乃斷言魔擺之線，於人手外，無論掛於何物上，不能運動。近時 Barrett 亦嘗施以實驗，以線之一端繫於煤氣燈之桿上，堅閉門窗，使室中無風足以吹動此線；則向之持擺而可以使之動者，雖心中念念欲使擺動，而擺終不少動。由是觀之，可知魔擺之動實緣於人之動之。人手有自動運動，故所持之線亦隨以動，燈桿不能自發運動，故同是此線，不能少動。一經實驗，此理甚明。假如迷信者所云，有神靈憑其上，則魔擺雖

離人手，而掛於毫不能動搖之物體上，亦當運動自如，不為之少阻。扶乩與持擺同出一理，觀彼即可以喻此。

　　西洋又有所謂 thought-reading（測思術）者，藏物某處，使精於此術者搜之，一搜即獲。其法先於別室，以布蒙術者之眼；藏者於藏物之後，引術者入室，以手置術者之額上或肩上，心中默念物藏某處；術者默立少頃，便趨赴藏物之處，探而得之。藏物時術者不在室中，入室時又以厚布蒙眼，或厚布之間更實以棉絮，故斷無以眼窺見之理。而默立少頃，一搜即獲，使靈學會諸君見之，又不知將視術者為何如人！三十年前有 Bishop 者，精於此術，Romanes 嘗集諸同志以實驗法研究之。據 Romanes 研究之結果，術者之所以能趨赴藏者所思之處者，亦以受藏者筋肉無意識的自動運動之影響使然。蓋藏者心中切念物藏某處，其心中所思，於不知不覺間，發而為筋肉運動，欲引術者至其所思之處。術者心地寂靜，純取被動態度，其肩或額為藏者所扶，遂藉此以受扶者之運動，而隨以運動。當此之時，術者純屬被動之體，其對於藏者之關係，猶乩之於扶者，擺之於持者也。施術之際，必扶者置手於術者身上，而後術乃有效，已可想見術者之動出於扶者之動；若更加以實驗，其理益明。試於術者之額上或肩上，置許多極軟之棉絮，而後使扶者之手輕按其上，則術無效；或取絲線一條，以一端繫於術者之額或肩上，而使扶者持其他端，不拉緊，使線弛而不張，則術亦無效。術之無效，以棉絮柔軟，線不緊張，不足以傳扶者之運動故也。又若不以布蒙術者之眼，而反以布蒙扶者之眼，則術亦無效。蓋扶者兩眼被覆，雖心中切念藏物之處，然以不能辨方向與位置之故，行動失其指導，遂不能引術者以發現所藏之物。觀此諸例，術者之能搜獲藏物，純屬扶者無意識運動之結果，極為明白。測思術之術者猶扶乩時之乩，觀彼又足以喻此。

　　觀西人諸種實驗之結果，借彼喻此，吾敢斷言：乩之動，扶者動之，不過出於扶者之無意識的運動，故扶者或不自覺耳。乩動之理既明，則於扶者之外，更何煩設想「聖賢仙佛」為哉？然吾知吾文出後，必有某處乩壇乩能自動不須人扶之說發生，是則非吾所忍言矣。

五

　　乩之動出於扶者之自動作用，已如上述矣。然則自動作用誰實主之，何自動者不自覺其動耶？曰：自動作用出於 subconsciousness（下意識）。今試說明下意識之性質，則自動不覺之理自可明瞭。

　　昔人以為：一切心作用無一非意識作用，心作用即是意識作用，意識作用即是心作用。近自變態心理學等進步以來，乃知心作用與意識作用，其範圍之廣狹相去甚遠，儘有是心作用而非意識作用者。吾言而自覺其言，吾動而自覺其動，是之謂意識作用；言而不自覺，動而不自知，然雖不意識，猶不失為心作用者，是為下意識作用。是故下意識作用者，乃無意識之心作用，平時潛伏於心作用中，不顯然表現者也。乩動時之自動作用出於下意識作用，故扶者雖不意識，猶不失為扶者之心作用。人之手臂平時居於意識作用勢力範圍之中，故一舉一動皆為意識之我所自覺，及一旦因故而為下意識所指揮，則雖動而非意識之我所能知矣。心作用中之有下意識，雖經變態心理學之探討而其理益顯，然下意識之用非僅變態時有之，常態時亦有之。

　　常態時之有下意識作用，例證甚多，今姑舉一二例證如下。吾人常見之物，其狀態如何，未必能明記於心，然用之之時，未嘗少誤，例如日常出入之教室，其門向內開抑向外開，吾人未必明白記憶之，然開門之時，向外開者，必不往內推。雖不明憶而不少誤者，下意識之功也。又如教室中所掛之黑板，高低如何，殆無人能詳言者，然某日忽將黑板移高或移低，則入室者莫不覺黑板之遷移。不能明言其處而能知其遷移者，亦下意識之功也。吾人日常之意識作用，常有下意識作用為之助，而下意識作用但現其結果於意識作用中，故吾人有時行一事而不自知所以行之之故。

　　常態時之下意識作用不過為意識作用之補助，未嘗顯然表現，亦未嘗占據身體之一部分，與意識作用分道而馳也。至於變態之時，則下意識作用顯然表現，且別樹一幟，與意識作用分道而馳。如前述之歇斯推

里亞病者，其無感覺之手能作字以答問，此蓋手為下意識作用所占據，而脫離意識作用統治之範圍；故手雖運動作字，而在意識之我則毫不自覺。上述之例不過身體上一小部分為下意識作用所占據耳，精神病之較深者，身體全部盡為下意識作用所占據，有暫時占據者，亦有占據甚久而竟變作他人者。

一八八七年一月十七日，美國牧師 Ansel Bourne 於 Providence 市某銀行取存款五百五十一元後，人忽不見，雖經警察搜查，卒不可得。而離 Providence 甚遠之 Norristown 市上，有 Brown 者，新開一小雜貨店，販賣紙筆點心之類。開店後六星期，於三月十四日晨，Brown 醒時，忽大驚駭，自稱 Ansel Bourne，不知此是何地，亦不知有開店之事，惟取存疑一事，猶若昨日事耳。店夥鄰人群駭為狂，延醫診視，亦斷為狂疾。以其自稱 Providence 人，姑電詢該市，果有其人，失蹤者將及兩月。家屬聞之，遂迎以歸。而 Ansel Bourne 於此兩月之間，所作何事，茫然不自記憶。此緣 Ansel Bourne 下意識之我驅逐意識之我，代領身體，故一切行事，意識之我莫從知之。

法國有少女名 Félida 者，患歇斯推里亞病，一八五八年就診於 Azam 醫士，時女年十四歲也。初病之時，昏睡約十分鐘，及醒，人忽一變，憂鬱之性變而為活潑之性，能言善歌，談笑不倦，與 Félida 平時之性格大異。繼續若干時後，忽又昏睡，醒後，又為 Félida 如初。初病約每星期發病一次。而人格轉移之間，須時約十分鐘；其後每月發病，而轉移之間，須時亦漸減少。二十七歲時，普通狀態與病的狀態，其繼續時間約略相等。及三十二三歲時，竟反客為主，普通狀態不過兩三星期出現一次，每現亦不過數小時而止。蓋是時 Fèlida 下意識之我已完全驅逐意識之我，而代為身體之主矣。兩狀態之間，絕無記憶之聯絡，故普通狀態所為之事，病的狀態不知之，病的狀態所為之事，普通狀態亦不知之。

變態現象程度之深淺，至不齊一；上述二例，乃舉顯而深者言耳。扶乩現象是一時的變態現象，扶者之手與臂一時為扶者下意識之我所占

領。故手之運動，及其所作之文字，扶者意識之我莫從而知之。

六

　　歇斯推里亞病者無感覺之手能作文字以答人問，Ansel Bourne 下意識之我能營商業，Félida 下意識之我能行常人一切之行為，則扶乩者下意識之我能藉乩以作文字，何疑之有，亦何怪之？有顧信奉「靈學」者必又有辯，以為扶乩所得之文，實非扶者所能作。例如《靈學叢誌》中所載答吳稚暉先生音韻文三篇，文雖膚淺，然扶者毫無小學智識，即欲偽造，亦斷無偽造之實力。扶者意識之我尚不能作，乃謂扶者下意識之我為之，試問扶者下意識之我何由能作此文耶？此種見解實為創造「靈學」之大護符，而亦常人不敢絕對排斥「靈學」之一大原因也。雖然，謂下意識之我不能為意識之我所不能為者，亦未嘗深思故耳。如前例所云，Ansel Bourne 一牧師也，未嘗學習商業，亦未嘗留意商情；而一旦變為 Brown，設店賣物，條理井然，有若素習，此非下意識之我能為意識之我所不能為之一證耶？蓋意識之我統領身心，終日營營，以經營切己之事為專職；其有與一身利害不甚密切之事，有時雖映於吾目，接於吾耳，吾視之不見聽之不聞者有之；或雖一時聞見而知之，及事過境遷，遺忘淨盡不稍留痕跡者有之。下意識之我則不然，以清閒之身處無事之位，得從容閒暇以觀察意識之我所視為不切己之事物；故意識之我所視而不見聽而不聞者，下意識之我得見之聞之，或意識之我所既經遺忘不稍留痕跡者，下意識之我得牢記之，且與經驗當時之情形無絲毫之異。Ansel Bourné 身為牧師，商業非其切己之事情，故其意識之我不知商情。然身居市上，豈無觀察商事之機會，徒以事非切己，故未加注意耳。而下意識之我則嘗留意及之，故一旦下意識之我統領身心，本過去之經驗以經營商業，乃能有條不紊。下意識之我能經驗意識之我所不經驗，能記憶意識之我所不記憶，例證甚多，舉數則如下。

　　Miss Hunt 於某日下午六時，付園丁工資，以紙包之，並付信數

封，囑於歸家途中寄出。一小時後，園丁忽奔回，言失去工資，沿途尋覓，杳不可得，恐已為人拾去。入夜，園丁睡後，忽夢見途中某處泥塊之旁，紙包之工資在焉。晨起搜之，果得之於夢中所見之處。園丁能於夢中發現所失之物，一若甚屬奇異；其實夢非能預言，亦非有神祕之力。當園丁遺落工資之時，其意識之我雖不及自覺，其下意識之我實親見之。夢時意識休息，下意識之觀念遂得出現於心中，其觀念甚明且強，故醒後猶能憶之耳。此下意識之我能經驗意識之我所不經驗之一證也。

Delboeuf乃熱心研究夢學之人，某晚夢見羊齒之下有許多蜥蜴，且夢見羊齒之植物學上名詞是 Asplenium ruta muralis。Delboeuf 本不長於植物學，植物學上艱澀之學名更非其所知；乃一查植物學辭典，羊齒之學名固如夢中所見，不過末字 muralis 乃 muraria 之誤耳。本非 Delboeuf 所能知之學名，何忽於夢中見之，Delboeuf 亦深以為異，而追思其故，終不可得。然 Delboeuf 求學之毅力，迴非志行薄弱者所可比，孜孜考求，卒於十六年之後發現其原因。某日 Delboeuf 於友人案頭翻閱一冊，中有羊齒乾葉，與夢中所見者同，下書植物學上學名，乃 Delboeuf 親筆。Delboeuf 見之大驚，及細細追思，始憶做夢前二年，友人之姊妹採集植物，以為旅行之紀念，使 Delboeuf 於一一植物下記其學名。其後又於做夢前一年之舊雜誌中發現一畫，中畫許多蜥蜴，一如夢中所見。此異時所經驗之二事，Delboeuf 意識之我早經遺忘，而其下意識之我猶能記憶，遂牽合之以成夢境。此下意識之我能記憶意識之我所不能記憶之一證也。

以上但就夢境舉例，夢境之外，精神病者亦供給許多例證。如 Carpenter 書所載，有德意志少婦本未受高深教育，亦不知古代文字；而某日失神之際，胡言亂語，人不能解，細辨之，乃拉丁語希臘語希伯來語也。聞者咸大驚異，及細考少婦身世，始知少婦幼時曾寄寓某僧家，病時所誦，即當年某僧所誦之句也。然而少婦醒時，並不能記憶此種文句，但於失神時偶一表現之耳。此又下意識之我能記憶意識之我所不能

記憶之一證也。催眠之時，亦多此種例證，平時所既經遺忘者，催眠時得以暗示喚起其記憶。近時 Freud 之治精神病，亦應用是法。

　　下意識之我能為意識之我所不能為，例證甚多，不遑繁舉，觀上述諸例，其理已明。而下意識我之所為，亦必以過去經驗為基礎，知覺意識之我所不知覺，記憶意識之我所不記憶，遇有機會，則取所記憶者而再生之，或牽合數事以造成一想像，此所亦可於上述諸例徵之。扶乩所得之文，雖非扶者所能作，顧安保扶者於無意之中，未嘗經驗此文之材料耶？例如《靈學叢誌》中所載音韻文三篇，其扶者有小學智識與否，非吾所敢斷言；今假定扶者絕無小學智識，於平常精神狀態斷不能作此種文字，然安保扶者不嘗寓目於音韻之文，意識之我雖忘之，而下意識之我猶憶之耶？人之不解音韻者，平時偶見音韻之文，或以不能盡明之故，或雖能解，以無關所己，便恝然置之，此蓋事理之常，故其意識之我毫不解音韻，斷不能作音韻之文。然其下意識之我與意識大異，或於意識之我不留意時，嘗留意於他人案頭音韻之書，或意識之我偶讀音韻之文，覺無味而欲捨去者，下意識之我以極濃之興味歡迎之，一字一句深入記憶；遇有表現之機會，便牽合各處所得材料，作成音韻之文，以自驚驚人。《靈學叢誌》所載音韻文之扶者，安保其不為此種人耶？Delboeuf 夢中見植物學學名，淺者觀之，必驚為神靈所示，而 Delboeuf 卒於六年之後發現其原因。德意志少婦誦希伯來等文。淺者視之，必駭為古鬼所憑，而彼國學者卒細考少婦之身世，以發現其原因。靈學會中人偶得音韻文三篇，非扶者意識之我所能作，不加深求，遽然斷言是陸德明等靈魂所作。中外人求學之毅力，何相去若是之甚哉？

七

　　扶乩所得之文確是扶者所作；有意作偽者，出自扶者意識之我，無意作偽者，出自扶者下意識之我，此理似已大明。然靈學會諸君或猶有一疑點，以為既是扶者下意識之我所作，而乩書明明作某鬼到者，又何

故耶?吾謂此乃扶者下意識之我之頂冒招牌,正所以表現中國人之劣根性;而吾之謂扶乩為無意作偽者,亦正指此。

中國人之天性,喜為古人之奴隸,以能做奴隸為榮,而以脫離古人羈絆為恥。是故「非先王之法服不敢服,非先王之法言不敢言」,對於古人之言行,幾有「設令發於餘竅……亦將承之」之概。此種奴隸根性處處流露,今日言道德者猶高標「三綱五常」之說,言家庭者猶以「五世同堂」為榮;下而至於造一信箋,造一瓷器,亦必仿古。處奴性極深之社會,而又不能自拔於流俗,於是不敢稍越範圍,自立一說,但知依附古人之說,假托古人之言,許以造成頂冒招牌之現象。中國經子諸書,幾莫不有後人偽作攙雜其間,如《莊子》、《列子》等書,可靠之文數篇而已,此數篇之外,皆頂冒招牌之結晶體也。扶乩者中國人也,而又為奴性極深之人,其下意識之我安得不為奴性所束縛,而假冒古人之招牌以自欺欺人耶?吾故敢斷言:扶乩時之書某鬼到者,出於人冒鬼牌,是中國人第一拿手好戲,不足深怪者也。至如《靈學叢誌》中所載顏曾諸人能作七絕詩,孟軻能作大草,則狐狸尾巴早現出來,更何所用其懷疑哉!言科學者遇事接物,宜力素其故,深思其理,不可徒為表面現象所蒙蔽。書孟軻到,而必信為真孟軻到,此乃毫無辨別力者所為,靈學會諸君何亦不思之甚而信之之速耶!

八

《靈學叢誌》第一期第一卷載鬼文若干篇外,又載人文若干篇;其中丁福保君之〈我理想中之鬼說〉及俞復君之〈答吳稚暉書〉二篇,似於扶持「靈學」,最為有功。吾闚「靈學」既竟,不可不有一言批評及之。丁文荒謬絕倫,不睹作者姓名,幾不敢信為人間所作;俞文說來彷彿有理,然細按之,一無是處。

丁君之鬼說殆可謂「靈學」之精義矣,開口便說:「人死為鬼,鬼有形有質,雖非人目之所能見,而禽獸等則能見之也。」試問禽獸見

鬼，丁君何由知之？動物之有心作用，本非人直接所能知，人但能觀其發表於外之動作，用以推知其內界之作用耳。禽獸見鬼，必非丁君直接所能知，然則丁君果藉何道以推知禽獸之必能見鬼耶？俗傳狗於夜中見鬼，則哭聲嗚嗚，此村婦之談，賢如丁君，想必不引此為論據。心與身相並行，故觀察神經之構造，亦約略可以知某種心作用之有無。丁君醫士也，必深於生理解剖等學，豈亦嘗解剖禽獸之目，發現其視覺神經有特別作用，足以見鬼耶？抑或於視官外，發現別有感官，足以見鬼耶？浸假而禽獸果能見鬼，果知鬼之有形有質，然丁君是人，非能見鬼者，則丁君何由亦知鬼之有形質，而著之於文耶？豈丁君為今之介葛盧公冶長，能通牛鳴解鳥語，而嘗受教於禽獸耶？凡此種種，疑莫能釋。丁君全文，皆屬一無徵驗之談，但云如此如此，而未嘗明示所以然之理。吾儕鈍根，誠不解所謂，故吾對於丁君全文，無從批評，惟有取與對於第一段同一之態度，詰問丁君所以如此主張之理由。假一無理由，而貿然立說，則與精神病者之囈語何異，只好一笑置之，任丁君與能見鬼者縱談鬼事可耳！

　　俞文曰：「夫科學之見重於當世，亦以事事徵諸實象，定其公律，可成為有系統之學而已。以今日所得扶乩之徵驗，則空中之確有物焉，不可誣矣。」此段議論說明「靈學」之所以成立，即吾所謂說來彷彿有理，然細按之，一無是處者是也。科學者之研究事物，宜具緻密之觀察，精細之分析，不可為幻象所蒙蔽，吾文上來已屢屢說及，已足破俞君之論矣；今復略述於此，以明其誤。今之科學以經驗為基礎，以事實為根據，通諸事實，求其公理，以成系統之學問，此誠不易之定論也。然所謂經驗，所謂事實，亦有真妄之別，非謂耳目之見聞如是，即此經驗便可以造成學問，必慎思明辨，察其無妄，然後可引以為學問之基礎。夢中所見所聞，固夢者之經驗，而方夢之際，亦夢者所引以為真事實，及醒後與外界對照，始知其為幻境。精神病者之見神見鬼，是精神病者之經驗，亦精神病者所引為真事實，而旁人觀之，莫不笑其誕妄。今假有人以夢時及精神病者之經驗為基礎，用以創造新學，吾知世人

必譁笑其側,且目之為精神病者矣。扶乩現象明屬變態現象,乃珍重視之,欲藉以新創「靈學」,其何以異於引夢時及精神病者之經驗為基礎以新造科學者之所為耶?關於科學之研究方法,今不欲詳論,有疑義者,可取論理學書讀之,其疑自解。俞文又云:「鬼神之說不張,國家之命遂促。」此種論調真與康有為不設虛君國終不治之主張同一鼻孔出氣。試問國民道德,舍神道設教以外,何遂無改善之途徑?更試問迷信極盛之世,豈人盡君子而一無小人?諺云:「若要黑心人,吃素淘裡去尋。」豈不與俞君之論適相反耶?吾真不解二十世紀之中國人,其頑鈍之狀,猶與有史前之初民相等!

心靈現象論

一

緒論

我於今年四月間，曾做一篇〈闢「靈學」〉登在《新青年》第四卷第五號。因為那時看見了一本《靈學叢誌》；那叢誌上說他們會裡的盛德壇，有許多聖賢仙佛降臨，做了許多詩文。我看見了，覺得好笑，所以做一篇〈闢「靈學」〉去駁斥他；文中的大意，不過說扶乩是一種變態心理現象，並非真有鬼神降臨。此次講的，更推廣範圍，想把一切心靈現象，合起來，講他一個大概。什麼叫做心靈現象呢？心靈現象，就是那些奇奇怪怪，似乎常理所不能說明，而迷信家歸之於「鬼神」、「靈魂」的現象；其中也有一部分是真的，也有一部分是假的，扶乩當然是心靈現象的一種，其他「托夢」、「鬼迷」等種種現象也都包含在內。

鬼神之說，近來可謂極盛的了。專談鬼理的書，近來也出版了好幾種；據我所曉得的，除了那《靈學叢誌》四本外，洋貨之中有一部《鬼語》，土貨之中還有一部《有鬼論》，但是迷信與學科，是不能兩立的。試問現在我們中國所要的，是迷信還是科學？我想大家一定同聲答應，說是科學。因為歐美各國所以能高我們一等，無非受了科學之賜；我們想增進國民的智識，挽回國家的命運，都不能不依靠科學。有百利無一弊的科學，現在極力提倡的人尚不很多；而鬼神迷信之說，只有害處沒有益處的東西，反有人大張旗鼓的主張起來，連機關雜誌都有了。我們中國人迷信的中毒，本來已深，頭腦胡塗，毫無科學思想；現在再加上了《靈學叢誌》這一派的提倡，我恐將來迷信越盛，科學的精神越不能發達，這真可為中國前途痛哭的。迷信鬼神的人，他們自以為鬼神是事實，鬼神之說也是一種科學。若開口便說他們迷信，他們一定不服；所

以現在拿了科學的眼光來考察這些心靈現象，究竟是真的還是假的；若是真的，是不是一定要拿了「鬼神」、「靈魂」這種思想纔能說明的。細細考察的結果，覺得鬼神之說，實在毫無根據，不能不說他是一種迷信。

中國平常所講的「陰間」和「鬼」，異常荒唐，異常離奇。我想即使有鬼，也斷不能和世俗所講的一樣，因為照世俗所講的推論起來，必生出種種極可笑的結果。世俗的思想，以為人死的時候，是多大年紀，死了之後，無論經過多少年代，還是這點年紀，不會老的。我們在筆記小說裡邊，常常看見，有些憤恨抑鬱而死的怨女，過了幾十年或百餘年之後，依然還是一個好女子，會出來迷人。可見人死了之後，年紀不會大的。世俗的思想，又以為人死之後，夫妻父子在陰間依然團聚，和陽世無異。所以我們常聽見人說，某人死的時候，他的丈夫來接他了，某人死的時候，他的父親來接他了，想必都是接了去敘天倫之樂的。在筆記小說中，我們也常常看見，某人死去，見他父母的鬼住在一塊兒，某人誤入陰間，見他兄嫂的鬼依然做夫婦。不但世俗的思想和文人的遊戲筆墨是如此說，就是著書立說的學者，也這樣講。〈有鬼論〉說：「認吾人死後，與親交眷屬等，並非一別永別，在死後靈魂界猶嘗團聚。」自命為學者的人，其鬼神思想，都脫胎於世俗的見解，半斤和八兩，實在沒有高下的區別。現在倘然拿了「做鬼不會老」和「陽世的夫婦死了仍做夫婦」兩件事來做前提，推論起來，有怎麼樣的結果可以生出來呢？我們試想想看，假定有一個男子，十六七歲的時候娶了妻，纔過一年，到了十七八歲的時候就死了。剩下的寡婦，遵了那「從一而終」的陋習，守起節來，命雖不好，壽倒很長，一直活到了七八十歲纔死。這個雖是我想像的例，然中國社會上，早婚的陋習到處通行，連十六七歲以前娶妻的都有；所以我這個想像的例，事實上一定可以有的。若有了這樣一件事情，這七八十歲的龍鍾老婆婆，死了之後，豈不要和那十七八歲的風流少年鬼，效法人間的夫婦，「鸞鳳和鳴」起來嗎？這纔是大笑話哩！然而依據了上面所講的兩個前提，推論起來，這樣的結果，是一

定不能免的。這樣荒唐離奇的鬼神思想，還有人去信奉他，豈非世間一大怪事嗎？

　　研究心靈現象之先，不可不把英國的心靈研究會（The Society for Psychical Research）來介紹一番。該會成立於一八八二年，集合各方面的學者，用了科學的方法來研究心靈現象，研究的結果，都有報告，現在已經出得不少了。第一任會長是英國有名倫理學者 Sidgwick，其他世界知名之士，如美國的 James，法國的 Bergson，也都做過會長。心靈研究會的會員中間，和我們中國靈學會的人同一見解的，固然也有，但是他們並不像靈學會的人那樣沒有常識；他們也用了嚴密的方法，幾經研究，幾經實驗，方纔敢下斷定，不過實驗的方法略欠精密，所以所下斷案不免和迷信同一結果了。

　　我們現在研究心靈現象，大部分的材料是採用英國心靈研究會的報告，至於中國的材料，一概不採。並不是我鄙棄中國的鬼，不願把他做材料，實在因為中國的材料太不可靠，不敢把他做材料。倘拿了不精確不可靠的東西做了材料，基礎不堅固，一定站不住的。那位〈有鬼論〉的著者，取了些報紙上的記載和他人傳述之辭來做證據，他自以為事實顯明，證據確鑿，所論是極有價值；我們看了實在不敢恭維他。研究學問最重要的方法，不外觀察和實驗兩種。天地之間，自然而然起了一種現象，我們仔細的去考察他，這個叫做觀察。現在並沒有這一種現象，我們想了法子，把他造出來，再去仔細的考察他，這個叫做實驗。這兩種方法比較起來，自然是實驗更有價值；因為用實驗的方法去研究，更自由，更精密，斷非觀察的方法所能比的。我們研究心靈現象，當然也須用這兩種方法；英國心靈研究會的報告，都是用這種方法得來的。

　　用實驗的方法來研究，是研究學問最有價值的方法，但是這件事情，並非獨力所能做到，也不是徒手所能做的。在科學沒有發達現在的中國不過關於物理化學這種學問，在學校裡邊有些教授上的實驗，至於專門研究的實驗也還沒有；何況關於心靈現象呢？所以在現在的中國，要想搜羅些心靈現象實驗的報告，是絕對不能的事。個人獨力去從

事實驗，本是極困難的事，就使我們有了這心願，也少實驗的機會。巫覡之流，騙錢吃飯，作偽之術，本來不甚高明，若一經我們實驗，一定馬上露出破綻。他們衣食所關，自然是不容我們去研究。至於上海的靈學會，以研究學問為標榜，設了乩壇，天天扶乩，任人參觀叩問，似乎是一個絕好的實驗機會。然而試看他們的壇規，說：「叩問疑事，須詳述原委，不得隱約曖昧……叩問條件，須敬呈壇前，不得密封藏緘；」又說：「參觀員履壇時，均宜恭敬虔誠，不得戲笑耳說……不得傲惰失容。」這種壇規，豈不是拒人實驗的武器嗎？我們倘到壇參觀的時候，略取實驗的態度，能不蒙「不恭敬不虔誠」、「傲惰失容」這種罪名嗎？《靈學叢誌》中，確有此種實例，某參觀人和人耳語：扶乩係扶者之作偽，乩上便寫道：「今日禪性老人在此，不歡而去，因有不誠心者在此。」（見《靈學叢誌》第一期記載門二十六頁）耳語尚不許，何況實驗呢？實驗的材料，在現在的中國，既然絕望，沒有法子，只好取材於外國。外國的學者實驗心靈現象，是很嚴密的，試看下文引的例，就可以知道了。

　　實驗的材料雖是沒有，觀察的材料，中國也很多，似乎很可以做研究的資料。然而我們不敢取他們做材料，也有極正當的理由。有人說：親自遇見了鬼；有人說：他的朋友見了鬼，或他的親戚家裡照了鬼的相片。這種雖是說的人自己下的觀察，或是傳述他人的觀察，但都不甚可靠的。我講這句話，並非說中國人都不正直，都講謊話。因為雖是正直的人，關於這種現象，很容易於不知不識之間，起一種錯誤。平常的人既容易起錯誤，自己又不是科學家，不知道糾正他的錯誤；所以平常人自稱是親見親聞的這種鬼神之談，都不甚可靠。我們搜羅材料，須要用批評的眼光去考察，切不可被那材料中的錯誤所瞞過。關於心靈現象，可以舉的心理上錯誤，也有好幾種，大體講起來，有知覺的錯誤，有推理的錯誤，有記憶的錯誤，有敘述的錯誤。這幾種錯誤，在普通的心理學論理學裡邊都有詳細的說明，此地只略略的講他一講。「杯弓蛇影」、「草木皆兵」這種就是知覺的錯誤；明明是牆上掛的弓，杯裡映轉

來，卻是一條蛇，明明是八公山上的草木，遠遠望過去，卻是晉兵。如此看來，半夜裡聽見的鬼哭，難保不是怪鳥的聲音，走夜路看見的鬼，難保不是遠樹的影子。這種錯誤，心理學上叫做錯覺（illusion），還有實物在外邊，不過看錯聽錯罷了；還有比錯覺更錯得利害，的叫做幻覺（hallucination），連一點實物也沒有，眼睛裡邊彷彿看見了什麼，或者耳朵裡邊彷彿聽見了什麼。平常人所有鬼的經驗，大概都是這種錯誤，可惜他們自己不知道，遂不免自欺欺人了。關於推理的錯誤，現在只舉 Podmore 書中的一個例，以代說明。Podmore 是研究心靈現象的人，所以很歡迎關於鬼神的報告。有一日，有一個婦人報告說：他的朋友將死之前，他曾在鄉間某處，白晝見他的靈魂出現。Podmore 接了這個報告，不敢輕易相信，及仔細調查起來，纔曉得那個朋友未死之先二日，的確曾到某處旅行，那婦人所見的就是他本人，並不是他的靈魂。婦人不知他朋友旅行的事，又想將死的人不會出來旅行，所以誤認為朋友的靈魂；這是推理錯誤的一個好例。人的記憶又是很容易錯誤的。倘然人的記憶不會錯誤，季康子就不會讀做李麻子，王曰叟就不會讀做王四嫂了。把李的字聲聯結到季的字形上去，這就是一種記憶的錯誤。關於心靈現象，這種錯誤也是一定不能免的。有時夜裡做夢，見了某甲之弟，過了幾日，某甲死了。到後來回想起來，記錯了人和時候，以為某甲死的那一夜，夢見了某甲；於是鬼來辭行這種迷信就生出來了，有時我們初遇的經驗，記錯了，以為從前也經驗過的。所以有人遇著朋友的死，記錯了，彷彿在夢中曾經見過這朋友的死，越想越真，遂以為夢中曾為預告。越是迷信的人，這種錯誤越容易有。把心裡所記憶的事情告訴別人的時候，或筆之於書的時候，也極容易混入種種錯誤，該說的不說，或說得不詳細；沒有的事實，自己任意附會，或雖不至附會，把小事誇張做大事。這種敘述的錯誤都是難免的。至於一人傳十，十人傳百，經許多人傳述過了，錯誤更多，竟有幾傳之後，所說的話全然與事實相反的，因為甲敘述一件事情的時候，本於他的特別性情，任意取捨，任意粉飾，已經有了錯誤；乙見聞了這錯誤的敘述，自己再敘述時，又本於

他的特別性情，夾入許多錯誤；錯誤復錯誤，遂致和事實全然相反。社會上偶然出了一件事情，街談巷議，這個人這樣說，那個人那樣說，往往不能一致，這就是敘述錯誤的明證了。不但平常的敘述容易錯誤，就是學者實驗的報告，有時也不能免此弊。Crookes 實驗 Home 的種種神祕運動，做了一部實驗錄；Podmore 和 Lehmann 批評他說：實驗室的溫度是無關緊要的，他倒說得很詳細，室內的光線，是判斷作偽與否的一個重要條件，他只說點了煤氣燈，又說勉強能看見錶上的針，卻沒有詳細記載光線的分量。這種敘述的疏漏也是錯誤之一。如此看來，別人所觀察所敘述的報告，其中錯誤和欺罔，不知包含了多少。我們若貿然取來做材料，豈不危險嗎？〈有鬼論〉取紙上的記載和他人傳述之辭來做證據，我們不敢恭維他，正是為此。英國心靈研究會的人知道這種情形，所以搜集材料的時候，用種種方法去防止錯誤。他們所用最重要的法子，約略如下：（一）須經驗者本人直接之報告；他人代述的間接報告，一概不取。（二）要本人詳細敘述，並且簽字以負責任。（三）恐本人的報告書中尚有錯誤，須派委員面晤報告者，詳細質問，以定真偽（四）本人的記憶甚難全信，所以要報告之時距經驗之時不甚久遠，並且要一種客觀的證據，證明這報告是真。例如有某甲夢見某乙死了，後來果有此事，與夢相應。此時除某甲的詳細報告外，最好某甲於未接某乙死信之先，曾寫信給別人，或在日記上，記明他的夢境；或者於未接死信之先，某甲曾面告別人，或有一種異常行動，親見親聞的旁人能證明某甲此種行為或言語確在未接死信之先也好。心靈研究會的人對於他人的報告，用這許多方法去推究他，何等慎重，何等周密；輕易盲信的人見了，真要愧死。心靈研究會所採的報告是用極細的篩篩過了的，所以比較的可靠。我們研究心靈現象，不敢採用中國的材料，一定要採用外國的材料，無非為了外國的材料是比中國的材料可靠。

二

Automatic action

Automatic action，照字面譯起來，就是自動作用。怎麼樣的作用叫做自動作用呢？我們中國文人所玩的扶乩和閨閣中所玩的請紫姑，都是自動作用。在迷信的人看了，自然以為扶乩和請紫姑，都有鬼神降臨，但是從科學上看起來，這些現象都是自動作用的結果。無聊的文人預先做就幾首詩文，扶乩時，從乩上寫出來，假托是鬼神做的，這種有意作偽的人到處皆是。有意作偽，是作偽者意識的有意的行為，不在我們研究範圍之內；我們此地所說的自動作用的結果，是指那並非有意作偽的扶乩而講。並非有意作偽的人，扶起乩來，的確也有人能畫幾個圈，寫幾個字，甚或做幾句文章；這就是自動作用的結果了。閨閣中的請紫姑，其法不一；在我們家鄉地方，大抵是兩個人扶一個淘米的籮，扶了一回，淘米的籮自會動起來。於是旁觀的人若向這淘籮問某人的年紀，籮便動若干次，往往能與某人的年紀相合；或者與籮約定，動幾動是表明某種意思，於是拿未來之事去問他，他也能借了運動來回答，不過應驗與否，是沒有一定的。請紫姑的時候，扶籮的人故意拿籮動幾動，並非出於自動作用，這種有意作偽的事情，自然也是有的。我們研究心靈現象，以非有意作偽為條件，凡出於有意作偽的，都沒有研究的價值。和扶乩請紫姑同樣的現象，西洋也很多；現在先把西洋的例介紹一番，然後再來說明這種現象的理由。

第一種先講 magic pendulum（魔擺）。線的一端繫一個戒指或小球，線的他端夾在兩指之間，使線垂下。拿線這一邊的臂，安安穩穩的擱在桌上，免得手發戰。雖是這樣慎密的防備了，過了些時，那線便能

動起來，一來一往，彷彿擺的樣子；拿線的人雖心想止住他，也是止不住的，而且拿線的人自己並不覺得他的手動。那線不但能作往來的運動，並且能作迴旋的運動。倘然魔擺的旁邊，放一杯子，問魔擺「現在是幾點鐘？」那擺便能打那杯子，和自鳴鐘一般。倘然魔擺的周圍，排列了二十六個字母，向魔擺作種種質問，那擺便能次第移向各字母，拼成字句，回答人的質問。魔擺的起源很早，羅馬時代已經有了。羅馬的卜者把字母排成一圓圈，自己拿了擺立在中央，禱告上帝，請上帝把自己的意思從擺上宣示出來。

室中放一圓桌，幾個人坐在桌子的周圍，用手輕輕按住桌邊，那桌子自能旋轉或傾側，這個叫做 table-turning or table-tilting（桌子旋轉或桌子傾側）。此時若向那桌子出幾個問題，那桌子便能傾側了，答人的問。倘然預先約定，傾側一次是 A 字，傾側二次是 B 字，那桌子便能借了傾側，拼出許多字句來。

最普通的，要算是 planchette。Planchette 是一塊小木板做的，狀如心臟，長約五六寸，寬的一端約四五寸闊，寬的一端底下有兩個腳，腳下有輪，窄的一端開一個孔，孔中插一枝鉛筆；所以我們可以說，planchette 共有三個腳。或者一個人，或者兩個人，用手輕輕的放在 planchette 上，放了些時，那 planchette 便能移動起來。planchette 底下放一張白紙，則 planchette 移動的痕跡，便可留在紙上，有時不過畫幾個圈，有時且能做出文章來。這種能寫字作文的現象叫做 automatic writting（自動書寫）。專門玩這把戲的人，竟可不用 planchette，手裡拿了一枝筆，便喪魂失魄的寫起來；所寫的是什麼東西，他自己全然不知道。這種人和我們中國的巫女一樣；若託他去請死了的人來談天，他手裡便寫出一封死人的通信來。

又有一種器具，叫做 divining-rod（占棒），是採有兩叉的樹枝做成的。兩隻手拿住了兩叉，手心向上，緊靠身旁，棒身向前，和兩手平出。如此拿了這棒，在地面上行走；走了些時，這棒忽然動起來，轉側迴旋，不肯休息。這棒運動的所在，底下一定有礦脈，或者有水源，

或者有藏金。英國有做占棒生意的，拿了棒代人尋覓地下的水源。如 Mullins 是極有名的占棒家，據說，科學的專門家調查了，不能發現的水源，Mullins 拿了棒，很容易發現。聽說法國古代，還用了這樣的方法，訪捕罪人，或者尋覓棄兒的父親。

　　Thought-reading（測思術）也是自動作用的結果。三四十年前，英國有一個人叫 Bishop，精於此術，Calton、Romanes 嘗集合同志，研究此人之能力。現在把 Romanes 的報告，節錄如下，就可以知道測思術是怎樣一件事情了。Romanes 先引 Bishop 至樓下，用手帕將他兩眼包住，格外慎重起見，手帕下又放了許多綿花。是時 Sidgwick 在樓上的客間內，任意取一小東西，放在地毯底下。於是 Romanes 把 Bishop 引回樓上，交給 Sidgwick，Sidgwick 立的地方，離藏物的地毯，約有十五英尺，背向著那地毯，Bishop 到了 Sidgwick 身旁，就取 Sidgwick 的左手，放在自己額上，並且請 Sidgwick 心中連連的默念那藏物的地方。如此立了約十秒鐘，Bishop 忽然轉過身來，和 Sidgwick 一塊兒一直線的向那地毯走，到了藏物的所在，便揭起地毯，取出 Sidgwick 所藏的東西。Romanes 說他搜尋的時候，一點不遲疑，彷彿和預先知道的一般。包了眼睛去尋東西的人，英文叫做 percipient，知道這件東西放在什麼地方的人，英文叫做 agent。

　　以上既把西洋的自動現象略略介紹了一番，以下便要說明這種現象所以發生的理由了。凡能毂起這種現象的人，學問上叫做 automatist（自動者），但是西洋的俗見也和中國一樣，以為這種人是人鬼交際的媒介，所以叫他 medium（靈媒）。魔擺，桌子，planchette 等的運動，在迷信家看起來，一定以為靈媒之外，實在有鬼神附在靈媒身上，作此運動。這種見解，真是毫無根據。魔擺等的運動是出於靈媒的自動作用，不過靈媒自己不覺得罷了。這件事實，西洋的學者中間，就是相信靈魂不滅的人，也都承認。

　　關於自動作用，美國的 Jastrow 有一種極有益的實驗。他的實驗器的構造，約略如下，取一塊極平極滑的玻璃板，板上放三個極平極滑極

容易滾的鐵珠，球上再放一塊極平滑的玻璃板，板旁附一條長棒，棒端附一枝鉛筆，也極容易轉動，並沒有什麼東西牽制他。這全部的裝置是極容易轉動，所以手放在上面，無論怎樣極微細的運動，都被那鉛筆的運動表示出來，一點也不能逃避的。這個實驗器叫做 automatograph（自動記錄器）。現在若使人把手放在上面的玻璃板上，那人雖不覺得自己的手動，實在他的手應了他心中所抱的思想，微微的運動，這運動傳到鉛筆上去，鉛筆便在紙上細細的畫起曲線來了。據 Jastrow 說：若使被實驗者聽 metronome 的音節，或看鐘擺的運動，則被實驗者之手也無意識的微微運動，而且鉛筆上畫出來的曲線也有定期的性質。Jastrow 實驗之中，最有興味的，是把小刀等物藏在某處，被實驗者心中切念那藏物的所在，則手便無意識的對那方向微微的移動，鉛筆所畫的線明明向著藏物的所在進行。

　　看了 Jastrow 的實驗，便可知道，我們心中不論懷了什麼思想，總不免於不知不覺之中，在身體上表示出來。扶乩和魔擺等心靈現象，全是這種道理。其中固然也略有不同之處；因為 Jastrow 的被實驗者是有意的在心中懷了一個思想，扶乩等現象大概是無意識的在心中思想。但是雖有這一點不同之處，心裡有了思想，於不知不覺之中，在身體上表示出來，卻全然是一樣的。至於測思術的 agent，於施術之時，必須有意識的在心中切念那藏物之處；這個更與 Jastrow 的實驗相同了。我說：魔擺等心靈現象是出於自動作用，不是有鬼神降臨，我講這句話，並非剛是因為世間有一種自動現象，似乎可以說明魔擺等心靈現象，便勉強拉攏來做一種說明的，實在因為除了自動作用之外，不能說明這些心靈現象。我現在且舉出一個證據來講講。

　　靈媒手裡拿了魔擺，那魔擺自能運動；關於這件事情，美國的 Hyslop 曾經有過一種實驗。Hyslop 說：他手裡拿了一個魔擺，心裡想他怎樣動，他便照樣動起來，就是閉了眼睛想，也絲毫不會錯的。但是 Hyslop 又說：魔擺動的時候，他自己毫不覺得魔擺的運動是出於自己，而且也不覺得他自己的手有筋肉的運動。看 Hyslop 的實驗，可以

知道自動作用能生出魔擺的運動，但是我們還有他種實驗的報告，可以證明除了自動作用之外，魔擺是不能動的。英國的 Barrett 關於他種心靈現象，雖不免帶點神祕的色彩，關於魔擺，卻有極嚴密的實驗。據 Barrett 說：把魔擺掛在不能動搖的物件上，例如煤氣燈的桿上，並且把門窗關緊，免得被風吹動，如此則靈媒等人雖心中念念要擺搖動，擺絲毫也不會動。十八世紀 Grey 曾經實驗此事，實驗的結果，他斷定說：魔擺的線，除了掛在人的手上，無論掛在何物上，不能運動。人的手能發自動運動，手裡拿的線便能跟了運動，煤氣燈桿等物本不能有自動作用，那擺掛在上面，便不能運動；Grey 和 Barrett 的實驗，實在可以證明，除了自動作用之外，魔擺不能運動，並非有鬼神憑在那擺上的。如 Jastrow 和 Hyslop 的實驗所示，我們心中所懷的思想雖是有意識的，那思想所引起之運動，我們還是毫不自覺；何況普通的魔擺運動現象是出於無意識的思想，那運動不能為我們所自覺，更不容說了。但是雖不自覺，其實出於自己的運動，並不要拉鬼神來代為說明的。

　　普通的魔擺運動現象是出於無意識的思想，所以持擺的人，不但不知道他自己的手動，並且也不覺得自己有要動的思想。在現在心理學看起來，我們的精神作用中間，有一部分是有意識的，還有一部分是無意識的。我們有思想有動作的時候，自己覺得在那裡思想在那裡動作，這是有意識的思想動作；若有了思想，自己毫不覺得，有了動作，自己也毫不覺得，這便是無意識的思想動作了。在我們常人，意識作用占據精神的舞臺，所以一思一動，我們都能自覺。但是意識作用的底下，還有一種潛伏的精神作用，雖不公然表現，也能有種種作用，能思想，能知覺，能指揮身體，和意識作用一樣。這種潛伏的精神作用，心理學上謂之 subconsciousness（下意識）。下意識作用平常不與意識作用相通，所以從意識作用一方面看起來，全是無意識的作用。Hyslop 的實驗，是心中有了意識的思想，纔生出自動的結果來；至於普通魔擺的運動，大概是出於靈媒下意識的思想，所以在靈媒的意識作用一方面講起來，不但不覺得自己的手動，並且不知道自己有要動的思想。在平常的時候，

精神的舞臺被意識作用所占據，身體的指揮權也在意識作用的掌握之中，一到了精神異常的時候，意識作用的統治力極薄弱，下意識作用便擡起頭來，推翻了從前的統治者，代做精神的主人翁，代做身體的指揮者，這樣的現象叫做人格變換。例如有人忽然心裡一胡塗，便胡言亂語起來，或者講些平時不能講的方言；過了一回醒轉來，自己又全然不知道方纔講些什麼話。迷信的人見了，都說被野鬼迷住了，實在是下意識作用一時把意識作用趕開了，做了一回主人翁，不過是一種人格變換罷了。人格變換也有變來變去，繼續的很長久，不止一次的，也有變了不變回來的，變態心理學裡邊，這種例很多，現在不細講了。有時下意識作用只割據了一部分的精神，只指揮一部分的身體，剩下的依舊歸意識作用統治。精神之中，有了兩個主人翁，成了分治的現象，所以這種現象叫做人格分裂。人格分裂了，歸下意識作用指揮的那一部分，意識作用便無權去指揮他，意識作用要他動，不能命令他，要他不動，也不能阻止他。患 hysteria 病的人常有這種現象，有時一個手失了感覺，不知道痛，也不知道癢，但是倘然用了一種方法去實驗他，便可看見這手並不是真的沒有感覺，不過被下意識作用所指揮，意識作用一方面無從意識罷了。這種例在變態心理學裡邊也很多，此地也無暇細講了。魔擺的靈媒不是起了一種人格變換，就是起了一種人格分裂；大概是人格分裂的多。因為人格分裂了，那持擺的手不在意識作用統治之下，所以手動了，意識作用也無從曉得，心裡想止住他，也是止不住的。

　　Planchette，桌子旋轉，桌子傾側等現象全和魔擺是一個道理，也是出於靈媒的下意識作用。當時靈媒的精神中大都起了一種人格分裂，所以不知道自己的手動，也不知道自己有要動的思想。自動書寫那種現象，平常人看了，覺得很奇怪，其實不過是靈媒的下意識在那裡寫字作文罷了，並沒有什麼可奇怪的地方。有時自動書寫所作的文高出靈媒意識的智識之上，非靈媒平時所能作，或屬於別方面的智識，本非靈媒所擅長，平常人見了，更覺奇怪，以為一定是鬼神憑附在靈媒身上做的。其實也是出於靈媒的下意識作用，並非真有鬼神；因為下意識所有的智

識和意識所有的智識非必一致，儘有意識所不能知道的事情，下意識知道的清清楚楚。關於這事，可參考《新青年》第四卷第五號的〈闢「靈學」〉，此地不再詳說。十九世紀中葉，美國有一靈媒 Mrs. Hayden 到英國施行桌子旋轉、桌子傾側等術，據說借此可以與鬼界通信。一時喧傳國中，都認他有一種神祕的能力。後來化學家 Farady 造出一種機器來，證明那桌子的運動全然出於靈媒指頭上的無意識運動，並不是一種神祕現象。

占棒的現象也是出於下意識之自動運動。以占棒為業的人，經驗上積了許多智識，知道怎麼的地面底下一定有水。不過這種智識是屬於下意識那一方面，不屬於意識這一方面，所以平時並不能知道什麼地方有水源。及到臨時，手裡拿起了占棒，便成一種人格分裂的狀態。下意識作用占領了兩手，一到有水的地方，便指揮兩手，運動起來，正如常走山路的人，在山裡迷了路，若從理上細細的想，該走那條路，有時倒反越走越迷；順了腳步走，不從理上細細的去推敲，倒反能發現正當的路。因為常走山路的人積了許多無意識的經驗，那下意識很知道山中的情形，所以順著腳步走，不大會錯。至於英國的占棒家 Mullins 能發現科學家所不能發現的水源，這也不過因為 Mullins 的下意識的經驗很豐富，高出那位不甚高明的科學家之上罷了，並不是 Mullins 別有一種神祕的能力。天氣預報，有時天文臺上所報的反不及漁夫所報的正確，但是我們斷不能因此便說：漁夫有神祕的能力，可以預知未來。占棒現象不是神祕現象，正和這件事情是一個道理。

測思術也是自動作用的結果。測思術的 agent 當默念某物藏在某處的時候，他身體上一定應了他的思想有一種運動；agent 雖不能自覺，但是我們看了 Jastrow 的實驗，可以斷定他一定有，絲毫不容疑惑的。施術的時候，percipient 取 agent 的手放在自己額上或肩上，正是利用 agent 手上無意識的暗示，去知道 agent 心裡的思想。但是 percipient 對於 agent 手上的筋肉運動，並不是有一種意識的知覺。所以 agent 的暗示是無意識的，percipient 的知覺也是無意識的。測思術的確是出於筋

肉運動之暗示，可以用實驗來證明。Romanes 嘗用種種的方法，實驗 Bishop 的能力。據 Ronanes 報告：倘然把 agent 的眼睛也用布包起來，Bishop 便不能成功；或者 Bishop 和 agent 兩人間的聯絡上很堅實，不能傳達筋肉運動，Bishop 亦不能成功。Barrett 也說：倘然 agent 的指頭和 periepient 的肩或額之間，放些極軟的棉花，測思術大概不能成功；包住了 agent 的眼睛，也不能成功。因為把 agent 的眼睛包住了，agent 不能辨別方向，心裡想的不真，身上表出來的便不確，percipient 得了這種不正確的暗示，所以不能成功。agent 的指頭和 percipient 的額角之間，放了些極軟的棉花；因為棉花太軟，不能把 agent 手上的筋肉運動傳到 percipient 的額角上去，percipient 無從得暗示，自然也不能成功。照這種實驗看起來，測思術有兩種要素：（1）agent 的無意識的運動，（2）percipient 的無意識的知覺。agent 的筋肉運動本來極微，平常的人斷斷不能知道，percipient 當施術之時，陷入一種放心狀態，纔能知道那極微的運動。精神異常時的知覺往往比平時銳敏，這種例是很多的。例如催眠了的人能聽見一極微的聲音，能辨別極容易相混的氣味。測思術的術者也不過有這種極銳敏的無意識的知覺罷了，並非別有神祕能力。

　　下意識的知覺有時很銳敏，意識所不能知覺的，他能知覺，意識所不及知覺的，他也能知覺；因此又起了許多奇怪的現象。現在引 Jastrow 的一個例：有一位婦人在客棧裡的走廊上走，心中正想著一件事，所以不大顧管身旁的事情；忽然看見一個不認識的男子立在面前，婦人便止了步，細細看去，卻並無男子，只見自己已經走到電梯的升降口，那邊門開著，若再走兩三步，便要跌下去了。迷信的人聽見了這件事情，一定說有菩薩保佑，所以變了一個男子來點醒他，救他的災難。Flournoy 有一個例，大略相同。有一個商人到南美洲的內地去旅行，有一天正坐在一棵大樹底下要吃點心，忽然聽見有人喊：「危險的緊，快走！」商人聽了，趕緊走開；走不多遠，那大樹忽然倒了下來。後來走回去一看，纔曉得那大樹已被白螞蟻吃空，早經支持不住的了。迷信

的人聽見了這件事情，也一定說是有神明保佑。這種事情看起來雖像得很奇怪，很神祕，其實並不是什麼奇怪神祕的事情。踏進了電梯的升降口，要跌下去的，大樹被白螞蟻吃空了，要倒下來的；這種事情並不是不能見不容易知道的事情，不過因為那婦人和商人心裡想了別事，所以他們的意識作用沒有理會到這上面去。但是他們的下意識作用卻看得明明白白，知道大難臨身，不可不避，而身體的指揮權又不在他們的掌握之中；沒有別的法子，只好造出男子，或聲音的幻境來，喚醒自己的意識作用，以便趕緊趨避。所以那婦人看見的男子和那商人聽見的聲音，我們可以說都是他們自己下意識知覺的客觀化。客觀化這件事情也並不奇怪，是我們精神作用中常有的現象。做夢就是精神作用客觀化的一個好例。我們的夢境本來不過是我們心裡的一串觀念，但是做夢的時候，覺得那夢境都是外界實在的情形，並不覺得是心裡的觀念。

　　迷信的人見了些自動作用的心靈現象，以為非常神祕，非常靈驗，所以生了病，要到乩壇裡去請仙方，丟了東西，要到乩壇裡去求指點，這種愚夫愚婦的行為實在可憐。心靈現象也是為我們人的精神現象，不過因是出於下意識作用，所以和平常的精神作用有點不同，我們平常意識作用這一方面說出來的話，也有正當的，也有不正當的，也有合於事實的，也有不合於事實的。下意識作用那一方面說出來的話也是如此，那裡能句句有奇驗呢？現在我舉兩個異常荒謬異常胡鬧的例，使人看了，好曉得心靈現象是不可認真相信的。Mrs. Dupont 對於心靈現象很有興味，初時練習桌子旋轉術，沒有成功，後來練習自動書寫術，居然成功了；於是親戚朋友的鬼信陸續而來。有一天忽然寫出一封 Rudolf 的信。Rudolf 是 Mrs. Dupont 的一個朋友，當時住在伊大利。信上說：「我是 Rudolf。我於今夜十一點鐘死了，這事你不可不相信。我事情已完，很覺有福，我生了好幾天病，不能寫信給你，初起病的時候，不過有點感冒，後來變成了吐血，便不能好了。……」從那一天起，一禮拜之內，Rudolf 天天有信來，所以 Mrs. Dupont 非常相信，鬼神之說是極可靠的。那曉得過了幾時，Mrs. Dupont 信為已經死了的那位 Rudolf

真的來了一封信，說：「身體很壯健，事業很發達。」Mrs. Dupont 看了
這封信，人都看呆了，從此以後，便不願再玩那自動書寫的把戲。這
種事情，可以說，是下意識作用和自己開玩笑，解解沉悶的。心靈現
象之中，既然有這樣開玩笑的現象，我們還可以信他有奇驗嗎？還有
一件事情，也可以證明心靈現象的話是不可認真相信的。一九一六年
Philpott 著一部書，叫做《The Quest for D.B. Conner》，敘述往墨西哥
搜尋 Conner 的情景。Conner 是美國人，在墨西哥的京城做技師；不幸
於一九一五年死了，便葬在墨西哥。後來他的父親做了一個夢，夢見兒
子來說：並不是真死，是被人擄了去，關起來了。父親思子情切，做了
這樣一個夢，本來不算稀奇。不料這話傳出去，竟轟傳全市，生出了許
多謠言。墨西哥的地方本來不甚太平，往往有擄人勒贖的事情。疑心生
暗鬼，謠言越傳越大，說：Conner 實在沒有死，被人擄去了，墳裡葬的
是別人的屍首。當時美國心靈研究會聽見了此事，便請出一位靈媒 Mrs.
Piper 來研究。Mrs. Piper 開了好幾次請靈會，請了許多的「靈」探聽這
件事情。據那些「靈」的報告，Conner 的確沒有死，被人擄了去，關在
Puebla 市附近的一個癲狂病院內；並且把那病院附近的情形敘述得很詳
細。於是 Philpott 就出來擔任往墨西哥尋 Conner 的這件事情。Philpott
是 Boston 的一個新聞記者，頗有尋人的經驗，這次根據了 Mrs. Piper
所請的「靈」的報告，前去尋覓。Philpott 到了 Puebla，果然看見有一
個地方和「靈」所報告的一樣，但是到處尋覓，總尋不著那個癲狂病
院，更不用說 Conner 這個人了。Philpott 沒法，又到墨西哥的京城去細
細調查，見 Conner 從前所住的病院是一個很大的病院，斷不至把病人
叫人擄了去，捏稱死了的。但是治 Conner 的醫生和看護婦那時都已出
了病院。Philpott 費了許多精神，纏打聽出那看護婦的名姓住址，便去
訪看護婦，細細的調查。據看護婦說：Conner 的確在病院裡病死了。
Philpott 回來，便做了這部尋 Conner 記。這件事情，可謂對於心靈現象
的價值，行一種大規模的實驗，實驗的結果把心靈現象的荒謬胡　情形
全揭破了，真可以做迷信人的當頭棒。

三

Telepathy

Telepathy 這個字是兩個希臘字合起來的，tele 是英文 far 的意思，pathos 是英文 feeling 的意思；所以直譯起來，可以譯做遠隔知覺。最初用這個字的人是英國的 Myers，Myers 的定義說：「遠隔知覺是不用平常的感覺機關，由一個心傳達精神上的印象到別個心去。同在一個屋子裡的兩個人中間可以有遠隔知覺；一個人在英國，一個人在澳洲，也可以有遠隔知覺；甚至一個人活在世上，一個人已經死了，也可以有遠隔知覺。」Telepathy 也可以叫做 thought-transference，是「思想傳達」的意思，或者也可譯做「精神感應」。Myers 是一個有鬼論者，所以主張活人和死人也可感應，至於那些不主張有鬼論的學者，自然不承認這件事。現在先把遠隔知覺的實例敘述一番，然後再下批評。

外國學者研究遠隔知覺，或者把人引入了催眠狀態，然後實驗，或者就在平常狀態實驗。他們的研究報告很是不少，現在沒有功夫仔細的介紹，只好把平常狀態的遠隔知覺，由淺入深，敘述一個大概。

Guthrie 有關於味覺傳達的實驗。Guthrie 的 Percipient 是兩個年輕女子。實驗的時候，有幾次曾請 Barrett、Gurney、Myers 襄助，想了種種預防的方法，防止感覺機關的知覺。取二十種有味的物質，裝在瓶內，把瓶放在 Percipient 看不見的地方；想種種方法防那物質的香味吹到 Percipient 的鼻子裡去，並且不用香味過強的物質。Percipient 把眼睛包住，背向著 Agent，Agent 在室外取一小片物質放在嘴裡，然後回來把手放在 Percipient 的肩上；此時別人都不許作聲，只許 Percipient 報告他的所覺得的味道。於是 Agent 取一點醋來嘗嘗，Percipient 便說他

自己覺得酸味；Agent 放一點芥子在嘴裡，Percipient 便說他覺得有芥子的滋味。Guthrie 實驗了許多回數，也有失敗的，也有成功的。但是Guthrie 這種實驗似乎還配不上遠隔知覺這個名稱，因為這種味覺傳達全和上面所說的測思術是同樣的作用。Agent 嘴裡嘗一種味道的時候，他的手上一定應了他的感覺，不知不覺的發出一種筋肉運動來。Agent 的手放在 Percipient 的肩上，Percipient 雖把眼睛包好了，看不見 Agent 吃的是什麼東西，但是他肩上的觸覺機關卻能知覺 Agent 的筋肉運動，借了 Agent 的筋肉運動知道 Agent 的感覺，豈不知測思術是同樣的作用嗎？

　　Guthrie 又有痛覺傳達的實驗。實驗的 Percipient 是 Miss Ralph，就是味覺傳達的 Percipient 中間的一人。這次實驗，有 Hardman 等數人共同考察。Miss Ralph 包住了眼睛，背向著實驗者。實驗者數人同時在各人自己身體的同一部分上，扭了一下，使自己微微覺得有點痛。但是這次 Agent 和 Percipient 之間，並沒有接觸，實驗了二十次；其中十次，Percipient 能在自己身上指出痛的地方來，指的一點不錯；有六次指的不很對，還有四次或是指錯了，或竟不覺得有什麼感覺。

　　Guthrie 又有許多視覺傳達的實驗。實驗的物品或用實物，或用圖畫，也把 Percipient 的眼睛包起來，不使他看得見。Guthrie 的實驗很多，不能一一的介紹，現在只把極有成效的實驗節譯一件。物品：一把剪刀，略開，尖頭向下。Percipient 說：「是一把站起的剪刀。」物品：鑰匙。Percipient：「是亮的，像鑰匙。」叫他畫，Percipient 倒畫一個鑰匙。物品：一個小旗的略圖。Percipient：「是一面小旗。」叫他畫，他橫畫一面旗。另外畫一張畫，畫好了，便把他放在一邊，故意仍舊取那張小旗的圖過來。Percipient：「我仍舊見那面旗。」物品：一個橢圓形的小金盒子。Percipient：「我看見一點金的東西，像一個小金盒子。」問他是什麼形狀，回答說：「橢圓的。」

　　Barrett 於一八八一年實驗 Creery 的孩子，也想了方法防止那孩子用普通感覺機關來知道。Creery 有一個女孩子叫 Maud，當時是十二

歲，叫他立在隔壁的屋子裡，把門關上。Barrett 寫了幾件屋子裡有的物件的名字，和他家裡的人默默的想這物件。這個時候不許人動一步，也不許人說一句話。預先和 Maud 約定，叫他心裡想著了什麼東西，便把那東西取來。他實驗的結果如下：毛刷，不錯；酒瓶，不錯；橘子，不錯；烘物的叉，第一次拿錯，第二次不錯；蘋果，不錯；小刀，不錯；熨斗，不錯；大杯，不錯；小杯，不錯；碟子，不錯。第二次用市名實驗，叫孩子想著了說出來，其結果如下。Liverpool，Stockport，Lancaster，York，Manchester，Macclesfield，說的都對；Leicester 誤為 Chester；Windsor，Birmingham，Canterbury 都錯。

一八八二年 Myers、Gurney 又去實驗。實驗時所用物品的種類，只有那猜的孩子知道，他家裡的別人都不曉得。預防方法也極注意，從普通感覺機關一方面，一點消息也不能得。Percipient 立在門口，眼睛向下，實驗者用全副撲克牌，任意抽出一張來實驗。現在介紹他們成績好的實驗如下。

Clubs 的兩點——不錯。	Diamonds 的 queen ——不錯。
Spades 的四點——錯。	Hearts 的四點——不錯。
Hearts 的 King ——不錯。	Diamonds 的兩點——不錯。
Hearts 的一點——不錯。	Spades 的九點——不錯。

Diamonds 的五點——第一次答：Diamonds 的四點。
第二次：Hearts 的四點。第三次，正。

Spades 的兩點——不錯。	Diamonds 的八點——錯。
Hearts 的三點——不錯。	Clubs 的五點——錯。
Spades 的一點——錯。	

以上所述的都是些短距離的實驗，或在一個屋子裡，或隔著一道門；以下再介紹些遠距離的感應現象。遠距離的感應現象或出於實驗，或起於自然，現在把兩種分別敘述些。遠距離的感應現象既然隔離很遠，Percipient 的普通感覺機關自然不中用了，所以用了這種現象來證明遠隔知覺，功效更大。

　　一八九二年 Miss Despard 和 Miss Campbell 已經實驗過幾次，但是他們的實驗比較的不重要，所以此地不引用了；現在只介紹 Miss H Ramsden 和 Miss C Miles 兩人實驗的大概情形。一九〇五年 Miss Miles 做 Agent，住 London ；Miss Ramsden 做 Percipient，住 Buckinghamshire，離 London 有二十英里遠。實驗的時間，預先約定了。Miss Miles 到了實驗的時間，把他要想傳達的觀念寫在一本簿子上，Miss Ramsden 每日把傳到他心裡的觀念記下來，送給 Miss Miles 。Miss Miles 接到了這個報告，便抄在自己日記的對面一張上，有時更加點註釋，說明實驗時他自己的狀況，和 Miss Ramsden 的印象相應的。十月二十七日 Miss Miles 在心靈研究會見一人戴一副異式眼鏡，他便想拿這個做實驗的題目，回到家來，他便在簿子上寫：「十月二十七日，眼鏡。—— C.M.」離開二十英里遠的 Miss Ramsden 那天晚上的紀錄：「十月二十七日下午七時，眼鏡。等了許久，這是入我心的唯一的觀念。—— H.R.」Miss Miles 是美術家，有一次白天正畫了一個肖像上的手，便拿手做題目。簿子上寫：「十一月二日，手。—— C.M.」那天 Miss Ramsden 的紀錄：「十一月二日下午七時，我看見一隻小手，很好看。（記了些別的印象，又加一句），那隻手看的最明白。」這兩件是他們成績最好的例，此外的實驗也有成功的，也有失敗的。一九〇六年上半年實驗 Miss Ramsden 在挪威，Miss Miles 住倫敦。又實驗了幾次，但是都沒有成功。那年下半年兩人又實驗，兩人住的地方相距約有四百英里。每晚七時，Miss Ramsden 排斥妄念，專心想 Miss Miles，於是把心裡所得的觀念寫在郵片上，第二天早上寄給 Miss Miles 。Miss Miles 也把每日心裡所想的寫在郵片上，寄給 Miss Ramsden 。實驗完了，把郵片合成一本書，下加註釋，郵片上都有郵局的印子，可以稽考日子。英國心靈研究會統計他們實驗的結果——「前後十五天的實驗中，有六次，Miss Miles 所要傳達的思想，完全或一部分，出現在同日 Miss Ramsden 的印象中。但是 Miss Ramsden 的印象中間，差不多每天，總有幾個印象很足以代表 Miss Miles 那天所見所講的事情。Agent 用心選定的思想雖有

時傳不過去，但 Percipient 似乎總知道他朋友的情形，不過不一定是他朋友所要他知道的罷了。」

還有一種不預先約定的實驗。有一天晚上 Moses 想要他的朋友看見他自己；這個朋友離他有好幾英里遠，並沒有預先曉得有這種實驗。那天晚上 Moses 的朋友居然看見 Moses，覺得很奇怪，想仔細的看一看，Moses 的幻像便消滅了。後來又實驗一次，也成功了。Beard 也有這種實驗，由 Gurney 指導，成功了好幾次。並且有一次，兩個人同在一間屋裡，同時看見了 Beard 的幻像。

以上所說的都是實驗一方面的例，以下再介紹些自然而然起來的例。

一八九一年二月七日下午，Mrs. Harrison 睡在榻上，忽然驚醒，彷彿聽見他的丈夫有呻吟之聲。他便趕緊起來一看，他的丈夫並不在屋裡，取錶一看，是三點半鐘。到六點鐘，他的丈夫回來，額角上負了傷，是在澡堂裡跌破的。Mis. Harrison 便說：「我知道是什麼時候的事——是三點半鐘，因為那時我聽見你有呻吟之聲。」Mr. Harrison 回答說：「正是那個時候，因為我記得事後便看了鐘的。」說這番的話時候，有 Mr. Hooton 在旁，可以代為證實。

一八八三年十月二十七日 Mrs. Severn 有一報告如下。有一天早上 Mrs. Severn 忽然驚醒，覺得嘴上被什麼東西打了一下，打破了，有血流出來。他便趕緊用手帕按住嘴脣，按了一回取下來看時，手帕上一點血也沒有。他看了一驚，纔知道剛纔是做夢，取錶看時，恰是七點鐘。尋他的丈夫，不在屋裡，知道是划船去了。九點半鐘 Mr. Severn 回來，把手帕按住了嘴脣，說是七點鐘的時候，被舵柄撞了一下，出了許多的血。

一八八八年三月二十日早上 Sir Edward Hamilton 做了一個很明白的夢，看見他的兄弟回來了。他的兄弟住在澳洲很久，而且好幾個月沒有寫信回家。Hamilton 在夢裡並且看見他兄弟的臂上，似乎很紅腫的樣子。他覺得這夢很奇怪，所以把他記了下來。過了一禮拜，他真的接到

了他兄弟的一封信，說是已經動身，現在路上，並且說是臂上有病。這封信就是 Hamilton 在倫敦做夢那一天早上，他的兄弟在途中寫的。三月二十九日他兄弟到了家，臂上的病果然和夢中所見的一樣。

一八八九年十月二十四日上午三時 Mrs. Paquet 的兄弟──是一隻小輪船上的火夫──跌在水裡淹死了。Mrs. Paquet 上一天晚上睡的很安穩，沒有做夢，也沒有無端的驚醒；但是早上，起來覺得很不爽快。早飯後，丈夫到工廠，孩子上學堂，都走了，他想沖點茶來喝，好解解煩悶，正取了茶葉想沖茶，忽見他的兄弟在他面前，彷彿從船上跌下去的樣子，他便知道他的兄弟是死了。他所看見的他兄弟的衣服和船上當時的情形，後來他丈夫同船上的人談起來，一點也不錯。

醒時或夢裡看見鬼，在主張有鬼論的人講起來，自然是真有鬼出現了；不主張有鬼論而承認遠隔知覺的人，卻拿了遠隔知覺來解釋這些鬼的現象，以為並不是真有鬼，也不是鬼和人的感應，乃是活人和活人的感應。譬如有一個某甲看見某乙的鬼，因為另有一個某丙在那裡想某乙的容貌態度，這個思想傳到了某甲，便成了某乙的幻像。主張遠隔知覺的人往往把這種作用看得很重，以為拿了這種作用可以解釋許多心靈上的現象。

遠隔知覺究竟是怎樣一種作用？怎樣互相傳達的？主張遠隔知覺的人當然都說：是我們現在所知道的感覺機關以外的一種特別作用。而關於這種特別作用的性質，議論卻不一致。有人比較的尊重現在的科學，以為現在心理學上講起來，心和身是兩相平行的，所以遠隔知覺也不能不有生理的基礎。Agent 想到一個觀念的時候，他的腦髓中一定起一種物質現象；而這種物質現象通過某種媒介體，傳到 Percipient 的腦髓裡，便喚起同樣的物質現象。Percipient 的腦髓裡既然起了一種物質現象，有時便直接出現於他的意識之中，有時由他的下意識變成了幻覺，然後再入意識。Agent 腦裡的物質現象究竟用什麼方法發射出去，現在還是一點不能知道；或者是和無線電報同樣的作用，也未可知。所以有人假定一種 Brain-waves（腦波），拿來說明遠隔知覺的物理基礎。但是

又有一派人，以為腦波這種假定不合於事實。因為既是一種物質的波，照常理講起來，便該離發源的地方愈近，其力愈強，感應愈易；離發源的地方愈遠，其力愈弱，感應愈難。然而遠隔知覺這種現象似乎和遠近沒有關係；Agent 起了一個觀念，近的人沒有知道，遠的人倒反知道了。如此看來，遠隔知覺似乎並不遵從那近則強遠則弱的原則。物理上的原則既不能應用，物理的基礎便不能假定；所以這一派人的見解，以為遠隔知覺純粹是心靈的感應，超絕一切物理現象。無論是那一派的解釋，總而言之，他們都認定遠隔知覺是一種特別的傳導力。但是我們若用了公平而且犀利的眼光來一考察，對於這種特別傳導力，便不敢輕易相信，便不能不取一種懷疑的態度。因為平常所稱為遠隔知覺的那些現象，或者用了別的方法也可以說明，不必定要假定了一種特別傳導力纔能說明的。所以我覺得遠隔知覺論者所引的種種例，要想證明遠隔知覺這種特別傳導力，似乎還嫌薄弱。現在把薄弱的理由來講一講。

平常所稱為遠隔知覺的現象裡面，是否能保一點欺詐的要素也沒有？自然而然起來的現象為本人所報告的，其中有無欺詐，本是極難判斷的事情。至於實驗，雖用了種種預防的方法，實驗者自信，必不能有欺詐混入其中；然而實驗者偶一疏忽，欺詐的要素便乘機而入。實驗者不及覺察，還自信防的很嚴；這種事情恐也不能說一定沒有的。因為慣弄詐術的人，其詐術非常巧妙，旁觀的人雖用心察看，也很不容易看破。變戲法的人有時手裡拿了一張紙牌，叫他的夥計猜，他們大概借了一種極微的運動，暗通消息，譬如衣角的飄動，呼吸的緩急，都可以拿來做一種傳遞消息的記號。遠隔知覺的實驗能不能免這種弊，是極可疑的。並不是我以小人之心度君子之腹，西洋的實驗中，的確曾經發現過這種弊竇的。現在舉一個例來講講。Creery 姊妹有一次在 Cambridge 實驗，姊妹之中，一個人做 Percipient，還有一個人加入 Agent 的團體，知道實驗者所選的題目。於是兩個人便用了暗號，傳遞消息，被實驗者發現了。關於此事，Barrett 說：他們年紀大了，感應能力漸衰，又深怕實驗失敗，喪失他們從前的信用，所以纔用那不正當的手段。Barrett 用這

一番議論來辯護他從前的實驗，以為 Cambridge 這一次實驗雖用詐術，至於從前的實驗，那時他們的能力正盛，是一點欺詐也沒有，是極可靠的。但是在我看起來，既然一次發現了詐術，便保不住前幾次是絕對誠實，毫沒有欺詐的要素，恐怕他們姊妹兩人也曾用了記號暗遞消息，實驗者一時大意，沒有看破罷了。所以我對於 Barrett、Myers、Gurney 等實驗 Creery，很覺懷疑，覺得他們所得的結果沒有很大的價值。

現在姑且把欺詐一層暫擱一邊，姑且假定，預防甚嚴，不能有欺詐的要素攙入其中；但是我覺得雖不假定特別的傳導力，似乎還有別種作用，也可以取來說明遠隔知覺那樣的現象。我們平常人的感覺大概不很銳敏，極微的聲音，我們聽不見，極遠的東西，我們看不見。然而我們平常人之中，也有感覺異常銳敏，比眾不同的。例如 Gross 所說的一個兵，視力極強，平常人用了望遠鏡還看不很明白的，他用了肉眼能看的很明白。又如 Aubert 在很暗的屋裡，別人須扶牆摸壁的走，他卻能看見書上的字。至於到了精神異常的時候，感覺忽然異常銳敏，那更是常有的事。Bihet 用刻在木頭上的小字，放在 hysteria 病人的麻木不仁的皮膚上，實驗他下意識的知覺。實驗的結果，這個精神病者的觸覺，要比常人的觸覺銳敏五十倍。又據 Bergson 的報告，某少年催眠後，能藉術者角膜上所映的數字的像，知道術者所讀的書的頁數。書上所印的數字本不過三個 millimeter 大，映在角膜上的像自然更小，不過他的十分之一罷了。精神異常的人，感覺銳敏，能知道常人所不能知道的事情；並且往往把下意識所得的某種感覺，幻成他種感覺，譬如從耳朵這一方面聽到的事情，幻成了視覺上的現象。實驗遠隔知覺的時候，倘然用了催眠術來實驗，那被實驗的人是在一種異常狀態，自然不庸說了；即使不用催眠術，被實驗的人的精神也不免有點異常。Percipient 的精神狀態既然異常，則他的感覺作用忽然銳敏，自是意中的事。所以我疑心近距離的遠隔知覺仍舊是普通的感覺作用，並非特別傳導力的結果。而感覺之中，此時我們最宜注意的，是聽覺。因為我們心裡懷了一個思想的時候，往往應了這個思想有一種極微的聲音發射到外部去。但是這種發

音是下意識的發音，所以發音者自己不能知道；聲音又是極微，所以平常的人也聽不見。這種下意識的發音，經過許多學者的實驗，是常人思想時不能免的。實驗遠隔知覺的時候，Agent 心裡想起了那個實驗的題目，自然也不免有一種下意識的發音。別人雖聽不見這個下意識的發音，Percipient 精神異常，或者能由下意識方面聽見他。Percipient 既聽見了，或者就當做音覺傳到意識去，或者把他幻成了別種感覺，再傳入意識。實驗視覺傳達的時侯，Percipient 並不覺得聽見那物名的發音，只覺得心裡想到此物，或眼睛裡看見此物的形狀，這大概都是感覺幻化的結果。外國學者實驗遠隔知覺，對於視覺，防備很嚴既，使 Percipient 背向著 Agent，又把他眼睛包起來；獨有對於聽覺，不大防備；這件實在是他們疏忽的地方。但是近來他們亦漸漸覺悟，Lehman 和 Hansen 特別注重這點，並且用物理的裝置來證明，平常人覺得沒有發音的時候，實在有一種發音。我們又看見 Sidgwick 夫婦實驗的成績，Agent 和 Percipient 離的近，成功的回數較多，離的遠，成功的回數較少。這事更足使我們疑心遠隔知覺不過是 Percipient 聽覺過敏的結果。聽覺過敏這種解釋，自然只能應用於近距離的現象，不能應用於遠距離的現象。

還有一層，我們似乎也可以拿來解釋遠隔知覺，就是 Agent 和 Percipient 的思想暗合這件事情。觀念的聯合，照現在心理學上講起來，都有一定的規則。我們同生在這個世界上，所經驗的大體相同，所以我們的觀念聯合也大體相同。至於兄弟姊妹，或是親戚朋友，他們的聯想形式一定更相接近。遠隔知覺的實驗者和 Percipient 既不是別世界的人，他們的聯想形式一定不至於絕對不能相同。所以實驗者所選定的題目，雖是任意選的，其實也不盡屬偶然；倘然叫 Percipient 選起來，他或者竟和實驗者選的一樣，也未可知。這種事情也並不是純粹臆想，我們日常經驗中就有這樣情形。譬如喝酒時的猜拳，猜了幾拳，總有輸贏，斷不至於猜至幾十幾百拳，猶是勝負不分的。豈不是因為兩個人的思想大體相同，一個人所想定的，總有時被對面的人猜著嗎？又有一種猜子的遊戲，第一次猜雙單，第二次猜個數，第三次猜黑白。藏的人

倘然用了心思，選定幾個藏在手內，倒反容易被人猜著；倘然全不用心思，隨便取幾個藏在手內，連自己都不知道共有幾個，倒反不容易被人猜著。這也因為兩個人的思想大體相同，有意選定的，猜的人可以設身處地，推想他藏的個數，無意選定的，反無從猜度了。照這種例看來，我們的思想實在大體相同；既然相同，能說遠隔知覺一定不是思想暗合的結果嗎？這樣的解釋，無論近距離遠距離似乎都可以應用。Barrett 實驗 Creery 姊妹，取些屋裡有的物件來做題目；屋裡有的物件自然是常見常聞的，我們關於這種物件的思想也是很容易暗合的。又如 Miss Miles 和 Miss Ramsden 在一九〇五年的實驗，Miss Miles 用肖像畫的手做題目，Miss Ramsden 居然猜著了。這事似乎是奇中，其實恐不過思想的暗合罷了。因為 Miss Miles 是一個畫家，是 Miss Ramsden 所知道的；Miss Ramsden 想起了 Miss Miles，便因此聯想到肖像畫上的手，這也是常有的事情。至於他們一九〇六年的實驗，據英國心靈研究會報告：「Miss Ramsden 的印象中間，差不多每天，總有幾個印象很足以代表 Miss Miles 那天所見所講的事情。……不過不一定是他朋友所要他知道的罷了。」一天之中，兩個人所想的，少不得總有幾件暗合；這更是常有的事，豈能做遠隔知覺的證據？

　　我們再取實驗的成績來一看，對於遠隔知覺，也不能無疑。Guthrie 在 Liverpoolw 的實驗，用物件、顏色、圖形、數目、痛覺、味覺來做題目，實驗了四百三十七次，其中有二百三十七次是成功的，其餘是失敗的。成功的回數在半數以上，似乎成績很好，但是 Guthrie 的實驗中間，上面已經說過的，有許多是和測思術一樣的，不能算做遠隔知覺。他的實驗方法既不嚴密，成績雖好，也是沒有價值。美國心靈研究會的委員也曾實驗過遠隔知覺，實驗的方法還算嚴密，實驗的題目是用自 1 至 10 的數字，共實驗了三千次，有五百八十四次是成功的。成功的次數不到實驗總次數的五分之一。一八八九年起一八九一年止，Sidgwick 夫婦的實驗要算是頂嚴密，頂精確，頂可靠的。他們用了催眠術實驗，施催眠術的是 Smith，被催眠的是一個少年。實驗題目用雕刻

的數字，自 10 至 90，Agent 和 Percipient 在一個屋子裡的實驗，實驗了六百四十四次，成功的有一百三十一次，成功的次數是實驗總次數的五分之一略強。Percipient 在樓上，Agent 在樓下，實驗了一百四十八次，其中完全成功的有二十次，成功的次數不到實驗總次數的七分之一。Percipient 在樓下，Agent 在樓上，所有實驗差不多完全失敗。Percipient 在屋內，離門口約有十英尺遠，Agent 在門外，把門關上，實驗了二百五十二回，其中完全成功的有二十七回。成功的次數不到實驗總次數的九分之一。這樣看起來，成績實在不能算好，信遠隔知覺的人雖辯護道：「成功的次數比偶然可以中的次數大了好幾倍。」但是我們要記到 Percipient 的感覺能力是和眾不同的。試看 Sigdwick 夫婦的實驗，Agent 和 Percipient 離的遠，成功的次數便跟了少起來。這事很足使我們猜想，Percipient 的感覺過敏，在實驗時，有極大的影響。即使把別事丟開，專從成績上著想，這樣成績似乎也太薄弱，不夠做證明的根據。假如我們真有一種特別的傳導力，成功的次數，即使在最少的時候，何至不到九分之一，有時竟完全失敗呢？遠隔知覺的現象，從感覺機關的進化上看起來，原不能說他是絕對不可能的事。但是我們要想證明一種新理，不能不有極充足的根據；現在所得的成績似乎離極充足的根據還很遠。

　　以上是專就實驗的成績講，至於自然而然起來的現象，其成績是怎麼樣呢？Bacon 的論理學裡邊有一段故事：有一個人到廟裡去，廟裡的人給他看了許多紀念品，都是船破的時候沒有淹死的人所獻的；並且問他，看了這許多紀念品，還不信上帝保佑力的偉大嗎？那個人反問道：「但是臨難的時候，祈禱了上帝，還不免淹死的人的紀念品在那裡呢？」我們對於自然而然起來的遠隔知覺，也要問這樣一句話。因為我們有時做了一個夢，或有了一個幻覺，倘然過了幾天果然驗了，我們覺得很奇怪，便牢牢的記住，逢人便告訴；倘然不驗，過了幾天，便把那夢境或幻覺完全忘了。所以我們記到的聽見的都是些奇驗的夢。我們世上的人，那一個不做夢，夢多的人一夜做幾個，夢少的人幾夜做一個，奇奇

怪怪的夢也有，平平常常的夢也有，但是究竟能有多少應驗的呢？可惜世上沒有一個人，能把世人所做的夢統計起來；倘然能統計起來，不曉得能不能有千分之一或萬分之一是應驗的。聽見了幾個應驗的夢，便大驚小怪的說我們有特別的能力，這種人實在太性急了，我不得不奉勸他們極力搜羅反對的例，拿來比較比較，看究竟是應驗的多，還是不應驗的多。在我看來，應驗的夢只好用偶然二字來解釋，斷斷是沒有證明遠隔知覺的價值。何況這種夢境，後來敘述起來，還不免有許多誤謬夾在中間，不可盡信的呢？

四

Telekinesis

這一章裡所要講的是另外一種特別現象，和上面所講的大不相同。西洋的靈媒坐在桌子旁邊，手腳並不和桌子接觸，那桌子自己能動搖起來，或竟自己往上提高，靈媒的身體能在空中游行，列坐的人往往聽見一種敲的聲音，或在身體上覺得有鬼神的手來摸他。日本近年來有幾個人，自稱有一種能力，能把心裡的思想照到相片上去。此外還有那自然而然起來的現象，屋裡的器具忽然自己移動起來了，石頭瓦片忽然從窗裡飛進來了；這種「鬼鬧」、「狐祟」的事情，古今中外都有許多可笑可怕的傳說。以上所舉的現象，學者統稱為心靈現象中的物理現象（physical phenomena），信奉這些現象的人又稱之為 telekinesis 或 teleplasty。Tele 是遠隔的意思，kinesis 是移動的意思，plasty 出於 plassein，是鑄造的意思；所以直譯起來，便是遠隔移動和遠隔鑄造。他們以為靈媒的確有一種神祕的能力，能隔開了空間，使種種物體移動，而且能把心裡所想的變成有形體的東西。假如靈媒真有這樣能力，遠隔移動這種現象絲毫沒含有欺詐的要素，那簡直是學問上的大革命，從前的自然科學都可推翻了。但是我們細細的考究西洋學者的實驗，覺得這種遠隔移動全然是靠不住的。不過靈媒的詐術異常巧妙，異常敏捷，實驗者很容易被他瞞過，所以有許多人始終不悟，把靈媒的變戲法當做一件神祕現象。

現時靈媒之中，遠隔移動的能力最大的，要算伊大利人 Eusapia，Eusapia 之前，最有名的，要算 Home。現在先把 Home 的物理現象介紹一番。Home 遇到有人要實驗他的時候，他提出種種條件；倘然條件

不對，他便不肯實驗。這實驗的條件就是他作偽的預備。實驗者依了他的條件，他有作偽的機會，他便任人實驗；不然，他便拒絕。他的計策很狡猾，不許實驗者盡情實驗，所以他作偽的破綻很不容易看出。作偽的破綻雖不容易看出，但是他的實驗實在沒有價值；他要在一定條件之下纔肯實驗，這便是沒有價值的反證。Home 開請靈會的時候，屋內只點一兩枝蠟燭，或用一盞不很亮的煤氣燈；屋中放一張桌子，Home 和觀察的人同坐在桌子的周圍。坐下了，便有種種奇怪的事情生出來。最初起來的，大概是敲的聲音，和桌子動搖、桌子上升這些現象。後來暗處的樂器也響起來了，看不見的手也伸出來摸在坐者的身體或牽他們的衣服了，鮮花、手巾等物也從桌子底下飛出來了。「靈」的手，有時連肉眼都能看見。這個時候，「靈」和在坐的人能互通消息，「靈」的回答或用敲音做記號，或借靈媒的嘴做機關。倘然屋裡很暗，連 Home 自己的身體也能在空中游行。關於 Home 的請靈會，觀察者所做的報告很有幾種，但是其中不曉得含了多少的錯誤，都沒有價值的。即如當時英國有名的科學家 Crookes 的實驗報告，也多缺點；細按起來，覺得他的實驗全沒有證明遠隔移動的價值。Crookes 在一八七〇年的時候，造了好幾件器械，拿來實驗 Home 的能力。當時最奇特的，是重量變化的實驗。Crookes 用的器械，現在無暇細說，只好把實驗的結果略講一講。取一塊板，一端放在桌子上，一端放在秤上，當時的重量是三磅。Home 把手指放在板的攔在桌子上的一端，那重量有時竟增至六磅。據 Crookes 說，Home 手指離板端不過一英寸半，還在板的支點以內；從物理上講起來，指力能生出這樣大的重量，是不可能的事；而 Home 的手足，當時在坐的人監視的很嚴重。Crookes 實驗的結果，很信 Home 有一種特別能力。究竟 Home 真有一種特別能力呢？還是不過一種巧妙的詐術，Crookes 的觀察不精密，不能看破呢？關於此事，我們可以引用 Podmore 的批評。「但能證明有一種奇怪的運動現象，並且計算那運動的大小，還不能算是科學的研究；一定要在不能行詐術的條件之下，證明那現象真能起來，纔好。這件事情是 Crookes 自己所主張的。然則

不能行詐術的條件怎麼樣纔可以完備呢？一定要有一種客觀的監視法，最好能用精密的儀器，那條件纔算完備；倘然單靠實驗者的觀察，實驗者無論是怎樣老練的人，總不能算完備。因為我們的注意常常動搖，我們的觀察有無窮的漏洞；幻術家倘能利用這種機會，很可以行許多複雜的幻術。Crookes 的實驗，條件很不完備。Crookes 雖自稱，和在坐的眾人共同監視 Hone 的手足。但是共同責任往往變做無責任，所以他們的監視已不甚可靠。況 Crookes 又要看秤，又要記錄，他的觀察還能算完全嗎？……用的器械並不是 Home 初次經驗的器械。還有一件尤宜注意的事情：Crookes 用這件器械預先實驗了 Home 好幾次，當做一種預備的實驗，失敗的結果，聽了 Home 的話，把那器械改造過的。……這豈不是 Home 自定了一種便於作偽的條件嗎？……在便於作偽的條件之下，五個沒有練習過的觀察者到底敵不過一個巧妙的幻術家。」Podmore 並且舉了許多變戲法的例，用線可以移動遠處的物件；Home 的重量變化的實驗，大概也是用線牽動那秤的結果。Podmore 的批評並不苛酷。巧妙的靈媒利用那不很大的光線，加上些神祕的暗示，乘實驗者感情興奮注意動搖的時候，玩些戲法來欺人，這是常理上很可以有的事情。若一定要說靈媒真有神祕的能力，我們總覺得根據太薄弱，不免是一種臆說。

　　詐術的巧妙可以巧妙到不可思議的程度，觀察者無論怎樣用心，也不能發現他的破綻。這並不是我的空想，有一件很好的事情，可以拿來做憑據。十九世紀後半，英國美國流行一種 Slate-writing（石板書寫）。把兩塊石板合起來，中間放一枝石筆，用封條封好，或用鎖鎖住。靈媒和實驗者各用一隻手拿住石板的一端，暫時之後，便聽見有聲音，彷彿在石板上寫字的樣子。聲音完了，開封一看，那石板上已經有了一篇通信。倘然有人要和親戚朋友的鬼通信，石板上便能寫出那些鬼的信來。當時有許多靈媒，用了這種手段，做巫覡的生意。英國心靈研究會接了許多石板書寫的報告，並且派了專人去研究；但是他們作偽的所在，終究不很明白。後來 Davey 想透了這種詐術的祕密，自己加上了許久

的練習，便也能玩石板書寫這樣的把戲。他和 Hodgson 商量妥當，也效法靈媒們，開請靈會，招待許多人來實驗。實驗之先，他警告實驗者，對於詐術要十分注意。Davey 預先有了警告，自然不免陷於很不利的地位。因為在別的請靈會，列席者受了神祕的暗示，並不疑心有詐術，自然容易被詐術所瞞過。在 Davey 的請靈會，列席者都有警戒的心思，自然不容易被詐術所瞞過。Davey 雖居於不利的地位，然而開了二十次請靈會，成績極好，以石板書寫為業的靈媒還趕他不上，去實驗他的人，沒有一個能看破他的詐術，連那些魔術大家也承認他的神祕力，說是不能用詐術來說明的。可見詐術到了極巧妙的時候，雖預先警告，觀察的人還是看不破，或反疑心，這警告是有意愚人的。至於 Davey 玩些什麼奇妙的現象，可以借用 Podmore 的記述。「Davey 在列席者自己拿來的石板上，也能作通信。……對於列席者所出的問題，能作很長的回信，列席者任意從書架上抽出一本書來，他能在石板上照寫書上的文句。對於懂德文或西班牙文的人，石板上的通信便用德文或西班牙文。有一次對於一個日本人，寫了一篇日本文的長信。能寫出列席者心裡所想的數目，能知道個人的祕密事情。在很亮的煤氣燈之下，一只小杯子從桌子的一端走到他端……，在光線不很大的時候，樂器在空中游來游去，聽見敲的聲音，覺得有冷手的接觸。有一個女子和一個男子的形狀走到眾人面前，對眾人行禮。種種不可思議的現象，親眼看見的人都不能下一種說明。於是有人想假定一種神祕的磁氣或電氣。」Davey 的詐術臨機應變，很是巧妙；或者拿預先寫好了的石板來掉換，或者臨時偷寫。他在實驗的時候，常常口若懸河滔滔不絕的講那請靈會的事情，把實驗者的注意引到他的談話上去，他便乘機施展作偽的本領；等到作偽完了，他再把實驗者的注意引回實驗上來。實驗者的注意雖被他引來引去，中間有許多漏洞，但是實驗者自己毫不覺悟，還自以為始終不懈的。總之 Davey 的一舉一動，一顰一笑，都是他作偽的機會。預先警告了，列席的人尚且看不出破綻，何況那些欺人的靈媒裝腔做勢，極力引起人的信仰，平常的人還能逃得出他的羅網嗎？

Eusapia 的現象比 Home 還要奇妙。因為 Heme 只肯在自己家中實驗，屋裡的光線很小，又不許列席者取嚴格的實驗態度。Eusapia 不然，肯在學者的實驗室裡實驗，許實驗者檢查他的身體衣服，監視他的手足，實驗室裡的光線有時也很大。Eusapia 的現象，大概講起來，有下面所講的五種：（1）衣服略略和東西的接觸，那東西便能動起來的現象：桌子的移動，桌子的上升，敲的聲音，物件的移動，幔的振動，靈媒衣服的膨脹。（2）不和物體接觸，物體也能運動的現象：桌子的動搖和上升，幔的振動，雖靈媒數尺遠的物體自能運動，靈媒後面黑幔內的東西能飛到幔外的桌子上，樂器能自己作聲。（3）變化重量的現象和靈媒游行空中的現象。（4）暗中有手出現，摸列席者的手或拉他們的衣服；幔裡伸出手來，或現出全個身體來；看不見的嘴伸過來接吻。（5）發光現象。最先實驗 Eusapia，把他介紹給世界學者的是伊大利的 Lombroso。後來在伊大利、俄羅斯經過了許多學者的實驗。英國心靈研究會的學者，到了一八九四年在法國 Richet 家裡實驗的時候，纔第一回列席。當時列席的是 Lodge 和 Myers。Lodge 做了一篇報告，很信 Eusapia 的現象是真的，Myers 也贊成他的見解。但是 Hodgson 見了這報告，指出了許多缺點，以為這種現象畢竟是靈媒的詐術。於是心靈研究會的人便分了兩派：一派信他是真的，一派說他是假的。一八九五年特地把 Eusapia 招到英國，在 Myers 家裡實驗。實驗的結果，發現 Eusapia 的現象全用詐術，毫沒有假定神祕力的必要。所以這次實驗，Hodgson 得了完全的勝利。但是那實驗的報告發表出去，大陸的學者，如 Richet 等，大為不平。他們以為 Eusapia 有時弄詐術，固是不免的事情；倘然實驗者不取預防的手段，靈媒便要任意作偽；所以要想得真的不可思議的現象，一定要監視很嚴重，使他不能作偽纔好。監視越嚴重，奇怪的現象越會起來。Myers 家裡的實驗，實驗者太疏忽，以致 Eusapia 任意弄詐術；所以這次的失敗，是實驗者之罪，不是靈媒之罪。他們這種辯護似乎有點牽強。靈媒既有實力，能引起種種不可思議的現象，何苦在監視不嚴重的時候，故意把實力藏起，弄些詐術呢？

Richet 等因為要反對 Myers 家裡的那次實驗，三年之後，又招 Eusapia 來實驗一次，實驗的結果，據說，大大的成功了。Richet 等預先有了一種信仰心，則他們的大大的成功自是當然的結果。因為心裡有了成見，一方面容易受人的欺瞞，一方面希望成功，自己也不免於不知不識之間想遮掩些缺點。這兩種事情結合起來，那裡能不大大的成功呢？所以這種成功，在科學上看起來，沒有很大的價值。

自一九〇五年起到一九〇七年止，巴黎心理學會實驗 Eusapia，三年之間，共實驗了四十三回，要算是頂精密的實驗。實驗者之中，很多知名之士，如 Bergson，如 Curie 夫婦，皆在其內。他們細細的研究，從前的實驗方法究竟有什麼缺點，想把一切的缺點都除掉了，成一種完全的實驗。他們本想當實驗的時候，叫一個人在桌子底下，用兩手抱住 Eusapia 的腳。這是一種很好的監視法，可惜被 Eusapia 拒絕了。Eusapia 的拒絕很足使我們疑心，他嫌這個監視法太嚴，不便於作偽。Eusapia 的實驗，也有成功的，也有失敗的；雖沒有完全發現他作偽的方法，但他的現象全是詐術這件事情，似乎可以無疑了。有一回實驗的時候，一個小凳能在地板上跑來跑去，或在空中游行，列席的人都看得很明白。Eusapia 允遂實驗者備好照相機器，等他說一聲「可」，便可把小凳的空中游行現象照進去。實驗者守了他所說的條件，在他正面照了三次照相；都是以黑幔為背景，現出那小凳在靈媒頭上的空中漂浮的現象。但是第三次照的時候，從靈媒的側面也照了一張；從這一張上看起來，那小凳卻是被靈媒頂住的，並不是漂在空中。Eusapia 看見了有人在他的側面照相，他便不肯再玩這小凳游行的現象了。看了這種實驗，無論什麼人都敢斷定，Eusapia 的現象全是詐術；不過他的詐術異常巧妙，詐術的破綻不容易被人發現罷了。當時的實驗者又造了一座小天秤，拿來實驗重量變化的現象。他們恐怕 Eusapia 用了頭髮或細線來牽動天秤，所以造一個木格的罩子和一個極稀的麻布罩子來罩在外面。先罩了木格的罩子實驗，完全失敗；後來罩了麻布的罩子實驗，也失敗。最後的實驗，一點東西也不罩，Eusapia 的手伸到這一邊，並

不和天秤接觸，天秤的這一端便低下來了。旁邊的人看了，都看不出那天秤動的原因。於是又想出一個方法來，用一個玻璃罩把天秤罩住，並且用一個驗電機和天秤聯結起來；倘然 Eusapia 碰了那天秤，無論怎樣輕微，那驗電機總該放電。用了這樣的裝置實驗，Eusapia 也失敗了。後來除去了玻璃罩，卻把 Eusapia 的嘴用手帕包住了，防他用氣吹那天秤。於是 Eusapia 把兩手一伸，天秤動了，驗電機卻沒有放電。但是在那個時候，Curie 夫婦覺得 Eusapia 有一種可疑的運動，正想設法防他，Eusapia 說已經疲倦，不能再實驗了。實驗後，Curie 夫婦等自己試試看，纔曉得用了頭髮去牽動天秤，原可以免驗電機放電的。預防的方法既欠嚴密，那實驗便不能有價值了。於是又有人想出方法來，用煤塗在天秤上；倘然靈媒用頭髮去牽動天秤，煤上一定有痕跡，可以看得出來。用了這樣方法實驗，天秤一點也不動。又有人另造一座天秤，不用金屬的盤，卻用紙盤來代，倘然靈媒用別針，紙上不免有痕跡；倘然用頭髮，紙上不免有聲音。實驗的時候 Eusapia 的手一伸，天秤果然動了，但是紙上微微的有點聲音。從這種實驗看起來，Eusapia 一定用詐術，也是可以斷定的。為什麼呢？預防的方法略有缺陷，Eusapia 便能成功；方法很嚴密，便完全失敗，或露出破綻來。Eusapia 的現象經不起嚴密方法的一試，這便是詐術的反證了。然而 Eusapia 乘機作偽，異常敏捷，異常巧妙，旁人雖用心細看，也不能看破；這副詐術的本領，我們是不能不佩服的。

　　一九〇九 Eusapia 到美國去實驗，又被美國的學者發現了許多作偽的地方。初次實驗的時候，實驗者叫一個人爬到 Eusapia 背後的幔裡去；幔裡很暗，一張小桌子有點搖動的樣子；那個人伸手一摸，摸著了一隻不著鞋子的腳跟。最可笑的，有一次 Münsterberg 監視 Eusapia 的左側，叫 Eusapia 把左足踏在 Münsterberg 的腳上；Münsterberg 雖始終覺得有一種壓力，並無變化，想不到往桌子底下一望，腳上卻只有一隻空靴。所以實驗的結果，Münsterberg 和 Jastrow 都說：Eusapia 的現象全是假的，而乘機脫逃的那隻腳就是大部分詐術的淵源。

　　日本有幾個人，自稱能把思想照到相片上去；福來博士研究了許久，頗相信這種現象，特別給他起一個名字，叫做「念寫」。新近在日本各地開了好幾次實驗會，成了學界上一個問題的，那個人叫三田光一。我們現在只把三田光一的實驗約略講一講，其餘的人來不及講了。三田光一的實驗會是在許多人面前公開的，但是實驗的方法很不周密，用科學的眼光看起來，實在算不得實驗，只好算一個公開的遊藝會罷了。三田光一的實驗有時成功，有時失敗。失敗的時候，他便推說精神不安，統一不起來，所以照不上去。今年二月十二日在東京實驗，監視還算嚴密，那時他露出一個大大的破綻來。這實驗會是生命學會召集的；當時選定了四個委員購買乾板，委員中一人名本田親二的專任實驗前後保管乾板的職務。委員等在乾板的封皮上都簽了字或蓋了印，本田親二並且把乾板封皮上印的牌子和號數都抄在一本簿子上。第一回實驗，兩封乾板之中，由會眾任意選定一封，並且由會眾選定「天地人」三字做題目，要念寫在第五張乾板上。三田光一瞑目坐了約兩分鐘，便開眼說，念寫完了。於是把乾板拿到暗室裡去洗，洗了十分多鐘，板上一點痕跡也沒有。第一回實驗完全失敗了。第二回實驗用那剩下的一封乾板和一捲軟乾板。這軟乾板是三田光一叫委員買的，實驗的時候，也是他自己提議要念寫的。對於那封乾板，會眾之中，有人出了「無地」兩字做題目，要念寫在第七張上，會眾都贊成了。對於那捲軟乾板，題目還沒有決定的時候，三田光一說：「我也是研究者之一人，也想出一個題目。」會眾許了他，他便用「學寶」二字做題目，並且說：「把橫卷的軟乾板用精神力放開來，更把他直捲起來，作一圓筒形，把『學寶』兩字念寫在兩端合攏來的地方。」念寫完了，先洗乾板，洗了第六第七第八三張，都沒有字。於是本田親二把始終拿在手裡的那捲軟乾板放在桌上，請洗的人洗。正在這個時候，三田光一忽然伸出右手來，取那個軟乾板交給一個人保管，說是放在桌上不放心。本田親二見了，趕緊向他要回，彷彿是從三田光一的左手裡交了出來，和取的手不是一隻手的樣子。本田親二覺得可疑，把封皮拿到紅燈旁邊細細一看，委員們

簽的字和蓋的印都不見了，封皮上的號數也不對了。及至洗出來一看，「學寶」兩個字果然印在三田光一所說的地方。實驗了三種，成功了一種，而這一種又有偷換的形跡。照這樣看來，念寫豈不全是詐術嗎？幸而本田親二精細，把封皮檢調一遍；不然，又被他混過去了。

五.
結論

　　上來所說的三種現象雖不能盡心靈現象的全部，然大部分的心靈現象已包含在這三種中間了。關於這三種心靈現象，上面所說的也只是一個大概，還有許多例和許多理論，都沒有功夫來講。這三種中間，第一種的自動現象，除了有幾個人故意作偽之外，都是真的。但雖是真的現象，卻可以用了平常的理來說明的，並無須當他一種神祕的現象，更不能因此證明有鬼。第二種的遠隔知覺現象，那些實驗的例和自然而然起來的例，大都也是真的。但這些現象或是知覺過敏的結果，或是思想暗合的結果，或者竟是偶然猜著；恐怕不見得真有一種遠隔知覺的能力，能不借感覺機關知道別人的思想，並且從統計上看起來，成功的回數也覺太少，即使沒有別種可用的說明，要想拿來證明一種新能力，似乎力量也嫌薄弱。至於第三種的遠隔移動，在我看起來，全是詐術，毫沒有真的要素在內。外國學者實驗這些現象，雖沒有完全發現靈媒們的詐術，然而他們破綻很多，又經不起嚴密的實驗。照此看來，他們的現象一定是詐術，不過他們的詐術很巧妙，非精於此道者不能看破罷了。所以玩遠隔移動的靈媒不過是一個魔術的特等名角，此外也並沒有什麼神祕的能力。這些心靈現象有真的，有假的，但是都不能做神祕力的證明，不能做鬼神的憑據。神祕之說，鬼神之談，可見全無根據；既無根據，還去信奉他，能說不是迷信嗎？

現代心理學

第一章
普通心理學　General Psychology

　　普通心理學之對象　心理學以心之作用為對象，以研究心作用之法則為目的。心下特加作用二字者，以明心理學之所研究，非心之本體，乃心之作用也。既有用，似必有體。然心之有體與否，為哲學上問題。內省所及，則但見心用，未見心體，但見喜怒哀樂思想欲望諸作用，未嘗於此諸作用外，見有思者欲者喜者怒者也。科學的心理學以經驗為主，哲學問題非所宜問，故但當以心作用之研究為範圍，不必更進而探討心體之有無。

　　心作用云者，又足以明心之非物。物與用之區別，比較的言之，物是永久之現象，用是瞬息之活動；物少變化，用變化不絕；物與他物界限分明，用與他用易相混淆。對於此說，或不免有起疑念者，以為心理學之對象中，若觀念者，豈非永久不變而界限分明者乎？例如窗前有樹，吾對之造成一觀念，則此樹之觀念常指此樹，且斷不與窗戶等相混淆。雖然，此未得觀念真相之說也。樹之觀念，內容極為複雜，有樹之形狀，有樹之顏色，有風吹時之聲音，有花開時之香氣，其他尚有與此樹有關係之事情；種種性質，不遑枚舉。當樹之觀念復現於吾心時，吾之注意，斷不能普及於各性質。時或樹之形狀較明，時或樹之香氣較著，時或想及花晨月夕與友徘徊樹下之事。且記憶中之觀念往往不能代表知覺當時之性質而一無遺漏，試取記憶觀念與知覺當時之觀念而比較之，不過大體近似，斷難盡同。凡此皆足以證觀念之有變化而不能常住。又同此樹之觀念，因當時意識之背景而有差異。或於風雪之夜憶及此樹，或於山水明媚之地憶及此樹，樹之觀念與當時意識之背景相混，

故其所感大不相同。至於夢寐之際，取甲觀念之一部，入於乙觀念之中，張冠李戴之事，往往有之。據此諸例，又足以見觀念之易於混淆。是故觀念所代表者雖是物體，至於觀念，仍是用而不是物。

心作用之範圍甚為廣泛，自人類以至於昆蟲草木，莫不具有心之作用；雖其程度之高下至不相等，自其根本性質上觀之，固莫不相同。心作用之範圍既廣，以心作用為對象之心理學自不得不分門別類，以從事研究。平常所謂普通心理學者，非以心作用之全範圍為對象，不過取人類之心作用而研究之，動植物心作用之如何，則非所顧問。然普通心理學之研究人類心作用，非以人類為一體而研究此一體所具之心作用，亦非就人類中個個之人研究其獨具之作用，乃就個人所具之作用研求各人同具之法則。人心不同，各如其面，此特就細點言耳；至於心作用大體之法則，人固莫不相同。兒童之心作用發達尚未完全，當然不能與成人相同。研究兒童之心作用漸次發達終底於完成之境者，別有兒童心理學當之，非普通心理學分內之事。成人之心作用，有與常人同者，有與常人絕異者。研究異常之心作用，又別有變態心理學當之，亦非普通心理學重要之部分。故平常之所謂普通心理學，簡單言之，人的心理學，成人的心理學，常態的心理學也。

新心理學與古心理學　近數十年來，心理學為長足之進步，遂以造成今日之新心理學。新心理學之異於古心理學，其重要之點，在於脫離哲學之羈絆及改良研究之方法。古之心理學者視心理學為哲學之一部，其研究方法專尚內省，而輔以思辨；蟄居一室之中，自省自思，不與外界相接觸，本一己之作用，造一家之學說；其結果遂使極有興味之心理學變成學者神祕之領土，不與常人以共見共聞。新心理學首排斥哲學之束縛，純以經驗為基礎；且遍察眾人之心作用，廣搜博採，以求其所同然。新心理學脫離哲學之束縛，努力以成精確之科學，故今之言心理學者，必曰科學的心理學，以明其非哲學之一部。心理學之得成科學，乃新心理學之第一特色也。而考心理學之所以得成科學，端在研究法之改良。其最重要者有二事。心作用與身體作用關係極為密切。新心理

學有見及此，以研究心身之關係為重要事業之一，凡說明心作用時，必推究及於與此心作用相關聯之身體作用。詮釋心作用時，加以生理學的說明，乃新心理學之第二特色也。近世自然科學之進步莫不受實驗研究之賜。新心理學採用此法，廣置儀器，以從事研究，其所得結果頗為精確，可以數量表而出之。新心理學採用實驗研究法，使心理學益臻於精確科學之域，乃新心理學之第三特色也。新心理學之始祖，或推德人赫巴脫（Herbart）。然赫氏之學尚未全備新心理學之體裁，不過開新心理學之端緒而已。使心理學具科學之體裁者實為浮培（Weber），費西納（Fechner），哲母史（James），馮德（Wundt）諸人，而尤以馮德為現代心理學界之重鎮。

構造的心理學與機能的心理學 近年心理學者之研究心作用，態度頗不一致。試觀心理學之著作，其敘述之體裁，其議論之內容，因人而異，即可以知學者態度之不一致矣。主要之傾向有二：一曰構造的心理學（structural psychology），一曰機能的心理學（functional psychology）。構造的心理學以德人馮德為代表；其研究方法，先分析一切心作用以求最簡單之元素，既得元素之後，更研究此種元素如何結合，以造成種種複雜之心作用。此種心理學以分析心作用而明其構造為主要之職務，故曰構造的心理學。據馮德研究之結果，心作用之元素僅有二種：一曰感覺，二曰感情。機能的心理學可推美人哲母史為代表。此派學者，不以分析為專務，但欲說明心作用之全體具有何種機能。人是一個有機體，與圍繞吾身之外界相對，而時刻受其影響。吾人對於世界諸作用中，順應作用最為重要。當吾人對於外界順應之時，心作用全體究有何種效用，欲說明此種機能此種效用者，機能的心理學也。機能的心理學取日常經驗之心作用，加之詮釋，故讀之者每覺親切有味，興趣潮湧，且易領會。然此派不以分析為務，終不免流於散漫，缺乏系統，自理論上言之，似未有精確的科學之價值。構造的心理學所說，多分析所得抽象之結果，而少實際具體之經驗，故不免遠於實際，乾燥無味，使人有不易領會之嘆。然其議論自簡之複，極有次序，極有系統，

自理論上言之，確有精確科學之價值。

　　智情意三分法　　今人言及心理學，殆無有不聯想及於智情意之三分法者。智情意三分法創自脫吞史（Tetens），後經大哲學家康德（Kant）之採用，遂為學界所推重，流傳以至今日。然此種分法，在現在心理學界，已不甚流行，漸失勢力，終將退為歷史上之學說。人之憤怒恐怖，平時所稱為感情作用者，試細細分析而考察之，此中斷非僅有感情，而絕無其他之要素。不有所怒事物之觀念，則怒無由起，不知危害之切近，恐亦無由起。觀念屬於智，故知平時所稱感情作用，非純粹屬於感情，不過感情為當時之主要作用耳。平時所稱智識意志等作用，非純粹屬於智識，意志亦如之。一切心作用，嚴密言之，既不能一一分屬於智情意三種，則智情意三分法不能當心作用種類的分類，可無疑矣。若以智情意為心作用三種元素，則又與現時之學說不能相符。如前所述，馮德以感覺感情為心作用之元素，其他學者亦多數贊成是說。感覺屬於智，感情屬於情，是心作用之元素只有智情二種，於此二種之外，未有能發現意之元素者。吾為此言，非否定意志之存在。有意作用，人所共有，斷不能否定。但此種作用乃心之複雜作用，非簡單之元素也。故雖承認複合而成之意志作用，不能承認意的元素可與感覺感情並舉者。由是觀之，智情意三分法，在今日心理學界，已不能成立。

第二章
生理的心理學　Physiological Psychology

　　生理的心理學之意義　生理的心理學以研究心身之關係為目的。然說明心身之關係，是研究心作用之一種方法，即是新心理學之一種特色；研究兒童心理學或動物心理學，亦不可不說明心作用之生理的基礎。是故生理的心理學似與兒童心理學等有異，非心理學中特別科目。試觀馮德、拉特（Ladd）等所著書，雖稱生理的心理學，其內容實與普通心理學大體相同。

　　心身之關係　通俗之謬見，以為靈魂可以脫離身體，夢中所見，即是靈魂出游之境。人當生時醒時，靈魂居於肉體之中，人死，則靈魂脫離肉體，肉體雖死，而靈魂不死。於是有靈魂不滅、靈魂輪迴等說，此皆宗教家欺人之談，雖為愚夫愚婦所歡迎，甚非科學所宜許也。心與身關係極為密切，身存則心存，身死則心亦死，此非臆測之辭，有種種事實可以證明之。生而盲者，終生不知有顏色，生而聾者，終生不知有聲音。知有顏色，知有聲音，乃心作用之一部也，盲與聾乃身體上眼耳之疾病也。今以身體上一部分損傷之故，遂以引起心作用一部分之損傷，由此類推，浸假而身體全部受損傷，得不因此引起心作用全部之損傷乎？下述諸節，無非說明心身之關係，試通讀一過，則其關係之密切，當益明瞭。

　　心作用與腦之關係　心作用雖與身體全部有關係，而全身之中，有尤密切之部分。昔人以為心作用與心臟最有關係，一切意識作用皆起於心，故借象形之心字以為心作用之心字。今知不然，身體中與心作用最有關係者，厥惟腦髓。意識作用起於腦，非起於心。頭部受打擊，則

喪失意識，不能知覺，此等常識的事實已可證明心與腦之關係。若更自學問方面觀之，益知此說確實無疑。試取智識異度之動物若干種，一一解剖其腦而比較之，必見智識愈高之動物，其腦愈大，腦之組織亦愈複雜，智識愈下者反此。此種比較解剖學上之事實可以證明心作用之發達必與腦之發達相並行，不能離腦而獨自發達。若施行活物解剖，更可見神經中樞各部——與心作用之關係。試取一活蛙，割去脊髓以上之神經中樞，則蛙雖不死，而動作皆息，平臥於地，不復以前足支持。然若以有害之酸類刺激其皮膚，則前足亂動，欲拂除有害之刺激，以自保護。次取一蛙，兼留其小腦，則於保護運動外，兼能飲食匐匍游泳矣。再次取一蛙，僅去其大腦，則與常蛙無異；有視覺之指導，見有障礙於途，能跳躍而過之，或迂迴以避之；其與常蛙不同者，不過無自發運動耳。心作用之消長與腦髓之去留相比例，觀乎此，益足以見心作用與腦關係之密切。

　　大腦之分業　大腦居腦髓之上部，為高等心作用之府庫，與心作用之關係最為密切。而大腦各部又略有分業之現象，如公司局所然，某司會計，某司庶務，某司書記，各有其專職。故大腦中某部破損，則其所擔任之某種心作用即隨之喪失，猶司會計者死亡，會計之事因以廢也。昔者格爾（Gall）力主此說，以為各種高等心作用皆於大腦中占一定之位置，而大腦之某部特別發達者，其所擔任之高等心作用亦隨之特別發達。且謂大腦之形狀與頭骨之形狀相稱，故揣人之頭骨，即可以知人之性情。格爾據是理以組織骨相學（phrenology），頗為當時學界所歡迎。然格爾之說非有科學的價值。蓋各種高等心作用本係精神元素所合成，作用之形式雖異，作用之元素則同。今大腦各部能營各種高等心作用，是各部均具同樣之元素的作用，豈得復謂之有差別之性哉？格爾詳細分業之說殊不足信，今為一般所承認者，惟有一二感覺之中樞耳。視覺中樞居後頭部，聽覺中樞居顳顬部，此為已確定之事實；其他嗅覺中樞、味覺中樞、觸覺中樞居大腦何部，今日猶多疑義，未能確定。

　　顏色與網膜構造之關係　物之顏色，常人不加細察，以為紅者終

紅，綠者終綠，斷不致隨地變易也。今試略加考察，即知其不然，吾人
凝視一點，目不少動，而手持紅紙小片，緩緩由高處移下。初時離眼
尚遠，吾眼不能見之，略近，但見有灰白之物，而不辨其色彩。更向下
移，初見黃色，繼見橙色，及離眼甚近，始知其為紅色。蓋網膜中之細
胞分內中外三層，而其職掌各異。外層但司光覺，一切物體映於此層
者，不論有無色彩，皆作灰白色，紅紙小片初入眼時，映於此層之上，
故亦作灰白色。中層於光覺外，兼司青黃二色之感覺，故紅紙小片映入
此層時，但作黃色。內層司一切光覺及色覺，故紅紙小片必離眼甚近，
映入此層，始能現其紅色。

餘像與網膜作用之關係　室中有燈，驟然為風吹滅，燈雖已滅，
而數瞬之間，猶若有燈光存在，此種現象，心理學上稱之曰餘像（after-
image）。是故餘像者，刺激滅後感覺遺存之像也。試取一線，繫石片於
一端，而手持他端於空中旋轉之；初轉尚緩，則見小石一片於空中畫圓
形而運動，旋轉甚速，則但見空中有一圓圈，不復辨石片之運動。是蓋
前刺激所引起之感覺，其餘像未滅，而後刺激又繼之引起感覺故也。活
動影戲亦應用是理，其影片各像未必緊接，徒以餘像之故，吾人視之始
有意味耳。至於餘像發生之理由，全在網膜上之生理作用。蓋光線刺激
網膜時網膜中之神經細胞起一種化學的變化；而此化學的變化繼續較
久，刺激雖滅，不與之俱滅，遂以喚起心作用方面之餘像。

錯覺與眼球運動之關係　眼之視物，惟中央一點最為明瞭；而此點
極小，故不得不運移眼球，使物之各部次第投影於此點之上，以補其缺
憾。眼之運動異常迅速，故當視物之際，不自覺其運動。眼球有筋肉六
條；當其左右運動時，各須一筋肉之作用，上下運動時，則各須二筋肉
之作用。左右運動，作用較簡，故用力小，用力小故逸；上下運動，作
用較多，故用力大，用力大故勞。當行路之際，未疲時與既疲時，客觀
上雖同此距離，主觀上頗有遠近之差，蓋逸則覺其近，勞則覺其遠也。
視物之時，亦有此種情景。試畫一正方形於紙上，其四邊明明相等，
而吾眼視之，總覺兩側之邊長於上下之邊，成一長方形。又普通西文書

中之 T 字，其一橫一豎亦相等，而吾眼視之，總覺豎長於橫。此等錯覺純起於眼球運動之不同；視豎線時眼球上下運動，勞故覺其長，視橫線時，眼球左右運動，逸故覺其短。

情緒與生理的變化之關係　心有所羞，則面赤耳熱，心有所怖，則顏色如土，身體戰慄。是心中有一定情緒時，必於身體上引起一定之生理的變化，雖欲強加抑制，亦不易為功。近時學者中，如美之哲母史，如丹麥之蘭葛（Lange），竟以此等生理的變化所引起之感覺為情緒，以為此種感覺之外，別無所謂情緒也。喜則笑，悲則哭，普通之解釋，必謂因喜故笑，因悲故哭；若取哲母史、蘭葛之說以解釋，非因悲故哭，乃因哭故悲也。二氏之說固不足盡信，然亦含有一部分之真理。小兒哭泣之際，蹙眉流淚，狀甚悲傷，及大人拭其淚，舒其眉，掩其口，則哭聲頓止，悲亦消滅。以人力抑制生理的變化時，間接亦得消滅其情緒，雖非必如哲母史、蘭葛所說，生理的變化為情緒之基礎，然兩者關係之密切，則可以此種事實為之證明，而絲毫不容疑者也。

第三章
實驗心理學　Experimental Psychology

實驗心理學之意義　實驗研究是現時新心理學之一種特色，無論研究何種心作用，或是成人之心作用，或是兒童之心作用，或是動物之心作用，莫不欲採用實驗之法。故實驗心理學與上述之生理的心理學同，非有特別之對象，亦非有特別之目的。總而言之，實驗之法通於一切心理學，即如上章所述心身種種關係，亦非加以實驗不能闡明。若必欲強加區別，則實驗心理學一門，可謂以研究實驗方法收羅實驗成績為專職；現時心理學書中特稱為實驗心理學者，大率屬是。

　　實驗者，觀察之一種，而與普通之觀察異。所欲研究之現象本不存在之時，以人力造作條件，故使之起，而後觀察者，是曰實驗。實驗處於能動之地位，其利甚溥。自然的發生之現象，有甚複雜而不便觀察者，吾人可利用實驗之法，分析複雜之現象而使之簡單。亦有現象，發生之機會極少，或雖發生，而隱微迅速，不便觀察者，可以實驗法使之發生，亦可藉機械之力，誌其隱微之性質與迅速之作用。科學上各種實驗，莫不特設實驗之室，特備實驗之器械，心理學上之實驗亦然。今以無精緻儀器足供說明，故但取實驗之用簡單器具或竟可不用器具者若干種，述之如下。

　　溫點冷點之實驗　皮膚與外物相接觸時能知外物之溫冷。然此溫冷感覺之作用，非皮膚全體所同具。皮膚中有細點，密布周身，感溫之點曰溫點，感冷之點曰冷點。外界冷物必與冷點相接觸，吾人始覺其冷，若不能與冷點接觸，雖置之皮膚之上，亦不覺冷。冷點之位置及其分布狀態，可以實驗得之。以溫冷檢查器（temperature-cylinder，無此物

時，用金屬製之細桿如鋼筆頭等代之，亦可。）之尖端置諸冰上，待其既冷而後取出之，手持該器之柄，而使尖端與皮膚輕相觸後，於皮膚上徐徐移行，則吾人有時覺冷，有時不覺冷。覺冷之處即是有冷點之處，不覺冷之處即是無冷點之處。欲檢查溫點，則以溫冷檢查器之尖端置諸熱水之中而使之溫，實驗之法與前相同。據某學者檢查之結果，人之皮膚中，冷點約有五十萬，溫點約有三萬。冷點溫點分布甚密，故無論身體何部均有溫冷之感覺。

觸覺之實驗　皮膚與外物接觸時，又有接觸之感覺。觸覺起時，不徒知外物之接觸而已，雖閉眼不視，亦能知外物之刺激在於身體何部。觸覺之銳鈍各處不一，可以觸覺器（Aesthesiometer）實驗之。觸覺器之構造，與畫圓形之兩腳規（Compass）相同，不過於兩腳之尖端上，裝有小塊樹膠，使其不致過於尖細，有刺痛皮膚之虞。今試以此器兩腳之端同時輕觸皮膚而實驗觸覺之銳鈍；若兩腳之端距離甚遠，則皮膚上當然覺其為兩點，若兩端逐漸接近至於一定距離，則皮膚上但覺一點，不復能辨其為兩點矣。實驗之法，共有兩種。第一種即係上述之方法，初時兩端相去甚遠，逐漸接近，測定其但覺一點時兩端之距離。第二種與第一種相反，初時兩端合在一處，皮膚上當然覺其為一點，乃逐漸伸張兩端間之距離，迨皮膚上能辨其為兩點為止，而測定當時之距離。於全身皮膚上，兼施第一第二兩法，取其結果而平均之，即可以知皮膚各部觸覺之銳鈍。實驗之結果，舌尖最銳，雖僅距一・一密里米突，亦能明辨其為兩點，指尖鼻尖唇等次之，背之中央最鈍，非距六十六密里米突以上，不能辨別。但人之心作用，流動變化，頗難一定，前後所得結果，不免略有差異；故宜多實驗幾次，求其平均之數，始有價值。

重量感覺之實驗　今有綿五斤、鐵五斤於此，同屬五斤，其重量當然相同；然試以手提之，無論何人，必覺五斤之鐵重於五斤之綿。分量本同而感覺必異者，其故何歟？此亦可藉實驗以說明之。今試製圓筒兩個，高低相等，顏色相同，而一大一小，其直徑之差，約當三與一之比例，至其分量，則衡以平秤，使嚴密相等，無絲毫輕重之異。製就後，

使人以手取之，必覺小者重而大者輕；雖明知兩者輕重相等，亦不免有輕重之感。由此觀之，可見人之重量感覺，於客觀的分量外，兼受體積之影響。體積大者，縮小其重量，體積小者，張大之。綿五斤與鐵五斤，分量明明相等，然五斤之綿體積甚大，五斤之鐵體積較小，人因受體積之影響，故覺一輕而一重。

記憶之實驗　近時關於記憶作用，有種種極有趣味之實驗。實驗記憶時，首宜慎擇材料，必各種材料難易相同，所得結果始能精確。德人埃賓好司 Ebbinghaus 所製定之材料，最為巧妙。埃氏取二十六字母，種種配合，造成絕無意味之單節字，如 Wof，baap 之類是也。

以上述之材料，實驗遺忘作用，其結果頗為有味。常人之見解，以為學習初了，遺忘之進行較緩，歷時愈久，則遺忘之速度亦隨以愈增。孰知實驗之結果，正與之相反。於學習初了後僅少之時間內，所忘最多，其後速度漸減，終且無有變化矣。埃賓好司取若干組無意味之單節字，學習若干次，至能背誦為止，乃記下其反復學習之次數；及經過一定時間之後，更取此材料復習之，記其復習若干次，始能背誦如初。取初習與復習所隔之時間及初習與復習所差之次數比較而觀之，即可以知遺忘之度初速而繼遲。茲將埃氏實驗之結果列表如下。

初習與復習所隔之時間（以小時為單位）	0.33	4.00	8.80	24.00	48.00	444.00	744.00
初習與復習所差時間之百分比	44.8	55.8	64.2	66.3	72.2	74.6	78.9

學習之時，反復次數愈多，則印象愈深，記憶愈確，此固極明白之事，不待詳論。然此又有一問題，即同此反復之次數，同時繼續反復與分次反復，孰為有利是也。據實驗之結果，繼續反復其利較小，分次反復其利較大。埃賓好司取十七次所能記憶之無意單節字十二個，反復誦讀共六十八次，過二十四小時後，復取誦之，反復七次，始能背誦。又取同樣之材料，第一日誦十七次半，第二日誦十二次，第三日誦八次半，第四日誦五次，每日均能完全背誦。第一種實驗同時繼續反復六十八次。二十四小時後，復習七次，始能背誦，是六十八次之效

力僅能節省 17 － 7 ＝ 10 次之反復。第二種實驗 17.5 ＋ 12 ＋ 8.5 ＝ 38 次，分屬三日，第四日僅習五次，已能背誦，是三十八次之效力能節省 17 － 5 ＝ 12 次之反復。觀此結果，分次反復之利，已極明白，而況一在二十四小時之後，一在四日之後，其利益之大小，相去不更遠耶？鳩斯脫 Jost 亦言：二十四次之學習分為三日，每日八次，不若分為六日，每日四次，更不若分為十二日，每日二次。

第四章
變態心理學　Abnormal Psychology

常態與變態　常態的心作用與變態的心作用，其區別安在，欲於二者之間，設一精密之界限，殆不可能。常態之移於變態，乃漸進的而非突進的，易辭言之，即兩者之差異，不過程度上之差異耳。取極端之現象而觀察之，其為變態與否，固極易明，然亦有現象，為常為變，頗難辨別。心理學上有所謂錯覺者，知覺之性質與實物之性質不相符合，又有所謂幻覺者，外界明明無是物，而恍惚見之。此等現象，果屬常態乎，將屬變態乎？精神病者固多錯覺與幻覺，平常健康之人，絕無精神病痕跡者，亦多少有之，如前二章中所述，正方之形視之若長方形，輕重相等之物，覺小者重而大者輕。此等視覺上重量感覺上之錯覺，無論何人，均不能免。幻覺之起，雖較少於錯覺，然心身疲勞時，感情激揚時，或飲酒服藥之後，亦往往有之。至如神經敏活之天才，則雖無上述之特別情形，於普通狀態，亦常有幻覺。昔笛卡兒 Descartes 以講學之故，獲罪宗教，被執入獄。及出獄後，常聞有人呼於後曰：「探究真理，勿撓勿懈。」由此觀之，常態與變態固無精密之界限，不過比較的以區別之耳。

夢　夢是近於常態之變態現象，亦是一時的變態現象。夢於初民社會及現今之通俗社會上有極大勢力，不特夢時以夢為實事，醒後亦以夢為實事，且以之為神祕的預言，於是起種種迷信，遂有藉夢中所經歷者以指揮己身之行為。如耶教聖經所載，約瑟 Joseph 聘妻馬利亞 Mary 有孕，約瑟暗思離婚，夢見天使告之曰：「汝妻有孕，因受聖靈感動，生子救人，汝毋疑懼。」約瑟醒後，遵天使命，娶馬利亞。此種傳說真足

以代表愚民之迷信。愚民因有此種迷信，遂以為靈魂可以脫離身體，出游於外，夢中所見聞，即是靈魂出游之境。宗教家復利用之，遂以造成種種荒誕之說。

　　夢境之起，大抵在半睡半醒之時。學者中或有主張自睡迄醒無時無夢者，其言曰：人初醒時，試仔細追思，必方在夢境。熟睡之他人，試喚醒而問之，亦必正在夢境。以此知自睡迄醒，無時無夢，不過醒後忘之耳。此說似非精確。蓋自熟睡移於醒覺，必經過半睡半醒之狀態；將醒之際及被喚而醒之際，正是半睡半醒之狀態，其方在夢境也，宜也。若謂將醒方夢，故可逆溯從前亦必有夢，似非確論。勞動者終日勤勞，睡時又少，頭一著枕，即酣聲大作，天明始醒；睡極濃，故少夢。罹神經衰弱病者睡不能濃，夜中屢醒，故夢尤多。

　　夢境之起，必有原因。原因有二種：一為外界之刺激，一為內界之刺激。茲先述第一種起自外界刺激之夢。人雖就寢，而周圍之刺激未嘗或息，錶之聲音，物之香臭，被褥之接觸，皆外來之刺激也。半睡半醒時，心作用已大衰退，故不能認識刺激之真相，但能引起一種錯覺而張大之而已。聞壺水漏下之聲而夢大雨，頭偶脫枕，夢墜入深谷，皆是類也。毛利 Maury 嘗用實驗之法研究夢因，以鳥羽拂睡者之口鼻，拂畢乃喚醒而問之；其人謂夢見有人以油漆塗其面，極欲拒之，未能遂願，卒至滿面受傷。或以香水置於睡者之鼻側，其人醒後，謂夢入溫室，百花怒放，異香撲鼻。此等實驗，皆外來刺激引起錯覺以造夢境之證也。夢之端緒一開，此後皆依觀念聯合之法則以進行。例如夢中聞壺水漏下之聲而誤為大雨，因憶及某日大雨，方與友談天，又想及身受雨淋，極易生病，因病及醫，因醫想及德國之醫學最發達，因德國想及歐洲之大戰，因大戰想及法國，因法國想及那破崙。此不過聯想之一列，醒時知其為吾心之聯想，非外界現有之境，且能一一區而別之。夢時心作用已大衰退，所聯想之諸觀念合成混沌之一體，不復能一一區別，且取所聯想者投之於外，視為現有之境，以成幻覺。是故假有上述聯想之一列，必夢見某友得病，請醫珍視，忽而病室變為戰場，某友變為那破崙親率

士卒，與德人交戰矣。夢境之離奇而不合於理，大率類是。誠以心作用大半休息，無力統一，亦無力以辨真偽，遂以錯覺幻覺為實事，而不自覺其離奇。

第二種夢起自身體內部之刺激，血液循環，消化，呼吸等作用所引起之有機感覺皆足為夢之原因。「甚飽則夢與，甚飢則夢取」，即是類也。手交於胸，往往夢魘，迷信者遂有魘貓魘鬼等說。實則胸為手壓，呼吸費力，故有可怖之夢境耳。有時夢中得某病，醒後數日果患此病，迷信者遂謂夢能預言。其實內臟之中早伏病根，醒時心緒紛繁，隱微之事未及自覺，夢時心地清閒，遂能感覺之，且能張大之以為病，故與後之事實合耳。亦有腦髓中樞自發刺激以造夢境者，此可歸入第二類。夢境起後，生種種幻覺，離奇而不合理，與第一種夢全同。

夢境雖極離奇而不合理，然夢之材料無一不出自過去之經驗；不過取材於各方面，混合以成一體。形式既異，遂若素未相識；或醒時本不能記憶之事，夢時偶憶及之，遂謂為非過去之經驗。試取夢境詳加分析而追究之，當知夢之材料無一不出自過去之經驗。豆爾卜夫 Delboeuf，熱心研究夢學者也，某夜夢見羊齒（植物名）之下有許多蜥蜴，醒後猶能記憶植物學上羊齒之學名 asplenium ruta muralis。豆氏對於植物學本無充分之智識，極難記憶之學名更非其所知，而夢中所見極為詳明，乃取植物學辭典檢查之，僅末字 muralis 是 muraria 之誤耳。極難之學名何以忽於夢中經驗，豆氏探索其故，終不可得。其後十六年，無意之中發現其原因。豆氏一日於友之案頭，見有一冊，揭而視之，中藏羊齒之乾葉，與夢中所見者正同，下署 asplenium ruta muraria，乃豆氏親筆。豆氏見此大驚，細細追思，始記起於做夢前二年，友人之姊妹採集植物，以為旅行紀念，使豆氏於植物下一一記其學名。

催眠狀態　催眠狀態亦是一時的變態現象。催眠術發源甚古，初民社會已極流行。以學問的態度研究催眠現象，是十九世紀以來之事，前此所未有也。關於催眠現象之本質，有二種異說。一為削而可 Charcot 之學說，以為可以被催眠者，必其精神上或身體上有異常之點，極健康

之人不能催眠。與削氏學說反對者，為培倫哈母 Bernheim 之說，以為健康之人，亦可利用暗示，使之入於催眠狀態，非必病人始能催眠也。二說之中，似以培說為是。因實驗之結果，精神健全者大多數可以催眠，而精神異常缺陷者有時反不能催眠故也。

催眠術者往往故神其技，謂無論何人皆可催眠，即有心懷抵抗者，亦可施強迫的催眠術，引之入於催眠狀態。此種議論乃術者誇大之言，非事實也。大凡對於催眠術有信仰，且對於術者有信仰者，始能催眠。男子與女子相較，女子易起信仰之心，有教育者與無教育者相較，無教育者易起信仰之心，故最易催眠者，厥惟女子與無教育者。對於術者懷抵抗之意或輕蔑之意，以為若爾者豈能催我，又或對於催眠術懷研究之心，試看術者如何催我，若此類者均不能催眠。入催眠狀態後，一惟術者之暗示是從。術者謂汝臂伸直，不能復屈，則被催者之臂果不能屈。或術者以針刺指，而告之曰：「汝指無痛。」則被催者果不覺痛。此等現象似甚奇異，然細按之，平時亦有此等情事，殊不足怪。哲母史有言：吾人熱心專念一事，而無他觀念以亂之；念之摯切，則所念之事自能發現。不過平時心緒雜亂，一觀念起時，往往有他觀念以阻之，故所念之事不易發現。然危急之際，如鄰家火災，勢將延及，箱篋極重，本非獨力所能攜者，亦能攜之裕如，毫不覺重，事後思之，有若神助。蓋危急之際，但念此物不可不攜出，無暇念及獨力能攜與否，故能攜之出也。入催眠狀態後，雜念盡消，聞術者之暗示，則但以此為念，更無他觀念以亂之，故術者之暗示皆能奏效。

施行催眠術，有種種方法。或持有光輝之物體，使被催者仰視，或取錶置於耳側，使之靜聽，或以兩手徐徐撫其身體；為法雖異，其理則一，無非欲固定被催者之注意，以導入催眠狀態耳。既入催眠狀態後，術者得以暗示之力，變化被催者之精神狀態。變化之最顯者，莫若感覺上之現象與記憶上之現象。

催眠時感覺上之變化亦有種種。術者用相當之暗示，可使被催者之感覺機關喪其感覺之力。例如以針刺被催者之皮膚，而與以無痛之

暗示,則被催者毫不覺痛。又有與此反對之變化,被催者之感覺力亦可因暗示而增高。例如極微之音,平時所不能聞者,術者若施以能聞之暗示,被催者亦能辨別。催眠術之暗示又可引起錯覺與幻覺。置白紙於被催者之眼前,而告之曰:「此某君之照相也。」則被催者果對白紙之上見某君之照相。或某君雖在室中,告被催者曰:「某君已去。」則被催者張眼熟視,不見其人;試於是時問以室中共有幾人,則其所答之人數必較實際少一人。

關於記憶之變化,亦有種種奇妙之現象。平時所既經遺忘斷不能想起者,如幼年所經歷之事,催眠中得以暗示之力使之想起。又催眠中所見所聞之事,醒後大抵不能記憶,而第二次催眠時,則又能憶之。記憶變化中之最奇妙者,莫若催眠後之暗示。當催眠時,術者告被催者曰:「自今日起二星期後,汝可往某洋貨店購香水一打。」被催者醒後,並不記憶術者之暗示,而日期一到,即如言往購。香水或非其人之必要品,某洋貨店又或甚遠,而猶特地往購,且不自知其所為之不合於理。

術者之暗示,如上所述,可及影響於催眠之後,則術者似可利用暗示役,役被催者如奴隸,指揮如意,而可以為所欲為矣。例如術者命之行竊,或命之毆人,似皆可於催眠後發生效力。然徵之實際,暗示之力雖大,若有損被催者之人格,則被催者心中亦必起反抗之觀念以阻之;即被催者所認為非禮之事或不法之行,雖有暗示,亦不能實現。利用催眠術使人犯罪,固非絕無之事,然此種犯罪行為之所以起,必其人本有犯罪之素質,雖不受術者之暗示,亦易犯罪,若人本正直無犯罪之素質者,暗示必難奏效。

精神病 精神病是比較的永續之變態現象。精神病可分兩種。第一種精神病起自身體上某部分之損傷,而尤以腦中之損傷為最重要原因。第二種精神病以精神方面之障礙為主要原因,身體上之障礙不甚顯著。歇斯推里病 hysteria 屬於第二種。此病甚為奇妙,其實質如何,雖專門之醫者亦未易言。患此病者,有種種徵候。例如其人本喋喋多語,忽噤口不發一言;或其人胃口本好,忽拒絕食物,滴水粒米不肯下咽;或本

與某人甚親熱，忽一變而冷遇之，酷待之。一言以蔽之，感情激劇之變化，乃歇斯推里病主要之徵候也。昔人視歇斯推里病為惡鬼蠱惑之結果，故其治療方法極為殘酷，以為非加殘酷之待遇，則不能驅逐惡鬼，而病亦未由愈也。

患歇斯推里病者往往發現人格變換之現象。此種現象固不限於患歇斯推里之時，利用人工之催眠術，亦可引起。人格變換亦有程度深淺之不齊。俾納 Binet 書中有可以為模範之實例，節引如下。法國某地有女名佛利大 Félida，十三歲時，已略現歇斯推里徵候。及十四歲，往往頭痛甚劇，陷於昏睡之狀態。病初起時，約一星期一回，每次昏睡約十分鐘，其後病勢加劇，每日必發。有時正值縫衣之際，忽覺頭痛，頭即垂下，約昏睡二三分鐘始醒。醒後，其人之精神狀態忽然一變，舉頭張目，恍若新入此室，對於同室之人含笑為禮。佛利大性質本甚憂鬱，及昏睡之後，人極活潑，笑語謳歌，似甚歡樂。如此若干時，忽又垂頭昏睡，二三分鐘始醒，醒後，復為佛利大如初。前此謳歌甚歡，今雖強之，不復能唱，前此所經歷之事，至此不復記憶。前後兩狀態雖居一體，宛若別人。若以普通狀態為第一人格，則昏睡後之變態可稱第二人格。第一第二兩人格之間，全無聯絡，入第一人格時，不能記憶第二人格所經歷之事，入第二人格後，亦不能記憶第一人格之經驗。兩人格間之無連絡，有種種事實可以證明，其最奇者，莫若懷孕一事。佛利大居第二人格時，與人有私，因而懷孕，而第一人格不知焉，但謂患病而已。其後旁人告之，始大驚駭。佛利大初病時，病的狀態（即第二人格）之期間極短，不過一、二小時而已。其後病態逐漸延長，至二十七歲之時，第一第二兩人格之時間約略相等。其後變態更久，常態更暫。佛利大自身亦反以常態為變態矣。三十二、三十三歲時：第一人格為時極短，且不常起，每二、三星期，始一入第一人格之狀態，其繼續時間亦不過數小時而止。兩人格之轉移，即昏睡狀態之期間，初病時須費十分鐘之久，其後漸次減短，至是時僅須數秒鐘功夫，故旁觀者亦不覺其人格之轉移。

　　上述之例，為永續之變換，亦有一時偶起之變換，如俗所稱鬼迷，胡言亂語，醒後毫不自覺者是也。

　　人格變換之事何自起乎？迷信者流必以鬼神謬說為之解釋，在近今科學視之，雖不借鬼神之談，亦儘有說明之餘地。昔人謂人之心作用無一非意識作用，其實心作用之範圍大於意識作用之範圍，儘有是心作用而非意識作用者。變態心理學家稱此種作用曰下意識subconsciousness。下意識之內容非意識所能知，故在意識視之，純屬無意識之作用，然在下意識視之，則又意識的作用也。在平常健康之人，意識作用占據心作用之舞臺，統一堅固，勢力充實，故下意識終生潛伏，不能一露頭角。若其人之意識實力不充，不足以壓服下意識，或其下意識之作用結成有系統之團體，足與意識抗衡，於是兩相競爭，此起彼仆，乃有人格變換之現象。

　　本是統一之人格，有時因故分裂，喪其統一，易辭言之，即人格之某部忽離群而獨立也。某部既獨立後，遂自成一體，自有活動，不復受普通人格之指揮。患歇斯推里病者往往有此等人格分裂之現象。患者之手或足，有時忽喪其感覺，雖刺之不知痛，抓之不知癢。試細檢其神經，則又無何等之異狀。今若對於此種患者，施以實驗，約略可見人格分裂之現象。假定患者之右手喪失感覺，則於右手與眼之間，置一物為屏，使患者不見其手，乃納鉛筆於手，使握之。右手本無感覺，故雖握筆，或竟握筆寫字，患者亦不自覺。設備既竟，乃伺患者方與人熱心談天，心有所專注時，以針刺右手三次。針刺甚輕，加以注意甚專，雖在尋常狀態，亦不易覺，而況右手本無感覺者。乃患者受刺三次之後，忽以手中所持之鉛筆，於白紙上書一「三」字，若刺五次，則書一「五」字。若於患者之耳畔，低聲有所質問，患者雖未聽明，而無感覺之手於紙上作答。觀此諸例，可見患者一身之上同時有兩個人格，談話人格與寫字之人格各自獨立，不相干涉。

第五章
差異心學理　Differential Psychology

差異心理學之意義　人之心作用雖大體相同，若語其細點，則又各異，所謂「人心不同各如其面」也。茲所云差異心理學者，注重各人心作用差異之點，欲闡明個人心作用之特色，因以規定精神上之種類者也。從來之心理學專以普通心理學為主，即專以研究個人心作用同具之法則為主，於個人差異方面，不甚注重。近時發現此弊，乃思研究差異心理學以補救之。然此學研究之日尚淺，未有充足之材料。此所述者，不過普通心理學所既研究，而特與個人差異有關係者耳。

感覺之差異　視覺聽覺等感受之力，人各不同，是極明白之事實。關於視覺方面言之，盲者全無視覺，是可稱視覺上無能力者。亦有雖不至於盲，而不能辨別顏色，所謂色盲是也。色盲之中，有全色盲與部分色盲之別。患全色盲者，一切顏色皆不能見，若以有彩色之畫置之眼前，但見濃淡異度之灰色而已。部分色盲中如紅綠盲，能見青黃等色而不能見紅綠，如青黃盲，能見紅綠而不能見青黃。患全色盲者雖不常有，患部分色盲者似頗不少。亦有雖非色盲，而對於顏色種類之區別，顏色濃淡之區別，其辨別力甚者。

聲音有高低之區別：高者尖銳，低者宏亮。自外界之刺激言之，高低均無限制，自內界之感覺言之，則有一定界限，過低與過高者，均非耳所能聞。而各人所能聞之度頗不一致，大抵年老之人不能聞高音，然亦有年紀尚輕，而對於高音之感覺異常遲鈍者，如史克立伯區 Seripture 書中所引，美國某雜誌記者不能聞小鳥之聲，以為「鳥啼」云云，不過詩人之形容，猶「花笑」之類也。有名之音樂家，其聽覺必銳敏，甚高

之音，常人所必不能聞者，彼亦能聞之。

記憶力之差異　個人記憶力之差異，甚為顯著。自記憶之遲速，保存之久暫，再生之確否各點言之，莫不有種種區別。關於遲速久暫，近有應用實驗的檢查，而分為下列四類者。（一）記憶甚速，而遺忘亦甚速者。（二）記憶甚速，且保存甚久者。（三）記憶雖遲，而善能保存者。（四）記憶既遲，又不能長久保存者。四類之中，屬於第一類第三類之人最多，屬於第二類第四類者甚少。蓋屬於第二類者實是天才，屬於第四類者則近於變態。

個人之中，又有異常善憶及異常善忘之人。昔希臘人塞米司脫克來司 Themistocles 認識雅典全市之人，能一一道其姓名而不誤。雅典市雖小，人口雖寡，然亦必有二三萬人，塞氏能一一道其姓名，可謂善憶者矣。《鷃林子》載「儀同三司左僕射劉臻……世事多所遺忘。有劉訥者，亦任儀同。……臻住城南，訥住城東。臻嘗欲尋訥，謂從者曰：『汝知劉儀同家乎？』從者不知尋訥，謂臻還家，答曰：『知。』於是引之而去。既扣門，臻尚未悟，謂至訥家，乃據鞍大呼曰：『劉儀同可出矣？』其子迎門，臻驚曰：『汝亦來耶？』其子答曰：『此是大人家。』於是顧盼久之乃悟。」至家不悟，可謂善忘之尤者。

記憶想像之差異　一個觀念成自若干感覺之結合，例如汽水之觀念中，有甘味之感覺，有香氣之感覺，有冷之感覺，有顏色之感覺，有汽水注入杯中時之聲音感覺，有喝汽水之運動感覺。然則當吾人記憶汽水之時，或想像汽水之時，何種感覺之印象浮於吾心，使人藉以記憶想像乎？據高爾騰 Galton 之研究，記憶想像時所喚起之印象，人各不同，約略可分為三類。

第一種曰視覺類。人之屬於此類者，當記憶想像之時，其所憶所想事物之形狀色彩，歷歷於心，恍若目睹。例如心中暗算加十五於十八等於三十三，則十五、十八、三十三等數目字之形，恍若印刷於空中，目能一一辨之。又如想起某書中之某句，則書之某頁某行皆出現於目前。此類之人，舉一切之記憶想像，可以形之於視覺者，皆以視覺表而出

之；即有非視覺的性質之思想，亦必形之於視覺，以便領悟。

第二種曰聽覺類。屬於聽覺類之人，當記憶想像時，專以聲音之印象為助。其讀書也，書上所印刷者，雖屬文字之形，然其深印於腦而深入於心者，則為文字之音。藉文字之音以理解，亦藉文字之音以記憶。當其暗算也，加十五於十八等於三十三，一一數目恍若於耳畔作聲，乃借數目之聲以算之。

第三種曰運動類。屬於此類之人，大抵藉運動感覺或觸覺之印象，以營記憶想像之。例如暗算之時，書寫數字時指之運動感覺，於心最明，乃藉此感覺以演算。人之既聾且盲者，既不能聽，又不能視，當然不得不屬於此類。

三類之中，對於記憶想像等作用，何類最為有益，頗不易斷定。蓋三者各有所宜，如有名之美術家大抵屬於視覺類，有名之音樂家大抵屬於聽覺類。強聽覺類之人以研究美術，必事倍而功半。故孰優孰劣，似不可作概括之論。個人之中，固有專屬一類，以某種感覺為主者，然大多數之人，則混屬各類，無所偏頗。此種混屬各類者，可稱之曰雜類，或曰不定類。

注意之差異 有人對於己所欲注意之事，能熱心注意，歷久不懈。因注意甚專，注意之範圍甚狹，故他事絕不能牽動其注意。此類之人，處於眾聲嘈雜之中，猶能讀書作文，心志專一，絕不以嘈雜為苦。有與此相反者，方欲注意一事時，偶有他種刺激，雖甚微弱，注意即為所牽動，散漫而不可收拾矣。此類之人，方讀書或作文時，如鄰室有人談話，注意即為談話所牽引，不復能收束心思，繼續其事。

心理學上有時分注意為對於感覺之注意及對於思想之注意兩種。此種分類雖非得自差異心理學研究之結果，而與個人之差異相應。有人能於一日之間，常注意於心中所起之思想者，亦有不能注意思想至數秒以上，而終日生活於感覺知覺等之精神界中者。設有此兩類之人甲乙二人同行市上，則甲對於可見可聞之事，毫不注意，殆若無所聞見，乙則一一注意及之，歸後猶能為人詳述所見所聞之事。

被暗示性之差異　有人對於一切暗示，務作消極的反應，易言之，即反抗性甚強，務欲反人之所言也。例如有人告之曰：「此是黃金所製。」必反對之曰：「安得有金製者，不過銅質而已。」亦有對於言語境遇等所與之暗示，一一承受毫不挾疑者。此類之人，雖對於不合理之事，亦多盲從。被暗示性之強弱似與智識之高下頗有關係，智識高者大抵被暗示性較弱；智識低者較強。然絕無智識之人，亦有反抗性甚強者，故亦不可作概括的斷定。

氣質之差異　自古希臘以來，氣質分為四種：一曰多血質，二曰膽汁質，三曰神經質，四曰黏液質。古人以為人之身體中有四種物質，因其混合之比例不同，乃生四種氣質。此種生理的基礎，在今日觀之，固屬誤謬，然所分氣質尚與事實相符，故今日猶沿用之。

多血質即才子派也，秉性活潑，舉動敏捷，乃其長處。然無忍耐之力，稍久即弛，是故極其弊也，則輕舉妄動，而無毅力。

膽汁質能耐久，不輕躁，一旦決心所欲行之事，必行之而後已；其弊在剛愎自用，傲慢不恭。

神經質之人工愁善病，歌哭纏綿，臨事乏決斷之力；然智力秀逸，想像豐富。騷人墨客大抵屬是。

黏液質不易為感情所激動，亦少感情之變化，故舉止安閑，能審察利害而後行；其弊在卑屈而無敢為之氣。

第六章
兒童心理學　Child Psychology

研究兒童心理學之目的　兒童心理學乃發生的心理學之一種，研究兒童心狀態逐漸發達以底於成人心狀態之徑路者也。一切現象莫不自極簡單之狀態發達以成極複雜之狀態，心作用亦然。發達有兩種：一為種族發達，一為個體發達。兒童心理學乃研究個體發達者也。研究兒童心理學，不特可以明心作用發達之次序，成人之複雜心作用，為普通心理學所不易分析而說明者，亦可藉兒童心理之研究以闡明之。例如方向與距離，常人以為一見所能知者，其實非視覺單獨所能知，必視覺與運動感覺兩相聯合後，始能知之。試觀小兒初生，視覺與運動感覺尚未聯合堅固，目見某物，心欲取之，而兩手但知亂動，不知伸手向某物；或某物所處甚遠，斷非伸手所能取者，而小兒亦張臂作欲取之狀。觀此現象，可知方向與距離，非視覺單獨所能明辨者也。

兒童之時期　兒童心作用之發達，約略可分五期。第一期曰胎兒期，即兒童居於母胎之時期。第二期曰嬰兒期，自初生至滿三歲止。第三期曰幼兒期，自滿三歲起至滿十歲止。第四期曰少年期，自滿十歲起至十五、十六歲止。第五期曰青年期，自十五、十六歲起至二十五歲止。

胎兒期及嬰兒期　胎兒之心狀態極簡單，極混沌，然感覺作用似已略存。感覺作用中有所謂有機感覺者，非起自一特定之感官，乃身體中內臟等所合成之感覺，如適意或不適意時之感覺是也。胎兒之內臟等機關已能作用，故必有適意不適意之感覺。受胎百二十日後，有胎動之現象，既能運動，必有運動之感覺。母腹與冷物相接觸，則胎兒動，是又

胎兒能感冷之證據也。

　　欲知嬰兒之心作用，由其發表於外部之運動而推測之，最為便利。運動複雜，則心作用亦複雜，兩者之發達殆相並行。初生之兒，其運動極為簡單，不過有吸乳運動嚥乳運動哭泣運動而已。此外又有手足亂雜之運動，此種運動雖屬無意識的，然非必反應外界之刺激而起，殆自發的運動也。初生兒之運動既簡單若是，其心作用之簡單當可想見。其後運動漸正確，漸能隨意調節，以伸縮筋肉。筋肉之運動發達，則意志作用亦隨以發達。兒生一年之後，模仿作用漸現，見人有所動作，必仿行之。因能模仿，故漸能學語，至滿二歲時，大抵已能言語。至滿三歲時，有極大變化，即記憶作用漸就正確是也。滿三歲之前，所受外界之刺激，均不能保存，故常人追思幼年之事，滿三歲以前之經歷，均不能記憶。

　　幼兒期及少年期　　入幼兒期後，好奇心異常發達，愛珍奇之物，好變化之事。好奇心起，研究之心亦隨以盛，無論何事，必欲窮其究竟。幼兒往往毀其玩物，欲自行改造，即研究心漸次發達之證也。遊戲之事亦甚發達，於玩具外，更取瓦片石塊等物充遊戲之具。而男女遊戲之方法，頗不相同。男子取杖置胯間，作乘馬之遊戲，或削竹作弓箭，作射獵之遊戲。女子則撫弄泥娃，作育兒之遊戲，或摘草置瓦片上，作烹調之遊戲。蓋遊戲者，預使兒童練習人生必要之事，使他日可以應用。男女之事業不同，故其遊戲亦異。幼兒初期，想像力已發達，可於遊戲時見之。遊戲時往往無人在旁，而幼兒獨自說話，彷彿與友人對談；以無為有，空想甚多。荒唐無稽之空想，至幼兒期之終，漸就衰退，因智識已高，漸知此等事為理所必無，其所想像，漸能接近事實。道德的意識亦萌芽於此時，雖己所極欲得之物，以屬於他人之故，勉自抑制，不敢任意攜取。此種意識大抵起於三歲左右，至六七歲益顯。記憶力亦甚發達，但屬於機械的記憶，非能訴之推理以記憶也。機械的記憶，至少年期終，達於絕頂，入青年期後，漸能訴之理論以記憶。少年期內，女子身體之發達優於男子，入青年期後，則男子之發達較優。

青年期　入青年期後，身體上思想上均有激劇之變化，偶一不慎，易致墮落。故青年期為人生最危險之時期，善惡正邪，皆判於此。青年期之所以危險，有種種理由。（一）肉體上各機關發達之結果，情慾作用亦隨以現；情慾作用之出現，危險之一原因也。（二）自我意識逐漸發達之結果，於道德上，遂欲出他律而入自律。青年期以前，懾於外界之制裁，不敢為所欲為，故但求父母師長監督得宜，可以無危險之慮。入青年期後，欲以一己之理想作行為之標準，不甘服從父母師長之監督指揮；此亦足以引起危險之一因也。（三）此時期內，思想與感情均有激變，或不免對於人生問題宇宙問題等，引起種種煩悶。煩悶之結果，或流而入於悲觀，入於厭世，此亦危險之一因也。（四）人之本能至青年期而完成。本能之中固有生而即現者，如吸乳本能是也。然一切本能至青年期始全，從來未出現之本能，至此時期亦必出現一次。

本能　常人有言：動物依本能而動作，人類依理性而動作。玩其語氣，一若人類可以脫離本能之束縛者。其實不然，人類所具本能之數極多，雖高等動物如猿類，其本能之數猶遠不及人之本能也。成人之本能所以不易辨認者，以本能之數極眾，互相牽制，遂不現其真面目耳。本能之發現是一時的，及時使之發達，則可永存於後日。若摧殘其萌芽，抑制其發現，則日後雖欲其發現，不可得矣。例如遊戲本能，兒童時極盛，教育者正宜利用之，使之作種種運動，如拍球競走等事，以補助體育。兒童時養成運動之習慣，則雖成人之後，亦好運動。彼歐美之人，雖白髮老翁，猶奔馳球場，作拍球之戲。運動多，故身體健，身體健，故事業多。本能之有益於人生，即此可見一斑。中國之舊教育家，方兒童遊戲本能發現之時，刻意拘束其身體，箝制其行動，取遊戲本能之萌芽摧殘淨盡而後快。是故受舊教育者，若見西方老翁奔馳拍球，必且譏其猶有童心，豈肯尤而效之。即使成人之後，漸能醒悟，知運動之有益，不可以不仿行；然本能發現之時機已過，明知其理，不能遵行，即或勉強行之，不數日而輟。寶貴之萌芽早經斬除，更安望其發生與長成？是則舊教育害人之罪，吾輩身受其害者不得不切齒痛恨也。要而

言之，本能之發達首尚圓滿，不可偏頗，所謂受完全之教育與否，質言之，即本能之發達圓滿與否之謂也。受完全教育者，當其在兒童時代，身體上精神上趣味可以發生之際，教育者必授以適當之事物，以喚起之，或以實物，或以遊戲，務使不誤時機，以遂其發達。故成人之後，對於人間一切之生活，能以一身而兼味其真意。未受完全教育之人，在兒童時代既失寶貴之機會，成長之後，遂不能復具圓滿之趣味。是故有教育之責者，宜慎加注意，毋失寶貴之機會，卒以教人者害人。

對於某種事實，本有種種本能可以發現；若某本能發現最早，則先入為主，足以制止他種與之相反之本能。例如兒童對於犬，本可發現愛撫及恐怖兩種互相反對之本能。若兒童初遇犬時，為犬所咬，或聞犬吠而驚，對於犬既有恐怖，則不復敢愛撫矣。是故當本能發現之際，教育者宜慎察對於某種事物宜有何種本能，設法喚起適宜之本能，亦教育上所不可忽者也。

本能雖屬人之固具，然人之所固具者僅本能之形式，非本能之內容也。本能之內容大抵得自後天，故因人之際遇而有異同。例如就恐怖本能而言，恐怖之情緒及若干普通之內容為人人所同具外，其特別之內容，則不必盡同。或於幼時多聞鬼怪之談，因而畏鬼，或於幼時身遭覆溺之慘，因而畏水，其遭遇不同，則所畏亦異。又如社交本能亦人人所同有，而本能之內容則人各不一。或與用功者為友，或與荒嬉者為伍。本能內容得自後天，故可利用之以向有益之方面，亦可惡用之以向有害之方面，誘掖防止，是亦教育者之責也。

第七章
動物心理學　Animal Psychology

動物心理學之目的及研究時之注意　動物心理學亦是發生的心理學之一種，取種種動物之心作用比較而研究之，且與人之心作用相比較。動物心理學比較各種動物之心作用，故亦名比較心理學 Comparative Psychology。昔人重視人類，以為人類與動物截然不同，兩者之間，有不可逾越之界限。近世有名哲學家笛卡兒 Descartes 亦持此說，謂人類以外之動物不過一巧妙之機械，惟人類始有心耳。此種見解，顯屬誤謬。人類與人類以外動物之差異，非根本之差異，乃程度之差異耳。自進化論發達以來，心作用之發達已成極明白之事實。吾人類複雜之心作用，乃自動物之簡單心作用發達而來，故研究動物之心，亦可藉以知吾人類心作用之原始狀態。

動物之心，非研究者直接所能知。研究者但能觀察動物之動作，據以推測內部之心作用而已。此種研究法，心理學上謂之外觀法。外觀法以類推為根據，而類推之正確與否，以所類推者差異與否為標準。差異少者，類推較確，差異大者，正確之度亦隨以減。人與動物，雖根本相同，然程度上之差異甚大，故據動物之動作以推測動物之心，或不免有不甚正確之弊。是故研究動物心理之時，研究者尤宜慎重，不可作輕率之推測。

動物之意識　一切動物咸具心作用，今日已成不刊之論。至於意識，則非一切動物所咸具。蓋意識作用與心作用，一狹一廣，範圍不同，故有是心作用而非意識作用者。高等動物如牛馬犬貓，一觀其動作，即可以斷定其必有意識。下等動物如單細胞動物，亦可斷其必無意

識。上下兩極端，一有意識，一無意識，既極明白，則動物進化之時，究竟進化至何種階級，始有意識發生乎？易言之，即有意識與無意識之界限，果何在乎？意識之界限何在，今日猶未易斷定。蓋吾人研究動物，僅有外觀一法，就其顯著者而察之，有無固易辨別，就其不顯著者而觀之，則有無極不易辨。

　　動物意識之有無，究以何事為標準，學者之間，尚多異議。近時最普通之見解，以能學習與否為意識有無之標準。撲火之飛蛾，屢次飛至火側，不知自悟，終死於火：若此者可謂無習學之能力。鳥啄花子，因味苦而吐出，如此經驗兩三度後，見有同形同色者，不復啄之，可見鳥有過去經驗之記憶，且能利用過去經驗之教訓，以制止當今之動作。鳥有學習能力，故有意識。

　　動物能學習與否，可以實驗證明之。然實驗者所設之問題，必動物力所能解者始可。三歲之嬰兒不能了解平方立方之理，不得因此遂謂之不智，對於動物亦然。若設過難之題，動物力有不逮，不能解釋，遂斷其不能學習，無有意識，則不免造成誤謬之結論。實驗法之最通行者，取動物閉置籠中，使之餓極，然後與以食物；然動物欲取食此物，非伸手即可取得，必經過一層難關，如解去縛結之類，然後可得。當動物初遇此難關，智識不足，自非一見即能解釋，然以食慾其熾，必欲取食而後已，故不免作種種亂雜的無意味的運動。而種種運動之結果，偶然僥倖成功，遂得取而食之。第二次復如前法實驗，試觀動物之解釋此難關，能較前次略容易否。如實驗回數愈多，亂雜的無意味的運動愈少，及若干回後，居然一見即能解釋，則動物此種學習即可謂為完成。

　　華德生 Watson 之實驗　以薄木片造一迷路盤，正中一格置食物，自入口起至置食物處止，以木片為界，造成種種歧路。下圖為迷路盤之平面圖，觀此可以知盤中有不可通行之路，亦有通行一過仍歸原處之路。今以餓極之鼠放入盤中，鼠必奔馳往來，搜尋食物。自初入盤至幸而達其目的時為止，迂迴往復，不知費卻幾許氣力。然第一次成功之後，二次三次相繼於此盤中覓食；其所費時間逐漸減少，大約十五回或

二十回後，已能記憶正道，一入口即以全速力奔赴食物處，不復迂迴往復，空費時間矣。

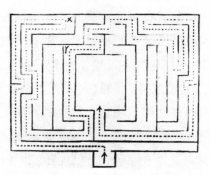

點線所示是自入口至食物處之正路

　　鼠於學走迷路時究利用何種感覺機關，又屬一重要之問題。鼠之視覺作用，於學走迷路時，似毫無關係，其證有三。（一）日中學習與夜間學習，時間相同。一旦學習完成之後，不論明暗，均能疾馳。（二）盲目之鼠，其學習所需時間，與明目者同。（三）一旦學成之後，若於途中設障礙之物，例如圖中 X 或 Y 處之板壁略為移動，使該處之路線略為增長或減短，鼠雖目睹此種情形，而前進轉彎等事猶一依未移時之記憶，不知少加變化。是故有時轉彎過早，與壁相撞，有時已過路口，至無可轉彎處始轉彎，又與壁相撞。觀此諸事，可知學習時視覺之無關係。鼠之嗅覺亦與學走迷路無關係，試以外科醫術去鼠之嗅覺，其學習時間，仍與普通之鼠相同。積種種實驗之結果，乃知鼠學走迷路時所依賴之感覺機關，是皮膚關節筋肉及耳中半規管諸器。鼠藉此諸機關之感覺以記憶道路，殆與吾人暗中下梯時之情形相同。

　　人心與動物心之差異　動物之學習方法可稱試誤之法 Method of trial and error。所謂試誤者，言初無一定之成見，姑試行之而已。試行而失敗，則改用他法復試行之，再失敗則再改他法，試行既久，幸而偶然成功，則將其所成功者保存於心。動物偶一成功，固未必便能盡行記憶，使後此不復蹈失敗之故轍。然積之既久，印象既深，則成功時所取

之方法自能牢記於心，後此遇同一情形時，可不必復作無謂之試行，以浪費時間矣。至此程度，可稱學習已成。至於下等動物，並此利用試誤法之學習而無之。當其受有害之影響時，作種種亂雜之運動，以圖趨避，幸而成功，其成功之法毫不能稍留痕跡於心。故同一刺激無論反覆數十次，下等動物對之，不能使其動作略趨敏捷；試行而誤，改用他法，一如初遇時也。人類以外之動物，大抵不外能學習與不能學習二種。吾人類之動作固亦嘗利用試誤法，然於試誤作用外，尚有更經濟的推理作用。人能以過去經驗為基礎，用以推測未知之事實，故不必一一試行，以待偶然之成功，於未行之先，已能預知成敗之數。此人心與動物心差異之大略也。